S. FISCHER

Ahmad Mansour

KLARTEXT ZUR INTEGRATION

Gegen falsche Toleranz
und Panikmache

S. FISCHER

Gewidmet allen Kindern im Land
für eine bessere Zukunft

MIX
Papier aus verantwortungsvollen Quellen
FSC® C083411

Erschienen bei S. FISCHER

Gesamtherstellung: CPI books GmbH, Leck
Printed in Germany
ISBN 978-3-10-397387-7

Inhalt

Vorwort

Anleitung zur Realität

Am 13. Mai 2018 trafen sich die deutschen Fußball-Nationalspieler Mesut Özil und Ilkay Gündoğan mit dem türkischen Präsidenten Recep Tayyip Erdoğan in einem Londoner Hotel. Sie schüttelten ihm die Hände, ließen sich mit ihm vor zwei türkischen Fahnen fotografieren, lächelten. Stolz sahen die beiden aus. Schließlich überreichten sie ihm ihre Trikots. Ilkay Gündoğan hatte seines beschrieben. Neben seiner Unterschrift stand: »Sayın Cumhurbaşkanım'a saygılarımla«, was mit »Hochachtungsvoll für meinen geschätzten Präsidenten« übersetzt werden kann.

Dieses Treffen sorgte für große Empörung. Zu Recht. Auch viele meiner Bekannten kritisierten es. Einige nicht öffentlich: »Nur unter uns, Ahmad.« Sie sagten, es gehe doch nicht, dass deutsche Nationalspieler – Vorbilder also, die die Staatsbürgerschaft eines demokratischen Staates besitzen und immer als Symbol einer gelungenen Integration gefeiert worden waren – sich neben diesen Despoten, Tyrannen, Diktator stellten und Werbung für ihn machten. Wir waren einer Meinung. Der Unterschied: Ich äußerte diese Meinung laut, sie hingegen leise.

Ich kann die Beweggründe meiner Bekannten nachvollziehen. Sie wollten nicht als intolerant, rechts oder gar rechtsradikal gelten. Das kann schnell passieren, wenn man bestimmte Probleme – vor allem wenn es um die Themen Integration und Migration geht – offen anspricht.

Wie schwer sich die Gesellschaft mit dem Thema tut und wie hilflos manche dabei sind, zeigten auch einige Reaktionen auf dieses Treffen, etwa die von Oliver Bierhoff, Manager der deutschen Fußballnationalmannschaft: »Das war eine große Veranstaltung mit 400 Personen. […] Man muss natürlich auch verstehen, wie Türken dann auch ticken in solchen Bereichen.« Das klang wie eine Entschuldigung, als hätten die beiden nur kurz mal nicht nachgedacht. Oder die Reaktion von Bundespräsident Frank-Walter Steinmeier, mit dem sie sich ein paar Tage später trafen und der anschließend sagte: »Ihre Geschichte spiegelt wider, was ich in meiner Rede zum Tag der Deutschen Einheit gesagt habe: ›Heimat gibt es auch im Plural. Ein Mensch kann mehr als eine Heimat haben und neue Heimat finden.‹« Aha. Das klang wie ein Zuspruch, als sei völlig o. k., was Özil und Gündoğan da gemacht hatten. In Wirklichkeit zeigten diese Reaktionen, dass das eigentliche Problem überhaupt nicht verstanden worden war.

Drei Tage nach diesem Treffen stand die Vorsitzende der AfD-Bundestagsfraktion, Alice Weidel, bei einer Generaldebatte am Rednerpult des Bundestages und sagte: »Burkas, Kopftuchmädchen, alimentierte Messermänner und sonstige Taugenichtse werden unseren Wohlstand, das Wirtschaftswachstum und vor allem den Sozialstaat nicht sichern.«

Auch diese Szene sorgte für große Empörung in Deutschland. Direkt im Anschluss an die Rede sprach der Bundestagspräsident Wolfgang Schäuble einen Ordnungsruf aus: »Damit diskriminieren Sie alle Frauen, die ein Kopftuch tragen. Dafür rufe ich Sie zur Ordnung.« Andere wiederum traten in den folgenden Tagen in Aktion, zogen Kopftücher an, fotografierten sich damit und teilten die Fotos in den sozialen Netzwerken. Das Motto: »Ich zeige Gesicht gegen die AfD und trage Kopftuch.« Selbst ein Pfarrer aus Baden-Württemberg trug eines bei seiner Pfingstmesse. Warum? Müssen wir immer das Gegenteil von dem tun, was die AfD sagt, um zu zeigen, dass wir Demokraten sind? Nein. Müssen wir nicht. Natürlich müssen wir in der Lage sein, diese Frau für ihre rassistische, diffamierende Art und Weise zu kritisieren. Aber wir dürfen das, worüber sie redet, nicht einfach totschweigen, nur weil es aus ihrem Mund gekommen ist. Wenn es ein Problem ist, ist es ein Problem. Es ist wichtig, das zu verstehen, denn auch mir wird immer wieder vorgeworfen, ich würde mit meiner Kritik am Islam der AfD Argumente liefern, ihren Anhängern in die Hände spielen, von ihnen den größten Applaus ernten.

Was also tun? Schweigen? Nichts mehr sagen? Missstände verschweigen und zum Tabu erklären, nur weil sie zum Themenspektrum der AfD gehören? Kritische Zustände einfach zulassen – und sich hinterher über die Folgen wundern?

So ist es lange und oft gemacht worden. Zu lange und zu oft. Lassen Sie uns damit aufhören.

Und so sollte die Frage nicht sein, *ob* wir Probleme offen ansprechen können, sondern *wie* wir es tun können. Wie können wir Kritik ausüben, ohne uns gleich als rechts zu fühlen oder so bezeichnet zu werden? Wie können wir es schaffen, dass Radikale, egal welchem Lager zugehörig, weder vom Schweigen noch von irgendeiner Hysterie profitieren, die manche Kritik nach sich zieht? Wie kann man eine Debatte sachlich betreiben, ohne alle Menschen in einen Topf zu werfen und vorzuverurteilen, ohne sie pauschal zu Tätern oder zu Opfern zu machen?

Beim Thema Integration, das – gerade weil es in vielerlei Hinsicht so emotional ist – kommen wir nur weiter, wenn wir es mit kühlem Kopf, einer differenzierten Haltung und ohne Tabus behandeln. Es geht bei dieser Emotionalität oft um sehr persönliche, aber auch irrationale Ängste und Vorurteile – und zwar von beiden Seiten. Meine Mutter zum Beispiel. Sie fragt mich immer wieder, was mein Kind denn nun sei – arabisch oder deutsch? Als gäbe es nur entweder oder. Als sei es ein

Konflikt, bei dem man sich für oder gegen etwas entscheiden müsse. Mein Kind ist aber beides. Arabisch *und* deutsch. Es soll das Beste aus beiden Kulturen mitnehmen und es als Geschenk betrachten. Es soll als Demokrat mündig werden, frei aufwachsen, leben und sich selbst entfalten, beide Sprachen sprechen und beide Kulturen kennen – und noch viele andere kennenlernen. Ich wünsche mir, dass das jeder begrüßt. Deutschland ist nun mal ein Einwanderungsland, in dem unzählige Kulturen zu Hause sind, die alle ihre Berechtigung haben. Natürlich gibt es eine Grenze dieser Freiheit: das Grundgesetz. Daran muss sich jeder halten, der in diesem Land lebt – ohne Wenn und Aber. Anders funktionieren Zusammenleben und Gesellschaft in einem demokratischen Staat nicht. Anders funktioniert auch Integration nicht.

Wir müssen uns fragen, was wir von Menschen, die neu in das Land kommen, verlangen dürfen – und sie von uns. Es bringt uns dabei keinen Schritt weiter, permanent mit Vorurteilen im Kopf herumzulaufen und pauschal zu meinen, Flüchtlinge seien kriminell und faul, Muslime seien Terroristen und alle muslimischen Frauen würden zwangsverheiratet werden. Oder genau das Gegenteil: Muslime oder Flüchtlinge seien immer nur Opfer. Es bringt uns auch nicht weiter, über die Deutschen zu sagen, sie seien alle kalt und geizig, würden selbst in einer Ehe immer bis auf den letzten Cent miteinander abrechnen, würden ihre Eltern in Altersheime abschieben und sie dort vor sich hin vegetieren lassen und Männer hätten hier grundsätzlich nichts zu sagen. All das ist pauschal und somit falsch.

Die Antwort ist: Wir sollten voneinander verlangen, eine Gesellschaft von Demokraten zu sein, die Demokratie, Offenheit, Toleranz und Akzeptanz vermittelt und verteidigt. Grundsätzlich. Immer. Die Antwort ist auch, dass wir gegenseitig voneinander einfordern sollten, eine Integration zu schaffen, die Unterschiede nicht verurteilt, aber auch nicht zelebriert, sondern

Regeln festhält, an die sich alle halten müssen. Und schließlich ist die Antwort, gegen beides zu sein: gegen falsche Toleranz und Panikmache.

1

Unterwegs

Ein kleiner Raum im Kellergeschoss eines Gefängnisses irgendwo in Deutschland. Kleine vergitterte Fenster lassen etwas Licht hinein. Durch sie kann man den verschneiten Hof sehen, auf dem Männer in Parkas im Kreis laufen: in Gruppen oder alleine, sich unterhaltend oder schweigend, in Gedanken, rauchend oder die Hände in die Taschen gesteckt.

Der kleine Raum ist ein Klassenzimmer. An den Wänden hängen selbstgeschriebene Steckbriefe der Gefangenen, Wunschlisten für Bücher, gemalte Bilder von Alleen, die ins Unendliche führen, eine Weltkarte, eine Europakarte, eine Deutschlandkarte. An der Tafel stehen noch Matheaufgaben vom Vortag, die keiner weggewischt hat. Die Gleichungen werden heute aber keine Rolle spielen, heute geht es um Gleichnisse. Heute findet auch kein Frontalvortrag statt – wir werden im Kreis sitzen. Heute bin ich mit drei Kollegen hier, um mit 20 Gefangenen drei Stunden lang einen Workshop zu machen. Es werden keine leichten drei Stunden – für keinen von uns.

Die Zielgruppe unserer Gefängnisworkshops sind Menschen in einer persönlichen Krise, auf der Suche nach Orientierung und Halt in einer schwierigen Phase. Denn diese Gruppe ist anfällig für radikales Gedankengut. Wir aber wollen schneller sein als die Radikalen jeglicher Couleur. Wir wollen aufklären, reden, die Möglichkeit geben, mündiger zu werden und die Zeit im Gefängnis für einen neuen Start zu nutzen – nicht im Sinne von Radikalisierung, sondern im Sinne von Aufklärung und Demokratie.

Je nachdem, wie lange und intensiv eine Gruppe ein bestimmtes Thema behandelt, versuchen wir in diesen Workshops alle Hauptgründe anzusprechen, die zu Extremismus und Radikalisierung führen können: Gleichberechtigung, starres Islamverständnis, patriarchalische Väter, Gottesbilder, Sexualität, Männlichkeit, religiöse Ideologien, Missionierung, Antisemitismus, Verschwörungstheorien und Opferhaltung. Meine Kollegen und ich wollen erreichen, dass die Insassen ihre Einstellungen und Meinungen hinterfragen und im besten Fall neu bewerten. Wir wollen dabei Denkanstöße geben und vor allem auch Alternativen aufzeigen.

Und so sitzen heute Gefangene im Alter zwischen 16 und 60 Jahren mit uns im Klassenzimmer. Alle tragen das Gleiche: schwarze Schuhe, dunkelblaue Hosen, blaue Pullis und weiße oder khakifarbene Parkas. Die Hosen zu kurz oder zu weit mit Rissen in den Taschen, die Pullis ausgewaschen, die Schuhe abgetragen. Die Männer haben fast nichts gemein außer ihrer Kleidung. Sie haben libysche Wurzeln oder afghanische, serbische oder marokkanische, deutsche, irakische, türkische, tschechische oder irische. Sie sind Christen, Moslems, Juden, Atheisten. Im echten Leben hätten sie sich wahrscheinlich nie getroffen. Aber so ist das mit Schicksalsgemeinschaften. Man sucht sie sich nicht aus, aber sie lehren einen oft die besten Lektionen.

Dabei sind es nicht wir, die diesen Männern Lehren erteilen wollen, das müssen sie schon selbst tun. Wir begleiten sie auf eine Reise, fahren müssen sie selber. Wir sind Gedankenpflanzer im Garten der Mündigkeit und Aufklärung. Dabei wollen wir ihnen weder etwas eintrichtern noch etwas vorschreiben. Das Einzige, was wir wollen, ist, sie zum Nachdenken anzuregen über Dinge, die sie bis jetzt vielleicht anders gesehen haben, die sie vielleicht nie hinterfragt haben oder über die sie noch nie nachgedacht haben. Warum? Weil immanente Veränderungen nicht durch Imperative passieren. Wir gehen nicht zu den Menschen und sagen ihnen: »Denkt so! Nur das ist der richtige Weg!« Das ist nicht unser Ansatz. Unser Ansatz findet auf Augenhöhe statt.

Es geht nicht darum, den Inhaftierten zu sagen, wo es langgeht, oder sie etwas auswendig lernen zu lassen. Genauso kennen es allerdings viele dieser Männer. Damit sind sie groß geworden. Ich möchte das ändern. Manche von ihnen wird die Augenhöhe überfordern, weil sie dadurch gezwungen sind, selbst nachzudenken, einen eigenen Standpunkt zu vertreten und eigene Entscheidungen zu treffen. Manche werden lange brauchen, Gedanken über sich selbst, ihre Situation und ihre eigene Biographie zuzulassen und Antworten darauf zu suchen, warum sie im Gefängnis gelandet sind. Manche werden wir überhaupt nicht erreichen. Leider.

Ich stelle den Männern meine Kollegen vor, dann sage ich: »Ich bin Ahmad. Können wir uns duzen?« Die Männer nicken. Dann stellen sich die Jungen und Männer der Reihe nach vor. Ein jüngerer mit kurzen, gegelten Haaren, der die ganze Zeit unruhig mit den Beinen wippt und schnell spricht, sagt zum Beispiel: »Ich heiße Arwin, bin aus Afghanistan. Ich bin 16.« Er sieht eher aus wie Mitte 20, denke ich, aber spreche es nicht aus. Es gibt Flüchtlinge, die sich jünger machen, als sie in Wirklichkeit sind. Ein anderer, älterer, graue Haare, Zahnlücke, unrasiert mit Brille, sagt: »Ich heiße auch Ahmad. Lustig. Ich komme aus Libyen, bin 45. Ach, ich bin übrigens unschuldig hier.«

Ich antworte: »Es interessiert uns nicht, warum ihr im Gefängnis seid. Und wir versprechen euch nicht, dass ihr morgen aus dem Gefängnis gehen könnt, weil ihr hier mitmacht. Wir versprechen euch nur eines: euch neue Wege aufzuzeigen. Aber der Weg ist eurer. Den müsst ihr alleine gehen. Wir werden ein paar Rollenspiele mit euch machen und euch dabei keine Regeln vorgeben, außer der, dass wir alle respektvoll miteinander umgehen. Schaffen wir das?« Die Männer nicken wieder.

Das mit dem Respekt sage ich immer, denn Respekt ist im Gefängnis keine Selbstverständlichkeit. Trotzdem klappt es immer, dass der Ton zwar manchmal laut, aber nicht verletzend oder grenzüberschreitend ist.

Vater und Sohn

Wir fangen an. Die Rollenspiele, die wir mit ihnen durchführen, sollen überspitzt Situationen aus Familien beschreiben: Ein Vater kommt nach Hause, sieht seinen Sohn vor dem Computer sitzen und spielen. Der Vater wird wütend, gibt dem Sohn einen Schlag auf den Hinterkopf.

»Was machst du hier? Spielen, spielen, spielen! Den ganzen Tag spielst du. Gehst nicht in die Schule, sitzt nur zu Hause rum und machst nichts, außer zu spielen.«

»Ja, aber Baba …«

»Deine Mutter weint jeden Tag wegen dir. Und warum warst du heute nicht in der Moschee? Alle fragen mich ständig nach dir. Und ich? Ich weiß nie, was ich sagen soll. Ich schäme mich.«

»Ich weiß auch nicht…«

»Ich weiß auch nicht, ich weiß auch nicht! Was weißt du denn, Sohn? Sag's mir!«

»Ich …«

»Was?«

»Mir geht's nicht so gut…«

»Kein Wunder. Du hängst ja auch nur zu Hause rum und spielst. Zur Schule gehen sollst du, arbeiten, beten sollst du, auf deine Schwestern aufpassen. Nichts davon machst du. Was soll nur aus dir werden? Eine Schande bist du!«

»Baba, ich …«

»Sei ruhig. Ich will nichts mehr hören. Geh mir aus den Augen. Sofort.«

Ende.

Applaus.

Ich warte einen Moment, dann frage ich: »Was fällt euch dazu ein?« Manche Antworten kommen unmittelbar, manche sehr zögerlich – und sie sind sehr unterschiedlich:

»Ha, genauso ist mein Vater. Als ob ihr in meiner Familie zu Besuch wart.«

»Ich wünschte, ich hätte so einen Vater gehabt. Meiner hat mich eigentlich immer nur ignoriert. Da konnte ich machen, was ich wollte.«

»Ich verstehe den Vater. Er will dem Sohn etwas vermitteln. Da muss man auch streng sein. Die Eltern meinen es ja nicht böse. Sie wollen, dass man etwas von der Familie, Religion und Tradition lernt.«

Am Anfang gibt es von den Gefangenen häufig viel Zuspruch für den Vater. Ich sage zu meinem Kollegen: »Was bist du für ein Vater? Wo ist die Liebe? Hast du dich gefragt, wie es dazu kommen konnte, dass dein Sohn jetzt so ist?« Der Vater antwortet: »Ich gehe jeden Tag zwölf Stunden arbeiten, nur für ihn, das ist doch Liebe.« Dann frage ich, wieso er so mit seinem Kind redet und wie seine Erziehung bis jetzt gewesen ist.

Auf einmal melden sich auch andere Stimmen zu Wort:

»Also ich sehe nur Dominanz. Da wird nicht nachgefragt, warum spielst du? Nur Vorwürfe, ein Gewitter an Ansagen. Es wird ihm ein schlechtes Gewissen gemacht, mehr nicht. Da ist null Interesse für den Sohn.«

»Ich kenne das von meinem Vater, die Erniedrigungen, die Vorwürfe. Das hat mir keinen Spaß gemacht. Ich war einfach nicht religiös und hab mir das dann einfach nur angehört. Ich konnte ja nicht einfach meinen Vater schlagen, auch wenn ich …«

»Und dann bist du auf die Straße gegangen und hast andere dafür geschlagen. Stimmt's?«, sagt ein Mitgefangener.

Stille.

Ein anderer redet weiter:

»Was soll er denn auch tun? Den Vater kritisieren? Das macht man doch nicht. Wenn ich öfter auf meinen Vater gehört hätte, säße ich heute nicht hier. Ganz bestimmt nicht.«

»Aber da kommt nur Kritik. Ich sehe keine Liebe. Meine Eltern haben mir das auch nicht beigebracht. Ich habe irgendwann gemerkt, dass mir etwas fehlt. Deshalb möchte ich das ändern. Ich möchte lernen, über meine Gefühle zu sprechen. Ich mache deshalb eine Gewalttherapie.«

Ich bin überrascht, wie sich diese Männer den anderen Gefangenen und uns gegenüber allmählich öffnen, über Fehler nicht nur nachdenken, sondern auch sprechen, sie zugeben, sie reflektieren. Und das, obwohl wir uns erst eine halbe Stunde kennen.

Sicherlich schafft die Tatsache, dass meine Kollegen und ich selbst Migranten sind, oft die gleiche Sprache sprechen und manchmal sogar die gleichen Namen tragen, Vertrauen. Wir sind nicht die Polizei, nicht die Justiz. Wir sind nicht die anderen, wir sind nur wir. Manchmal reicht es, unsere Namen zu nennen und automatisch ist ein gewisses Grundvertrauen da. Wir spielen ihnen nichts vor, sondern interessieren uns tatsächlich für ihre Meinungen und Einstellungen. Wir schließen niemanden aus, wir bewerten weder ihr Aussehen noch ihre Strafen oder ihre Äußerungen. Hier dürfen sie drei Stunden lang mit ihren Gedanken frei sein, nach unserem Motto: Freiheit beginnt im Kopf.

Auch die Art, wie wir ihnen gegenüber auftreten, gibt den Teilnehmern nicht das Gefühl, dass wir auf der einen und sie auf der anderen Seite stehen: Wir demonstrieren unterschiedliche Meinungen, streiten uns ein bisschen und machen zwischen all den ernsten Themen immer mal wieder ein paar Späße, damit die Teilnehmer sich trauen, frei zu reden. Durch all das werden ihre Gedanken aktiviert.

Wir spielen weiter. Wir bitten den jungen Mann, der gerade die Dominanz und das Gewitter an Ansagen des Vaters kritisiert hat, nach vorne. Er ist erst Anfang 20, trotzdem soll er die Rolle des Vaters einnehmen. »Versuch es«, sage ich. »Wie würdest du als Vater reagieren?« Er zögert. »Komm, mach schon«, sagt ein älterer Gefangener. Da steht er auf, setzt sich auf den freien Stuhl und schaut mich an, als solle ich ihm helfen. »Also, du kommst nach Hause und siehst deinen Sohn vor dem Computer«, sage ich. »Was machst du?«

»Hallo.«

»Hallo, Baba.«

»Was machst du?«

»Ich spiele.«

»Ah.«

Stille. Lange Stille. Unangenehme Stille. Als er es selber nicht mehr aushält, dreht sich der Junge, der den Vater spielen soll, zu mir und sagt: »Ich weiß, dass ich es anders machen will, aber ich weiß nicht, wie.« Ich nicke ihm zu und antworte: »Das ist o. k. Danke, dass du nach vorne gekommen bist und es probiert hast. Wie dir geht es vielen.« Er steht auf und setzt sich wieder auf seinen Stuhl. Er wird den Rest des Workshops schweigen, so, als würde er die ganze Zeit überlegen, was er hätte sagen können.

Wenn ich sehe, dass einer nicht weiß, was er sagen soll, frage ich manchmal, ob ich seine Frau spielen darf. Die Gruppe lacht dann immer. Gemeinsam gehen wir zum Sohn, und ich versuche, dem Vater beizustehen und ihm als Mutter Ideen zu geben, das Gespräch mit dem Sohn anders zu führen.

Heute brauche ich das nicht. Denn als wolle er dem jungen Gefangenen beistehen, meldet sich einer und sagt: »Ich bin mir sicher, dass man etwas ändern kann, wenn man in eine gewaltfreie Kommunikation geht.«

Was er damit meint, soll er uns jetzt zeigen. Er spielt den Vater. Er kommt ins Zimmer, sieht seinen Sohn. Doch anstatt ihm mit Vorwürfen zu begegnen, setzt er sich neben ihn und sagt: »Ich sehe dich sehr oft vor dem Computer. Geht es dir gut, mein Sohn?« Der Sohn antwortet: »Nein, Baba. Gar nicht.« Dann fängt er an zu reden, erzählt von den Problemen, die er in der Schule hat, von den Mitschülern, die ihn hänseln, von seinen Versagensängsten. Der Vater sagt nichts. Keine Vorwürfe. Er hört nur zu. Dann fragt er: »Wie kann ich dir helfen?«

Die Gruppe beobachtet. Einige lachen leise. Einige, das merkt man, können das alles kaum aushalten. Man sieht ihnen an, wie viele Gedanken ihnen durch den Kopf gehen. Einige sehen traurig aus, andere schauen aus dem Fenster. Die meisten aber hören aufmerksam zu. Vater und Sohn reden weiter. Der Vater zeigt Verständnis, es interessiert ihn, was in seinem Sohn vorgeht, und er verspricht, ihn zu unterstützen.

Auch wenn man dem Gefangenen, der den Vater spielt, anmerkt, dass er abwechselnd erst stolz auf sich selber ist, so einfühlsam zu sein, und sich dann aber wieder schämt und lacht, weil es ihm schwerfällt, diese ihm so fremde Situation, diesen liebenden Vater zu spielen – die Gefangenen erleben ihn als einen Vater, der Liebe und Interesse zeigt, der da ist für Probleme. Einen Vater, der nicht nur Macht ausübt und Gewalt als probate Erziehungsmaßnahme betrachtet. Einen Vater, der anwesend ist und auch Schwäche zulässt. Einen Vater, den sie früher – und vor allem auch jetzt – gebraucht hätten. Viele dieser Jungen und Männer kennen einen solchen Vater gar nicht. Die Islamisten nutzen das aus. Sie wissen, wie sie junge Männer dazu bringen, sich vom eigenen Vater zu lösen. Gleichzeitig bieten sie ihnen eine neue Vaterfigur an. Eine, die aber noch stärker, mächtiger und patriarchalischer ist: Einen Allah, der zornig ist, der bedroht, belohnt und bestraft.

Zu alldem wollen wir Alternativen aufzeigen. Wir wollen ihnen eine dritte Möglichkeit anbieten, die auf Mündigkeit, Liebe, Kommunikation und Interesse basiert. Wir wollen Sozialarbeit betreiben, die die Themen dieser Generation erkennt und behandelt und nicht – wie es so oft geschieht – irgendwelche Maßnahmen ergreifen, die kaum etwas mit den Welten dieser Jugendlichen zu tun haben.

»Danke, Baba, dass du mir zugehört hast. Das hat schon geholfen.«

Ende.

Applaus.

Wie es mit dem Vater und seinem Sohn weitergeht, kann oder muss jeder der Männer selber überlegen. Vielleicht hat die kurze und vorsichtige Annäherung des Vaters ja schon ausgereicht, bei den Männern Gedanken über sich selbst und über ihr Verhältnis zu ihren Vätern und Söhnen auszulösen. Vielleicht hat sie ihnen gezeigt, dass Empathie keinen Machtverlust zur Folge haben muss. Oder anders: Dass man als Vater und Mann trotzdem respektiert werden kann, auch wenn man seine Autorität nicht ständig zur Schau stellt.

Ich merke: Manchen fällt es unheimlich schwer, plötzlich zu sprechen, weil es ihnen bisher immer verboten worden war. Aus manchen sprudelt das, was in ihnen seit Jahren schlummert, nur so heraus. Jeder Teilnehmer ist anders. Jeder Workshop ist anders.

Es geht weiter: Eine Aussage ergibt die nächste, bis wir irgendwann bei den Themen Tradition und Kultur ankommen. Ein Afghane, der kaum Deutsch kann, meldet sich und sagt: »Am Anfang in Deutschland war das ein Schock für mich, wie Deutsche über ihre Eltern sprechen. So respektlos. Wie sie mit den Eltern telefonieren und sie anschreien. Das finde ich falsch, böse. Man muss Respekt vor den Eltern haben. Hier geben die Kinder die Eltern in Heime, wenn sie alt sind. Das ist schlecht, sehr schlecht.«

Ein anderer: »Ich bin schon zwei Jahre in Deutschland, aber ich kenne keine Deutschen. Ich will wissen, wie die denken und leben.« Dabei schaut er eine Mitarbeiterin des Gefängnisses, die dem Workshop beiwohnt, voller Sehnsucht und Neugierde an.

Ein Syrer erzählt von den Unterschieden zwischen Syrien und Deutschland und sagt: »In Syrien, Frau will Mann verlassen, Mann sie schlägt, dann Polizei kommt und auch Frau schlägt. Hier in Deutschland ist Gleichberechtigung, hier Frau will Mann verlassen, ruft Polizei, und dann sitze ich hier.«

Ein Älterer ruft dazwischen: »Hier herrscht keine Gleichberechtigung. Hier kommt erst Frau, dann Kind, dann Hund und dann Mann.«

Die anderen lachen.

Ein Marokkaner erzählt, dass er hier in Deutschland zum ersten Mal in seinem Leben Eltern gesehen hat, die Hand in Hand mit ihren Kindern zur Schule gehen und sie mit Küssen verabschieden. »Das wünsche ich mir für meine Kinder.«

Jetzt scheint es, als wollten alle auf einmal sprechen:

»In Deutschland schaut man eine Frau an, spricht sie an und man wird angezeigt.«

»Mein Vater wollte, dass ich Jurist werde, dass ich Anwalt werde. Ich wollte nur Automechaniker werden, und jetzt sitze ich hier.«

Viele berichten, dass die Väter sie im Gefängnis gar nicht besuchen, zu groß sei die Schande, dass sie dort gelandet seien.

Und dann gibt es noch Erlebnisse und Geschichten, die mir sehr unter die Haut gehen, irgendwie mehr als die anderen. Bei einem anderen Workshop beispielsweise kam mal ein sehr junger Syrer zu uns und fragte, ob wir ihm helfen könnten, eine deutsche Familie für ihn zu finden. Seine Eltern waren ums Leben gekommen, seitdem lebte er auf der Straße. Irgendwie hatte er es nach Deutschland geschafft, war auch hier auf der Straße gelandet, hatte gelernt, wie man sich hier so durchschlägt, und saß jetzt hier.

Ein Eritreer erzählte von seinem Vater, der ihm schon als

Kind Drogen verabreicht hatte, um ihn ruhigzustellen und zum Schlafen zu bringen. Irgendwann starb der Vater, und er entschied, nach Europa zu kommen. Er erzählte von der Flucht, den Schleusern, der Fahrt auf dem Boot, das mitten auf dem Meer anfing zu sinken. Das Schlimmste sei der Mann gewesen, der unterging und mit letzter Kraft versuchte, sein Kind über Wasser zu halten. Sie schafften es beide nicht. Diese Bilder bekam er nicht mehr aus dem Kopf. Er brauchte Halt, wollte seinen Cousin in Dänemark besuchen, durfte aber nicht. Aus dieser Hilflosigkeit und Verzweiflung versuchte er immer wieder, sich selbst zu verletzen. Seine Arme und Beine waren voller Schnittwunden. »Ich will endlich neu anfangen.«

Ein anderer Mann fing einmal an, laut zu lachen. Er lachte und lachte und hörte nicht auf, doch plötzlich verwandelte sich das Lachen in ein bitterliches Weinen. Ich werde dieses Weinen nie vergessen. Die anderen Gefangenen schauten weg, als sei es ihnen unangenehm. Ein Kollege von mir setzte sich neben ihn, fragte, ob alles o. k. sei, ob er zur Toilette wolle, und ging schließlich mit ihm raus. Später kam er zu uns und sagte: »Entschuldigung für vorhin, aber auch danke für vorhin.«

Ich erinnere mich auch an einen Mann, der immer unruhiger wurde, als wir über Antisemitismus sprachen. Irgendwann meldete er sich und sagte: »Ich hasse Juden. Juden sind im Koran verflucht. Da gibt es nichts zu diskutieren.« Solche Aussagen hören wir oft. Ein anderer Gefangener antwortete: »Halt mal. Juden sind Menschen. Wieso hassen? Immer nur hassen, hassen, hassen. Ich will endlich lernen zu lieben.«

Schule der Radikalität

Was klar sein muss: Diese gebrochenen Biographien sind die beste Möglichkeit für Radikale, die Männer für sich zu gewinnen. Das Gefängnis quasi als Fachhochschule der Radikalität. Hier sehnen sich die Jungen und Männer nach einem Neuanfang,

Orientierung und Anerkennung. Genau deshalb sind wir hier, um den Radikalen nicht das Feld zu überlassen.

Warum erzähle ich diese Geschichte? Weil es mir wichtig ist, von der tatsächlichen täglichen Arbeit zu erzählen, die im Zusammenhang mit Erziehung, Bildung und Integration eine Rolle spielt. Arbeit, die in Kindergärten, Schulen, Integrationskursen, Workshops, im Privaten und im Öffentlichen – und eben auch in Gefängnissen – stattfindet und bei der ich immer wieder feststelle, dass es in Deutschland in dieser Hinsicht noch unendlich viel zu tun gibt.

Ich erzähle die Geschichte auch, weil ich in diesem Buch noch häufig über diese Art von Autorität und patriarchalen Strukturen sprechen werde. Sie gehört zu den wesentlichen Punkten, wenn es um das Gelingen oder Scheitern von Integration geht.

Dabei richte ich mein Hauptaugenmerk – in meinem Arbeitsfeld und in diesem Buch – auf die große Gruppe der Muslime. Das ist mein Schwerpunkt. Das soll allerdings niemanden ausschließen, denn Integration ist eine gesamtgesellschaftliche Aufgabe, die uns alle angeht und betrifft.

In meiner Tätigkeit als Psychologe und Berater – und das bin ich nicht erst seit 2015, als Hunderttausende von Flüchtlingen nach Europa und Deutschland kamen, sondern seit 2007 – treffe ich immer wieder auf Herausforderungen, bei denen Teile dieser Gesellschaft völlig überfordert sind: Lehrer, die nicht wissen, wie sie mit Themen wie Patriarchalismus, Fundamentalismus, Tabuisierung von Sexualität, Ehre, Antisemitismus, Geschlechtertrennung und Konflikten zwischen verschiedenen Wertesystemen umgehen sollen. Sozialarbeiter, die keinen Zugang zu Jugendlichen kriegen. Politiker, die manchmal sehr naiv und manchmal sehr überspitzt auf bestimmte Situationen reagieren. Diese Liste ließe sich lange fortsetzen.

Ich merke, dass den Menschen der Umgang mit etwas Fremdem, anderen Religionen, anderen Haltungen, Werten und Traditionen nicht immer leichtfällt. Und ich versuche, meine persönlichen Erfahrungen – vor allem das, was ich jeden Tag hautnah bei der Arbeit erfahre – einzubringen, um Vorurteile ab- und Brücken aufzubauen. Denn Ängste bestehen auf allen Seiten: bei Menschen, die hier geboren und aufgewachsen sind, deren Eltern, Großeltern und Urgroßeltern schon hier lebten und die manchmal gerne als Biodeutsche oder alte Deutsche bezeichnet werden – beides unglückliche Begriffe für eine Debatte, die genauso unglücklich und überfordert geführt wird. Und bei Menschen, die aus anderen Ländern hierhergekommen sind – ob vor 50 Jahren oder gestern. Deshalb müssen dringend Dialogplattformen auf Augenhöhe geschaffen werden. Die Probleme werden von Tag zu Tag größer.

Die Sache mit Lisa

Zurück im Gefängnis: Das nächste Rollenspiel. Ein junger Syrer verliebt sich in ein Mädchen. Er erzählt seinem Vater davon, und dieser freut sich, umarmt ihn, küsst beide Wangen des Sohnes immer wieder.

»Wie ich mich für dich freue. Ja, wie ich mich freue. Endlich. Endlich hast du eine Frau gefunden. Endlich wirst du heiraten. Endlich bekomme ich Enkel. Wann gehen wir zu ihrem Vater, zu ihrer Familie?«

»Ich hab Lisa noch nicht gefragt. Ich wollte es erst dir sagen.«

Der Vater hört auf zu lachen.

»Wie heißt sie?«

»Lisa.«

»Lisa?«

»Ja, Lisa.«

»Deutsch?«

»Ja.«

»Deutsch! Deutsch! Bist du verrückt?«

Die letzten Worte schreit der Vater. Er ist wütend, nein, er ist mehr als das. Er ist außer sich.

»Was fällt dir ein, eine Deutsche zur Frau nehmen zu wollen? Hast du an unsere Ehre gedacht? Nur eine Sekunde lang? Was soll ich erzählen? Mein Sohn heiratet eine Deutsche? Er wird jetzt Schweinefleisch essen und Weihnachten feiern? Ist sie Christin? Natürlich ist sie Christin! Du weißt, was die Christen mit uns gemacht haben. Meinen Segen bekommst du niemals. Hau ab. Hau ab!«

Der Sohn schaut den Vater an mit ängstlichem, traurigem, aber auch wütendem Blick. Er weiß nicht, was er sagen soll. Er weiß auch nicht, wohin. Er ist durcheinander.

Wir diskutieren in der Gruppe über die Situation des jungen Mannes und spielen schließlich weiter: Er sucht Rat bei einem langjährigen Freund, dem er alles erzählt.

»Bruder, was ist los mit dir? Du kommst zu mir, erzählst mir eine Geschichte, dass du dich in eine Deutsche verliebt hast. Und das Einzige, was dich interessiert, ist, was dein Vater denkt und wie er reagiert hat?«

»Ja.«

»Bruder! Hast du dich gefragt, wie Allah dazu steht?«

»Also …«

»Obwohl wir jahrelang zusammen gebetet haben, geweint haben, Gott angefleht haben, dass er uns richtig leitet? Dass wir uns von dieser Gesellschaft nicht beeinflussen lassen, von diesem sündenhaften Leben? Und du kümmerst dich nicht darum, was Allah davon hält? Du möchtest eine Frau heiraten, die dich nicht näher ans Paradies bringt?«

»Ich liebe sie.«

»Aber du fragst dich nicht, ob sie Muslima ist. Was wird aus euren Kindern? Werden sie Laternenfeste mitmachen, Weihnachten feiern? Werde ich bei dir zu Hause in Zukunft Wein finden und Salami zum Frühstück bekommen? Haben wir uns nicht immer gewünscht, eine Frau zu haben, die uns in die richtige Richtung bringt? Oder bewegst du dich gerade mit 180 Stundenkilometern in Richtung Hölle?«

»Wieso soll mich Liebe in die Hölle bringen?«

»Du bist blind, Bruder. Verliebtsein ist Teil dieser Dunja, dieses Lebens. Das und Sexualität sind genau die Methoden des Teufels, der uns beeinflussen will. Liebe ist vergänglich. Im Paradies bekommst du die Liebe deines Lebens. Für immer. 72 Jungfrauen. In diesem Leben musst du eine Frau suchen, die dich näher zu Gott bringt. Die dich morgens um 5:00 Uhr aufweckt, damit du beten kannst. Die nicht fremdgeht, die ihre Reize nicht zur Schau stellt.«

»Aber ich kann Lisa doch jetzt nicht einfach verlassen. Ich möchte das auch nicht.«

»Nein, musst du nicht. Aber du solltest deine Prioritäten anders setzen. Du solltest immer Gott und Allah vor Augen haben. Dein Ziel muss sein, in den Himmel zu kommen, nicht in die Hölle. Du musst Verantwortung für deine Kinder übernehmen.«

»Aber das werde ich.«

»Verantwortung für deine Kinder bedeutet aber, dass du alles dafür tun musst, dass sie als gute Muslime aufwachsen können. Und dann kommst du mit einer Deutschen an? Und das soll die Beste für dich sein? Bruder! Ich sag das alles, weil ich dich liebe. Weil ich mit dir im Paradies sein will. Ich will nicht an deinem Grab weinen, weil du dieses Leben nicht genutzt hast, weil du dich von diesem Leben hast verblenden lassen.«

»Was soll ich denn tun?«

»Du weißt, Allah ist barmherzig. Bring Lisa mal mit in die Moschee. Die Schwestern reden mit ihr. Und wenn sie ein guter Mensch ist, eine reine Frau, dann wird sie begreifen, dass der Islam das Beste ist. Dann ist sie vielleicht eine gute Ehefrau für dich. Im Islam ist es nicht wichtig, aus welchem Land du kommst, darum geht es mir nicht, es geht um den Glauben und die Nähe zu Gott. Nur das zählt. Bring sie mal mit.«

»Ich hab aber Angst, dass sie das nicht möchte und dass das zu offensichtlich ist, wenn ich sie mit in die Moschee nehme.«

»Nein, nein. Die Schwestern wissen schon, was sie machen. Komm am Samstag nach dem Mittagsgebet. Dann wird sie auch den Unterricht vom Imam mitbekommen. Danach wird es genügend Frauen geben, die mit ihr sprechen und sie bestimmt überzeugen werden. Aber mir ist viel wichtiger, dass auch du wieder in die Moschee kommst. Denn auch eine gute Frau ist nicht ausreichend, wenn dein Herz nicht rein ist.«

Ende.

Applaus.

Noch während die anderen applaudieren, ruft ein junger Teilnehmer: »Brutal. Ich hab Gänsehaut. Das ist echt ein guter Freund. Brutal. Der versteht ihn. Ich wünsche mir auch so einen Freund.«

»Das ist kein Freund, das ist ein Terrorist!«, ruft ein älterer.

So wie der jüngere Teilnehmer reagieren viele, wenn wir dieses Rollenspiel zeigen. Immer wieder stellt sich dann heraus, dass die, die am lautesten applaudieren, den Islam am wenigsten kennen. Sie tragen Narrative in sich, die sie von den Imamen in ihren Moscheen und zu Hause gelernt haben. Wir bedienen diese Narrative in unserem Rollenspiel absichtlich und merken immer wieder, wie positiv diese Männer darauf reagieren, welche magische Ausstrahlung die Worte des Freundes auf sie haben.

Es ist wichtig, das zu erzählen, denn genau so arbeiten Salafisten. Diese müssen gar kein Wissen über den Koran mitbringen. Sie müssen nur so tun, als würden sie im Namen Gottes sprechen. Und sie müssen Macht ausüben. Freundlich, aber bestimmt. Dann werden viele Jugendliche sprachlos und wissen nicht mehr, wie sie damit umgehen sollen.

Manchmal spiele ich die Szene in meinem Kopf noch ein bisschen weiter. Der Freund:

»Was soll das mit der Liebe? Deine Brüder sterben gerade in Syrien, und du beschäftigst dich mit der Liebe. Das sind Kinder dort, verstehst du? Kinder, die sterben. Darüber solltest du nachdenken. Das sollte dich beschäftigen. Du bist ein Ehrenloser.«

Ich frage mich, wie viele Jungen da draußen sich von solchen Worten überzeugen lassen. Diese selbsternannten Stellvertreter Gottes oder Allahs gibt es zuhauf, und es reicht, den richtigen Moment und den richtigen Jungen zu treffen, die richtigen Worte zu wählen und sie zu wiederholen, hier und da »Allah« zu sagen und »Maschallah«, »Satan«, »Hölle«, »Ehre«, »Paradies«, »Jihad«. Wörter, die ganz bestimmte (Schuld-)Gefühle auslösen. Wörter, die die Jungen empfänglich für die Ideologie machen, für die Rattenfänger aller Sorten, die im Namen der Religion auf Jagd gehen.

Ich sehe immer wieder Gefangene, die bei diesem Rollenspiel eifrig und zustimmend nicken. Sie wären bereit, alles zu tun. Es tut mir leid, das zu sehen. Aber es spricht Bände.

Diese Männer haben nicht gelernt zu reflektieren, sich ihre eigene Meinung zu bilden und mündig zu werden. Wäre das der Fall, könnten sie andere Meinungen aushalten und respektieren oder ihnen konstruktiv widersprechen und darüber streiten. Wer selber denkt, wer mündig ist, wird in der Regel nicht radikal. Diese Männer aber sind in anderen, patriarchalen Strukturen aufgewachsen. Strukturen, die es ihnen kaum ermöglichen, Teil einer demokratischen Gesellschaft zu werden, was ich im Laufe des Buches noch deutlicher machen werde. Sie sind ebenfalls mit einem Islamverständnis groß geworden, das genauso patriarchalisch und autoritär ist wie ihre Familien. Allah bestraft darin genau wie die Väter. Sie müssen nicht viel vom Islam kennen, allein die Worte, die angeblich von oben kommen, aktivieren die Gefühle von Angst und Schuld. Dann fühlen sie sich hilflos gegenüber dem Vater – und gegenüber Allah.

Diese Männer haben gelernt zu gehorchen. Hätten sie nicht viel eher sehen müssen: Der junge Mann ist verliebt, und wir haben ihn völlig vergessen. Es geht auf einmal nur noch um Leute, die behaupten, Gott spielen zu wollen.

Wir sprechen mit den Gefangenen an diesem Tag noch viel über Feindbilder und Antisemitismus, über Homosexualität, über Respekt und Offenheit, Toleranz und Akzeptanz, über Gleichberechtigung und die Freiheit, eine eigene Meinung vertreten zu dürfen. Die Männer sollen verstehen, dass dies Grundpfeiler für ein friedliches Zusammenleben sind – in unseren Familien und in unserer Gesellschaft. Nur wenn Differenzen ausgehalten und nicht in einem Kräftemessen entschieden werden, ist dies möglich.

Bei der Arbeit mit ihnen und mit vielen anderen denke ich immer wieder: Trotz aller Hindernisse und Probleme können wir es schaffen, aufeinander zuzugehen. Wir können eine Gesellschaft bilden, die offen, integrativ und vielfältig ist – wenn wir endlich begreifen, wie tiefgreifend diese Aufgabe ist und wie lange sie uns begleiten wird.

Ping Pong der Begrifflichkeiten

Denn obwohl Einwanderung beileibe kein neues Phänomen ist, steht unser Staat – wie viele andere Staaten übrigens auch – dieser Aufgabe bis heute planlos gegenüber. Es sollte längst klar sein, dass die Integration von Millionen von Menschen nicht durch Notmaßnahmen gelingen kann oder dadurch, dass man einfach wegschaut und meint, in ein paar Generationen habe sich das Problem von alleine gelöst. Es sollte auch klar sein, dass es dabei um weit mehr geht als um den Spracherwerb, die Bereitstellung von Wohnraum und medizinischer Versorgung. Ein durchdachter, zukunftsorientierter Plan zur Integration von neuen und bereits hier lebenden Migranten in unsere Wertegemeinschaft ist dringend nötig. Fehler und Abkürzungen, die in Deutschland seit Jahrzehnten in diesem Bereich an der Tagesordnung sind, dürfen sich nicht ständig wiederholen. Früher galt: Ein bisschen notbetreut, ein bisschen vergessen, irgendwie geduldet – das war die Lage. Und das ist sie heute vielerorts immer noch.

Es wird viel geredet – meist oberflächlich und undifferenziert – und wenig gemacht. Immer wieder kommen die Fragen: Wann ist jemand integriert in Demokratie und Rechtsstaat? Und wer und was gehört zu Deutschland? Sie werden wie Ping-Pong-Bälle zwischen Politikern hin- und hergeschossen ohne eine Auseinandersetzung damit, worum es dabei konkret und deutlich gehen muss.

Ist es dienlich, wenn Horst Seehofer sagt: »Der Islam gehört nicht zu Deutschland«? Oder wenn Angela Merkel sagt: »Der Islam gehört zu Deutschland« – so ganz pauschal, ohne jede Differenzierung? Was für ein Zeichen geben sie damit Migranten, die schon lange hier leben oder gerade erst angekommen sind? Heißt das: Ihr könnt machen, was ihr wollt – ihr werdet niemals dazugehören? Oder heißt es: Ihr dürft machen, was ihr wollt – wir tolerieren sowieso alles?

In diesem Durcheinander, in dem – wie so oft – nur über Begrifflichkeiten und nicht über Inhalte diskutiert wird und mit undifferenzierten Aussagen um sich geworfen wird, passiert Folgendes: Es bilden sich zwei Seiten. Doch die Polarisierung, die Spaltung einer Gesellschaft, ist etwas sehr Gefährliches. Ich weiß das, denn ich komme selbst aus einem Land, das so gespalten ist und so polarisiert, dass ich es dort nicht mehr ausgehalten habe. Die palästinensische Mitte ist schon längst verschwunden. Heute regieren die Radikalen. Auf der israelischen Seite musste ich miterleben, wie die Volkspartei, also die Arbeitspartei, fast ausgestorben und vor allem keine Partei des Volkes mehr ist, wie die Angst vor Terror und der Terror selbst dazu führen, dass die Linke in Israel nur noch eine kleine Rolle in der Gesellschaft spielt. Das ist unter anderem ein Grund, warum ich jetzt in Deutschland lebe, warum ich hier eine Familie gegründet habe. Ich will das hier auf keinen Fall erleben.

Auf der einen Seite stehen dort die Panikmacher, die Migranten als Gefahr sehen. Zu ihnen wiederum gehören zwei Arten von Menschen: Erstens diejenigen, die ihr Umfeld und die Ereignisse in der Welt bewusst selektiv wahrnehmen und ständig nach Bestätigung für ihre Meinung suchen, dass eine Gruppe von Menschen von Natur aus bösartig ist, etwas, das man nicht ändern kann, weshalb man sich auch nicht konstruktiv mit Problemen auseinandersetzen muss. Zweitens diejenigen, die bestimmte Ereignisse und Sachverhalte mitbekommen und dadurch Ängste entwickeln. Doch auch diese Menschen werden schnell sehr einseitig und selektiv in ihrer Wahrnehmung.

Auf der anderen Seite stehen die Übertoleranten, die Migranten pauschal als Kuscheltiere betrachten, die man vor den Panikmachern beschützen muss und denen man auf keinen Fall unsere Kultur und unsere Werte aufzwingen darf.

Doch die Debatte um die wesentlichen Punkte der Integration gehört weder zu den Panikmachern noch zu den Übertoleranten. Sie gehört in den bürgerlichen Raum der Mitte. Dort müssen die großen Volksparteien das Thema sehenden Auges, ohne irrationale Abwehr und ohne irrationale Sentimentalität für sich beanspruchen, denn beides wird den Migranten nicht gerecht. Es geht darum, klar zu handeln, pragmatisch, menschlich, demokratisch und ohne verdrehte Tabus. Integration muss ein offenes Thema werden, kein Minenfeld der politischen Sprengsätze und Ängste. Es geht um viel. Um die demokratische Gesellschaft wie um die Angekommenen, vor allem um deren Kinder, die nächste Generation.

Die deutsche Gesellschaft muss sich dieser Herausforderung gewachsen zeigen, bei der es schließlich nicht nur um Flüchtlinge, sondern auch um Hunderttausende geht, die seit zwei oder drei Generationen in Deutschland leben, ohne angekommen zu sein. Wer dann noch keinen Zugang zur Gesellschaft gefunden hat, wer dann noch immer Teile des Grundgesetzes ablehnt oder gar nicht kennt, der ist zwar physisch da, aber mental weit weg. Wer hier auf offener Straße mitten in der Demokratie für Recep Tayyip Erdoğans Alleinherrschaft oder sogar für die Todesstrafe demonstriert, wer sich in antisemitischen und autoritativen Parallelgesellschaften bewegt, der oder die muss endlich auch eine Chance auf Inklusion und Integration erhalten – ganz genauso wie Neuankömmlinge.

Das ist die klare und wichtige Wahrheit in einem Land, in dem in Städten wie Hamburg oder Berlin 47 Prozent der Schulanfänger die Buchstaben NDH in ihrer Schulakte stehen haben: »Nichtdeutscher Herkunft«. Diese Kinder sind oder werden Deutsche.

Doch was passiert? Im Moment wird weiter an kurzfristigen Notmaßnahmen gebastelt, ein paar mehr Lehrer für Willkommensklassen werden eingestellt, viele rührende Menschen engagieren sich für Flüchtlinge. Das ist alles gut. Aber ein umfassender Plan fehlt, damit sich an der Gesamtheit des Problemkomplexes grundlegend etwas positiv verändert. Gebraucht wird ein gezielter, professioneller und bundesweiter Plan für Integration. Aus dem aktuellen Patchwork muss ein bundesweites Konzept gewoben werden. Ein Plan, der für die Mehrheit und die Minderheiten nachvollziehbar ist, der dem politischen sowie zivilgesellschaftlichen Handeln eine Richtung geben kann. Vermittelt werden müssen – auf jeder Ebene und überall mit Festigkeit, Freundlichkeit und Fairness – die im Grundgesetz verankerten demokratischen Werte. Hat jemand Obdach und Arbeit, ist er oder sie noch lange nicht integriert – noch lange nicht Demokrat oder Demokratin. Integration ist keine Kurzzeitmaßnahme, sie ist nicht temporär. Sie dauert. Sie wird uns auch noch 2020 und 2030 beschäftigen. Wir müssen endlich beginnen zu handeln.

Ich erinnere mich an eine Begegnung mit einem hochrangigen Politiker aus Deutschland. Wir trafen uns bei einer Podiumsdiskussion, bei der es um Radikalisierung ging. Wir diskutierten, wir stritten. Danach gab es einen Empfang. Wir tranken etwas zusammen und diskutieren weiter mit vielen anderen Menschen. Später an dem Abend kam er zu mir, setzte sich neben mich und sagte, als wolle er mich beruhigen: »Herr Mansour, ich bin dankbar für Ihre Arbeit, aber machen Sie sich keine Sorgen, wir schaffen das schon, wir haben Coca-Cola. Das ist stärker als jede Ideologie.« Fassungslos schaute ich ihn an, dachte noch Tage später über seine Aussage nach. Ja, es stimmt, wir leben im Westen, im Kapitalismus, wir haben die Freiheit. Das ist eines unserer höchsten Güter. Aber so einfach können wir dieses als Gesellschaft nicht weitergeben, vor allem wenn Familien, Moscheen, Eltern und Ideologien diese Freiheit immer wieder abwerten und als Risiko sehen. Wir müssen Wege finden, diese Freiheit an die Menschen weiterzugeben, damit sie sie als Chance, als ein Gewinn für sich und ihre Familie verinnerlichen. Wie kann es sein, dass wir Jugendliche so einfach für Apple-Produkte begeistern können aber nicht für Demokratie, Menschenrechte und Freiheit?

Ja, Integration ist ein langer und schwieriger Prozess. Sie ist aber möglich, sehr gut sogar. Ich darf das so klar sagen, weil ich täglich auch Menschen in diesem Land begegne, die anderen Menschen erfolgreich demokratische Werte, die deutsche Verfassung und was sie bedeutet, Empathie, Toleranz und Akzeptanz näher- und beibringen. Es gibt gute Beispiele, die zeigen, dass Dialogplattformen helfen, eine Gesellschaft zum Positiven zu formen und zu verändern.

Ich darf das auch deshalb so klar sagen, weil ich Integration selber erlebt habe und immer noch lebe.

2

Angekommen

Es könnte alles so leicht sein

Manchmal will ich einfach nur Migrant sein. Jeden Samstag auf der Sonnenallee Falafel essen, abends in Kreuzberg Shisha rauchen und viele arabische Freunde haben. Im Sommer in mein Heimatland fliegen, meiner Familie tütenweise billige Kleider von C&A mitbringen, zwei Wochen dort bleiben, alle Onkels und Cousins besuchen und ihnen sagen, wie toll Deutschland ist, wie viel Ordnung hier herrscht, wie viel Geld man hier verdienen kann, wie teuer Avocados sind und wie billig Autos. Ich werde erzählen, dass die Deutschen ihre Hunde mehr lieben als ihre Kinder, dass man auf den Autobahnen so schnell fahren kann, wie man will und wie frech man mit Polizisten umgehen kann.

Nach dem Abendgebet berichte ich von meinen Frauengeschichten – die meisten erfunden. Die Männer sind begeistert. Die Frauen versuchen, mich zum Heiraten zu bewegen. Ich bekomme Bilder von möglichen Kandidatinnen und lehne erst mal alle ab. Meine Mutter ist sauer auf mich, sagt, dass sie bitteschön auf meiner Hochzeit tanzen möchte, noch bevor sie stirbt. Sie warnt mich vor sündhaften Beziehungen zu Frauen und vor Aids. Sie will, dass ich Kinder habe, die sie umarmen kann, und sie wird immer wieder fragen, ob ich nicht doch schon heimlich geheiratet habe.

Kurz vor der Abreise kaufe ich haufenweise Hummus, Sesamsoße und arabisches Gebäck und lasse meine Mutter ihre speziellen gefüllten Weinblätter kochen. Freunde begleiten mich zum Flughafen und sprechen von ihrem Neid auf mich. Voller Genugtuung erzähle ich noch einmal, wie großartig das Leben in Deutschland ist. Wir werden uns zum Abschied küssen, sie kehren in ihre Leben zurück, ich steige in den Flieger. Am Himmel wechseln sich Sonne und Wolken ab – in meinen Gefühlen auch.

Am nächsten Morgen stehe ich auf, lade Freunde zum Essen ein und meckere viel über meine Familie und die anderen Menschen in meiner Heimat. Mit meinen Freunden hier spreche ich Arabisch, ab und zu sagen wir »ach so« oder »doch«. Das klingt cool. Ich sage ihnen, wie schön es ist, zurück zu sein. Abends aber schaue ich wieder Nachrichten von Al-Jazeera und danach eine arabische Serie auf YouTube. Plötzlich bekomme ich Sehnsucht nach zu Hause, nach dem Geruch, dem Essen, der Musik, den Menschen, meiner Familie, der Geborgenheit.

Ich bin hier und nicht hier, dort und nicht dort.

Im nächsten Sommer halte ich dem Druck meiner Familie nicht mehr stand: Ich heirate meine Cousine. Wir kennen uns kaum, aber sie ist wirklich wunderschön. Als Bräutigam muss ich für alles aufkommen, also mache ich Schulden. 5000 Euro bekommen allein die Eltern meiner Zukünftigen, das ist der Brautpreis. Das Kleid, das sich meine Cousine ausgesucht hat, ist ein 2000 Euro teurer Traum – wie sie es nennt – aus Tüll und Spitze, Strass und Perlen. Ein langer Schleier gehört auch dazu. Sie wollte dieses und kein anderes. Ich bezahle es. Außerdem bekommt sie Goldschmuck von mir. Sie soll die Schönste auf der Hochzeit sein.

Zur Feier erwarten wir 900 Gäste. Es wird ein rauschendes Fest. Meine Braut: atemberaubend. Meine Mutter: so ausgelassen und glücklich, wie ich sie noch nie zuvor erlebt habe. Alle essen, trinken, lachen und tanzen stundenlang. Ich bin stolz und, wie ich glaube, auch irgendwie glücklich.

Ich finde eine kleine Wohnung in Berlin für uns, richte sie mit schönen Möbeln ein. Schlafzimmer, Sofa, Teppiche, Esstisch, Gardinen: alles neu, alles vom Feinsten. Meine Frau wird ein paar Wörter auf Deutsch lernen, um einkaufen und mit dem Bus fahren zu können. Wir sprechen nicht viel miteinander, auf Deutsch sowieso nicht. Wofür also die Sprache richtig lernen? Gemeinsamkeiten zwischen uns gibt es kaum.

Tagsüber gehe ich arbeiten, abends gehe ich aus. Alleine. Meine Frau kocht für mich, immer arabisch und immer gut, so gut, dass meine alleinstehenden Freunde mich um sie beneiden. Sie macht den Haushalt und alle Besorgungen. Ab und zu kann sie ihre Freundinnen treffen, ansonsten bleibt sie zu Hause. Wenn Briefe für sie ankommen, öffne ich sie und lese sie zuerst. Ich bringe meiner Frau *mein* Deutschland bei, gebe ihr Geld, fühle mich tolerant und weltoffen.

Am Anfang ist der Sex gut. Interessanter finde ich aber die Frauen da draußen. Ich sehne mich nach Affären, nach unerreichbaren Frauen, die ich erobern kann.

Schnell wird meine Frau schwanger. Unser Baby nennen wir Ali nach meinem Vater. Er wird beschnitten sein und die ersten vier Jahre zu Hause bleiben. Die Windeln wechselt meine Frau. Natürlich sprechen wir auch mit ihm nur Arabisch. Wenn ich Lust darauf habe, spiele ich ein paar Minuten mit ihm. Geduld ist nicht meine Stärke. Viel wichtiger ist es, dass er jeden Freitag mit mir in die Moschee geht. Er soll wissen, dass er Muslim ist, er soll stolz darauf sein.

Im Sommer werden wir immer für 30 Tage in die Heimat fahren. Und jedes Mal, wenn wir wieder ins Flugzeug steigen, wird mein Herz lachen und weinen zugleich.

Täglich werde ich für mein Glück, in Deutschland zu sein, beten. Doch jeden Tag bitte ich Gott auch, meine Familie vor alldem hier, vor Deutschland, dem sündhaften Leben, den Diskos, der Respektlosigkeit, dem Sex und der Homosexualität zu schützen. Dieses Land ist vertraut und fremd. Und ich? Ich bin glücklich und unglücklich. Ich bin hier und da – und nirgendwo.

Heimatgefühle

Natürlich weiß ich, dass diese exemplarische Geschichte nicht für alle Migranten zutrifft. Ich möchte damit auch weder verallgemeinern noch jemanden abwerten, der sich für dieses Leben entschieden hat – ich hätte es schließlich fast selbst gelebt. Und doch habe ich einen anderen Weg gewählt. Dieser war und ist nicht leicht und gewiss keine schnurgerade Autobahn, über die ich hätte rasen können. Aber er hat sich gelohnt.

Was ich heute sagen kann: Nach mehr als 13 Jahren in diesem Land, in dieser Gesellschaft ist hier der Mittelpunkt meines Lebens. Hier fühle ich mich verstanden. Hier bin ich emotional verbunden. Fremde sind zu Familie, Freunden, Kollegen und Nachbarn geworden. Ich habe sogar die Hürden der deutschen Bürokratie gemeistert, unzählige Dokumente zusammengesammelt und die deutsche Staatsbürgerschaft bekommen (und es gleichzeitig geschafft, meine israelische zu behalten). Manchmal träume ich sogar auf Deutsch. Kurz: Hier ist mein Zuhause.

In den ersten Monaten und Jahren wäre mir ein solcher Satz – »hier ist mein Zuhause« – niemals über die Lippen gekommen. Zuhause? Wo denn? In einer kalten Gesellschaft, die mir zu fremd, zu anders, zu irritierend war? Bei Menschen, die sich lustig über mich machten, wenn mir ein Wort nicht einfiel? Die mich behandelten, als wäre ich ein kleiner, dummer Junge? Die keinen Kontakt zu mir haben wollten – und ich zwischendurch auch nicht zu ihnen? Die es mir oft schwermachten, zu ihnen zu gehören, obwohl ich es mir immer wieder so sehr wünschte?

Ich kam aus Israel, einem Land, das polarisiert und das gespalten ist durch Krieg und Hass, durch Anschläge, durch Terror.

Dennoch werde ich mich nicht mit den Menschen vergleichen, die in Schlauchbooten über das Meer fliehen, Schleusern vertrauen und dabei Hunger und Durst, Kälte und Hitze erleiden mussten. Menschen, die dabei vielen Krankheiten und anderen Gefahren ausgesetzt waren. Menschen, die flohen, weil sie um ihr Leben fürchteten und gleichzeitig nicht wussten, ob sie die Flucht überhaupt überleben würden.

Ich fürchtete nicht um mein Leben – ich wollte hier studieren. Ich hatte die Möglichkeit, in einem Flugzeug von Tel Aviv nach Berlin zu fliegen und ohne Visum drei Monate zu bleiben. Und ich hatte genug Geld, um mir ein Taxi zu nehmen, das mich in ein Hotel für die ersten Tage brachte.

In meine Koffer hatte ich mein Leben gepresst: Bilder von meinen Eltern und Geschwistern, meinen Freunden, meine Zeugnisse, alte Kassetten von meinen arabischen Lieblingssängerinnen, palästinensische Plätzchen gefüllt mit Datteln, warme Kleidung, den Koran und andere Bücher, ja, wirklich viele Bücher.

Gut fünfzig Kilo Gepäck trug ich so mit mir und zudem eine große Menge an Hoffnung, aber auch Ungewissheit, Sorgen und Fragen. Wem würde ich begegnen? Wovon leben? Wie die Sprache lernen? Wohin gehen, wenn ich lande? Wie auf mein Geld aufpassen, ein Konto eröffnen, ein Visum bekommen? In meiner Heimat hatte es durch meine Eltern und die Gesellschaft viele Grenzen gegeben. In Deutschland hingegen würde ich frei sein – und alleine. Das hatte gute Seiten, machte mir gleichzeitig aber auch Angst.

Am Flughafen wartete keiner auf mich mit Teddybären, warmer Suppe und einem Schild, auf dem »Herzlich willkommen« stand. Ein Bundespolizist war der erste Deutsche, auf den ich traf. Er ließ mich lange warten, schaute immer wieder abwechselnd in meinen Ausweis und seinen Computer, schaute mich dann ernst an und sagte: »Here only EU.« Dabei zeigte er auf die

Schlange der Nicht-EU-Bürger und warf mir meinen Ausweis zurück. Ich bedankte mich und stellte mich wieder an.

Viele Leute hatten mir vor meiner Abreise von Deutschland erzählt. Doch alles hatte so abstrakt geklungen, dass ich mir kein richtiges Bild davon machen konnte, wie es hier sein würde. »Du musst all deine Dokumente ins Deutsche übersetzen lassen. Am besten noch in Israel«, hatte ein Bekannter gesagt. Froh über diesen Hinweis, suchte ich mir einen Dolmetscher und zahlte viel Geld für die Übersetzung. »Das ist nicht beglaubigt. Das geht so nicht«, fuhr mich die Beamtin an, als ich in Deutschland das erste Mal in meinem Leben in einer Behörde stand. Sie schaute mich streng an und drückte mir meine Dokumente wieder in die Hand. Mit dieser Information ließ sie mich alleine.

Was tun, wenn alles fremd ist?

In den ersten Wochen redete keiner mit mir – und ich konnte mit niemandem reden. Also suchte ich Orte, an denen meine Sprache gesprochen wurde. Ich wollte nicht den Rest meines Lebens schweigend verbringen. Irgendwann landete ich in Neukölln. Dort sprachen die Menschen nicht nur meine Sprache und aßen mein Essen, dort kam ich auch zur Ruhe, dort war ich zufrieden, selbstbewusst, geschützt, ich selber. Diese Menschen verstanden mich verbal und – wie ich glaubte – auch emotional, aber sie vermittelten mir gleichzeitig ein sehr negatives Bild der deutschen Mehrheitsgesellschaft. Sie erzählten mir, wie hochnäsig, kalt und unfreundlich die Deutschen seien, super organisiert, aber kaum spontan. Wie heilig ihnen ihre Arbeit sei, so heilig, dass sie ihre kleinen Kinder den ganzen Tag in Kitas steckten, um arbeiten zu gehen.

Sie machten sich darüber lustig, dass die Deutschen immer antworteten: »Ach, ich bin im Stress«, wenn man sie fragte, wie es ihnen gehe. Sowieso sei das Wort Stress eines ihrer Lieblingsworte. Sie erzählten mir, wie die Menschen hier ihre Großeltern in Altersheime abschoben – zu viel Stress – und sich von ihren Nachbarn abschotteten.

Sie wollten mir beibringen, wie man Deutsche verarscht: DVDs kaufen, anschauen und am nächsten Tag zurückbringen, von Kirchen ab und zu ein paar Euro abstauben (das fanden sie nicht verwerflich, die Kirchen hatten unsere Länder ja schließlich jahrhundertelang ausgebeutet), in Hotels kostenlos frühstücken. Nicht zu vergessen die deutschen Frauen: Sie erzählten mir, wie bescheuert und freizügig diese doch waren – leichte Beute, aber nichts für eine Beziehung, nichts zum Heiraten.

Am Anfang glaubte ich ihnen, was sollte ich anderes tun. Ich kannte ja niemanden, der mich vom Gegenteil überzeugen konnte. Und das, was ich bis jetzt erlebt hatte, bestätigte zumindest einige dieser Vorurteile. Gleichzeitig spürte ich den tiefen Wunsch, mir mein eigenes Bild von den Menschen machen zu können. Ich hatte Sehnsucht nach Kontakt.

Ein fast genauso großes wie schwieriges Thema für mich war das Essen. Der Geschmack von Heimat. Wie oft passierte es, dass ich noch im Halbschlaf an Speisen aus meinem Dorf dachte. An köstlichen Hummus mit noch warmem Pita, knusprige Falafel und pikante Dolmas, an ganz bestimmte Restaurants, in denen ich früher immer gegessen hatte. Zwischen Schlafen und Wachen beschloss ich, schnell aufzustehen, um dort zu frühstücken. Es dauerte immer einen Moment, bis ich begriff, dass das nicht möglich war, weil meine Heimat Tausende von Kilometern weit weg war. Enttäuscht stand ich auf und aß irgendwas, oft Fastfood. Es war einfach, billig und absichtlich nichts, was ich mit dem Essen aus meiner Heimat hätte vergleichen können.

Ohne Worte

Hilflos, sprachlos, einsam: So fühlte ich mich oft. Nie werde ich vergessen, wie ich einmal ein Monatsticket kaufen wollte. Ich ging inzwischen auf eine Sprachschule und hatte ein paar

Brocken Deutsch gelernt. Das sollte doch reichen. Ich bereitete mich einen Tag lang darauf vor und lernte auswendig, was ich sagen musste: »Ich möchte bitte ein Schülerticket vom 29. März bis zum 29. April.«

Ich ging zur Verkaufsstelle, meinen Schülerausweis in der Hand, stellte mich an, war an der Reihe – und auf einmal war die Zahl weg. Mein Gedächtnis konnte die 29 nicht mehr abrufen. Konzentrier dich, dachte ich. Ich schwitzte. Ich schämte mich. Ich schloss die Augen. Mein Kopf aber war leer. Der Mann am Schalter wurde ungeduldig. »Was denn nun?«, fragte er. Ich schaute ihn stumm an, versuchte zu lächeln. Dann sagte er zu seiner Kollegin: »Der ist in einer deutschen Schule und spricht kein Deutsch.« Sein Ton war herablassend und kalt. Er fing an zu lachen, und ich war wie gelähmt. Ich fühlte mich ungerecht behandelt, konnte aber nichts sagen. Ich trat zur Seite, ließ den Nächsten an den Schalter und ging hinaus. Ohne Ticket. Ich war am Boden. Ich hatte es nicht einmal geschafft, eine einfache Fahrkarte zu kaufen – und lustig machten sich die Menschen hier auch über mich.

Die Sprache machte mir immer wieder Schwierigkeiten: Wann benutze ich »der«, wann »die« und wann »das«? Warum heißt ein weibliches Kind *das* Mädchen, und warum kommt bei der Mehrzahl kein s hinten dran? Was für eine Grammatik! Was für lange, zusammengesetzte Wörter.

Fremd waren mir auch die Umgangsformen in der Gesellschaft, die Unbekümmertheit, mit der Männer und Frauen miteinander umgingen. Wie sie sich umarmten und küssten, wenn sie einander begrüßten, wie sie ganz selbstverständlich in der Öffentlichkeit knutschten oder wie sie ebenso selbstverständlich zusammenlebten, ohne verheiratet zu sein. Niemals hätte ich es zu diesem Zeitpunkt zu träumen gewagt, Deutschland wirklich einmal mein Zuhause zu nennen.

Und dann waren da noch meine Eltern in Israel. Fast täglich

riefen sie an, um mich zu kontrollieren. Ob ich denn noch ein guter Muslim sei, ob ich auch auf mich aufpasse, ob ich auch keinen Alkohol trinke, Arbeit gefunden habe, Geld verdiene, die Sprachprüfung bestehe – die Ehre meiner ganzen Familie hing davon ab, ob ich es schaffe.

In den ersten Jahren begleitete mich deshalb auch eine ständige Angst davor, Fehler zu machen: Niemals wäre ich über Rot gelaufen, auch wenn weit und breit kein Auto zu sehen war. Ich kontrollierte immer dreimal, ob ich auch meine Fahrkarte dabei habe, um ja nicht aus Versehen beim Schwarzfahren erwischt zu werden. Ich befürchtete ständig, irgendwelche Fristen verpasst zu haben und so meine Aufenthaltserlaubnis zu verlieren. Diese Angst war völlig irrational – ich war immer gesetzestreu gewesen – aber sie war da. Allgegenwärtig.

In dieser angespannten Situation fing ich an, meine Heimat, die ich doch bewusst verlassen hatte, um neu anzufangen, zu idealisieren und die Mehrheitsgesellschaft hier zu hassen. Wenn ich nicht dazugehören konnte, dann wollte ich es auch gar nicht!

Dann kam Ostern: zwei Wochen schulfrei. Mein Heimweh war inzwischen so stark, dass ich mir ein Flugticket nach Israel kaufte. Es sollte ein Urlaub sein, aber heimlich wünschte ich mir, dass irgendetwas passierte, das meine Rückkehr nach Deutschland verhindern würde. Das perfekte Jobangebot, die Bitte meiner Eltern zu bleiben, irgendwas. Aber es passierte nichts.

Ich flog wieder zurück, war mir aber sicher, dass ich es nicht schaffen würde. In Deutschland zu bleiben fühlte sich an, als würde ich mir in die eigene Tasche lügen. Die Sprache zu lernen kam mir unmöglich vor. Mein Studium endlich anzufangen, glücklich zu werden: Das würde nicht passieren! Gleichzeitig wusste ich aber, dass es eigentlich kein Zurück gab. Das hätte ich meinen Eltern nicht antun können. Also lernte ich – so gut es ging – weiter. Was sollte ich auch machen?

Zwei Schritte vor, ein Schritt zurück

Der Sommer 2004 änderte vieles: Es war Fußball-EM, die Leute in guter Stimmung, wie so häufig, wenn es um Fußball geht. Alle durften mitfeiern, alle wurden akzeptiert. Auch ich. Das Gefühl dazuzugehören, ein Teil von etwas zu sein, verändert viel im Bewusstsein eines Menschen.

Einer meiner israelischen Freunde kam zu Besuch, und es war das erste Mal, dass ich alles alleine meisterte. Ich zeigte ihm Berlin, bestellte Kaffee für uns, kaufte ein. Einmal gingen wir zu McDonalds, und mein Freund wollte seinen Hamburger ohne Zwiebeln haben. Ich hatte keine Ahnung, was Zwiebel auf Deutsch heißt, aber irgendwie schaffte ich es, dass der Hamburger ohne Zwiebeln kam. Ich konnte es selber kaum glauben und war gleichzeitig unfassbar stolz auf mich selber.

Nach einer Woche fuhr mein Freund wieder weg – und zurück blieb ein kleines Loch, in das ich fiel. Der überwiegende Gedanke aber war: Wow, ich kann es. Die Menschen verstehen mich. Es war ein unbeschreibliches Gefühl, nicht mehr sprachlos zu sein. Jeder, der schon mal in einem fremden Land war, ohne die Sprache zu beherrschen, weiß, wovon ich spreche.

Die Neugierde auf die Menschen wurde allmählich wieder stärker als mein Hass. Mit jedem Wort, das ich dazulernte, wurde ich selbstbewusster. Natürlich gab es immer wieder heftige und weniger heftige Rückschläge. Doch wer zwei Schritte vor und einen zurück geht, kommt auch voran. Langsam. Sehr langsam. Aber voran.

Ein Schritt vor: Ich bekam die Zulassung an der Humboldt-Universität.

Ein Schritt zurück: Ich war zunächst wieder allein. Gespräche kamen nur mit arabischen und türkischen Kommilitonen zustande, andere Mitstudenten schienen mich zu meiden. Ich hatte den Eindruck, es sei ihnen zu anstrengend, überhaupt mit mir zu reden oder gar gemeinsam Referate zu erarbeiten.

Ich hatte ja nichts anzubieten, musste alle von mir überzeugen. Denn ab dem Moment, als ich mit Deutschen sprach, war ich nicht mehr auf Augenhöhe mit ihnen. Sie waren diejenigen, die die Sprache beherrschten, die sich artikulieren konnten. Und ich war derjenige, der erst einmal enorm viel Energie aufbringen musste, um überhaupt etwas sagen zu können, geschweige denn genau das sagen zu können, was er auch meinte.

So oder so kam ich an der Uni an Referaten nicht vorbei. Und weil sich zunächst niemand fand, der sich auf mich einlassen wollte, hielt ich das erste alleine – vor 20 Kommilitonen und einer Dozentin, die mich alle über die gesamte Zeit hinweg regungslos anschauten. Kein Lächeln, kein Zeichen des Wohlwollens oder der Unterstützung, die ich so dringend gebraucht hätte. Da war einfach nichts in ihrem Blick. Irgendwie brachte ich das Referat hinter mich. »Hat jemand Fragen?«, sagte ich am Ende und musste zusehen, wie die meisten einfach ihre Taschen zusammenpackten und gingen. Es war Mittag, sie hatten wohl Hunger. Mir aber war nur schlecht.

Das war ein herber Schlag für mich. Ich schämte mich, zweifelte immer öfter daran, ob ich überhaupt in der Lage war, dieses Studium zu schaffen, wohl wissend, dass es die einzige Möglichkeit war, in Deutschland bleiben zu können.

Die Angst zu scheitern nahm wieder mehr und mehr Raum ein. An das Hochgefühl vom Sommer 2004 konnte ich mich kaum noch erinnern. Ich war nicht mehr Teil von etwas. Da war keiner, der mir Mut machte. Da war nur die Angst, zurück zu meiner Familie fliegen zu müssen, vor meinen Eltern zu stehen und unter Tränen zuzugeben, dass ich versagt hatte. Das kam nicht in Frage. Das wäre eine Verletzung meiner und der Ehre meiner Familie gewesen. Keiner würde mich je mehr ernst nehmen. Ich bliebe für den Rest meines Lebens die Niete, die es in Deutschland nicht geschafft hat. Das meinem Vater anzutun, ihn so zu verletzen, sein Ansehen und seinen Ruf im Dorf zu ruinieren, wäre der größte Gau gewesen. Lieber hätte ich in Deutschland auf der Straße gelebt, als das zu tun.

Ich wurde depressiv und lag nächtelang im Bett, ohne einschlafen zu können. Im Licht der Straßenlaterne sah ich die Gesichter meiner Eltern, deren Foto ich als Andenken an die Wand gehängt hatte. Nun hing es da wie eine permanente Ermahnung. Ich bekam chronische Bauchschmerzen und fing wieder an zu beten. Ich versuchte es zumindest. Doch dieses Mal spürte ich nichts. Gott war nicht mehr bei mir. Ich war allein.

Die ticken alle ganz anders

In dieser Verfassung, aus der ich nie wieder herauszukommen dachte, bot mir ein Bekannter sein WG-Zimmer für ein paar Monate an, weil er den Sommer in Israel verbringen wollte. Ich sagte sofort ja, ohne zu fragen, wie teuer das Zimmer überhaupt war. Hauptsache eine Veränderung, dachte ich. Raus aus der Gedankenspirale, dem ewigen Grübeln, der Einsamkeit.

In eine WG zu ziehen und mit zwei deutschen Frauen zusammenzuleben war für mich genauso aufregend wie beängstigend. Aufregend, weil ich endlich mit Deutschen zusammenleben und die Sprache noch besser lernen konnte und endlich Zugang zur Mehrheitsgesellschaft hatte.

Beängstigend, weil mir die Haltung von Deutschen und insbesondere von deutschen Frauen immer noch Angst machte. Ihr Individualismus, ihr freies Ausleben von Weiblichkeit. Sie waren so selbstbewusst, sie schauten mir in die Augen und brachten direkt zum Ausdruck, was sie wollen, meinen, denken, fühlen. Sie waren das Gegenteil zu den Frauen aus meinem Dorf, die Augenkontakt vermieden und rot wurden, wenn man sie ansprach.

Sowieso hatte ich hier in Sachen Liebe ziemlich viele Misserfolge. So einfach, wie mir das meine arabischen Bekannten am Anfang beschrieben hatten, war es gewiss nicht – was aber auch an mir lag: Ich war einfach zu schüchtern.

Die großen kulturellen Unterschiede taten ihr Übriges. Ich kenne einige Männer, die einer Frau noch beim ersten Kennenlernen angeboten hatten, sie zu heiraten, und sich dann wunderten, dass sie sich nie wieder meldete. Aber wenn Liebe mit Heirat gleichgesetzt ist, so wie es in meiner Kultur der Fall ist, fallen solche Sätze manchmal automatisch.

Hier in Deutschland in meiner WG hörte ich stattdessen solche Sätze: »Du bist morgen mit Putzen dran!« Niemals hätte ich in meiner Heimat so etwas von einer Frau zu hören bekommen. Erstens, dass mir eine Frau sagte, was ich zu tun hatte, und zweitens, dass ich als Mann überhaupt putzen sollte! Für mich war dieser Satz eine doppelte Ohrfeige. In Deutschland aber schien beides normal zu sein.

Genauso normal war es wohl, in einer WG seinen Namen auf alles, was einem gehörte, zu schreiben. Es musste alles seine Ordnung haben. Wenn wir draußen essen gingen und die Rechnung kam, wurde immer getrennt bezahlt. Ich kannte das so nicht und fand es komisch. Trotzdem: Wenn ich in dieser Gesellschaft ankommen wollte, und zwar nicht am Rand, sondern in der Mitte – und das wurde mehr und mehr zu meinem Ziel –, dann musste ich meine eigenen Werte, Überzeugungen und Gepflogenheiten immer wieder in Frage stellen und überprüfen.

Wie unendlich schwer mir das doch fiel. Viel schwerer, als bloß diese komplizierte Sprache zu lernen.

Es dauerte lange, bis ich akzeptieren konnte, dass die Menschen hier ganz anders ticken als ich, und bis ich diesem Andersticken etwas Positives abgewinnen konnte. Nichts passierte von heute auf morgen. Und vieles ging mit ambivalenten Gefühlen einher. Denn auch wenn ich schon mehrere Jahre in Tel Aviv verbracht hatte, auch wenn ich durch das Studium offener geworden war, auch wenn ich vielen Aspekten meiner eigenen Kultur sehr kritisch gegenüberstand, war ich rückblickend betrachtet noch immer sehr intolerant.

Heimliche Liebe

So kam es auch, dass meine erste Freundin, die ich in Deutschland hatte, keine Deutsche war, sondern Libanesin. Sie war zwar in Deutschland geboren, aber innerhalb strenger patriarchalischer Strukturen aufgewachsen. Das bedeutete, wir mussten sehr vorsichtig sein, denn wir waren ja nicht offiziell zusammen.

Sie lebte nicht in Berlin, sondern im Süden Deutschlands, und als ich sie das erste Mal besuchte, fuhr ich morgens hin, verbrachte heimlich und unendlich verliebt den Tag mit ihr und fuhr abends wieder zurück. Am nächsten Tag bekam ich einen Anruf. Ihr Bruder. »Ihr seid gestern gesehen worden«, sagte er. »Mag sein, dass du denkst, dass wir hier in Deutschland leben, aber bei uns gelten andere Regeln. Und wenn ich mitkriege, dass du Kontakt zu ihr hast, dann wird es schwierig für dich.«

Und es wurde schwierig. Aber anders schwierig. Jedes unserer Treffen danach geschah heimlich, versteckt, als ob wir etwas Illegales täten. Zwei, drei Jahre ging das so. Irgendwann schaltete ich arabische Bekannte ein, die ihren Vater fragen sollten, ob ich sie wohl heiraten dürfe. Ich wollte mich nicht mehr verstecken. Ihr Vater aber sagte nein. Das Problem war, dass ich nicht »durch die Tür« gekommen war, wie er es nannte, sondern sie auf anderem Wege kennengelernt hatte. In Wirklichkeit wollte er es ihr mit seinem Nein aber nur heimzahlen, weil sie einen Heiratskandidaten von ihm abgelehnt hatte.

Wir trafen uns weiter.

Nach drei Jahren stellte ich sie schließlich vor die Wahl: ihre Eltern oder ich. Ich hätte sie nach Berlin geholt. Wir hätten hier ein gemeinsames Leben begonnen. Aber dieses Mal war sie es, die nein zu mir sagte. Es war ihr zu riskant, ihre Liebe nicht stark genug, um sich für mich und gegen ihre Familie zu entscheiden.

Heute weiß ich, dass dieses Nein meinem Leben eine entscheidende Wendung gegeben hat. Denn hätte ich sie geheiratet, hätte ich mit Sicherheit wieder das patriarchalische Leben angenommen, mit dem wir beide aufgewachsen waren.

Kurz danach lernte ich eine Frau aus Israel kennen, die in Berlin lebte. Sie war ganz anders, unabhängig und frei. Ihre Eltern ließen sie machen, was sie wollte. Wir wurden ein Paar, nicht für lange, aber sie half mir, selbstsicherer und damit offener für diese Gesellschaft zu werden.

Fußball, Freundschaft, Frieden

Noch viel stärker als bei der Fußball-EM 2004 war mein Hochgefühl bei der Fußball-WM 2006. Es war Sommer, und es war wie im Märchen. Ich – am Anfang noch Brasilien-Fan, später dann im Deutschlandtrikot – tauchte ein in das Bad voll guter Laune, Solidarität und Verbundenheit. In meinem Empfinden wurden aus kalten Robotern plötzlich Menschen, die feiern und fühlen, ja sogar weinen können und die ich auf einmal cool fand – auch wenn mich dieses Gefühl erst irritierte. Irgendwann aber stellte ich mir selbst keine Fragen mehr, sondern fühlte mich nur noch frei. Ich wurde Teil dieser Gemeinschaft und wollte, dass diese Party, dieses Gefühl dazuzugehören, nie endet. Einen Monat lang tat ich nichts anderes, als auf der Berliner Fanmeile Fußball zu schauen, mit Menschen aus Deutschland und der ganzen Welt zu sprechen, mit ihnen zu feiern, zu trinken, zu tanzen – und am Ende auch zu weinen, als der Traum für die deutsche Mannschaft im Halbfinale gegen Italien vorbei war.

Ich bekomme heute noch Gänsehaut, wenn ich daran zurückdenke. Denn die Stimmung, die in diesem Sommer in Deutschland herrschte, übertrug sich nicht nur auf mich, sie beflügelte mich auch und machte mich glücklich. Die Fußball-WM war ein sehr wichtiger der vielen Meilensteine in meiner Geschichte als Migrant.

Meine Geschichte, dieser jahrelange Prozess, war auch möglich, weil ich durch Glück und Zufall oft die richtigen Menschen getroffen hatte. Da waren meine zwei WG-Mitbewohnerinnen, deren Verhalten ich zwar oft nicht verstand, die mir aber zum ersten Mal das Gefühl gaben, jemand kümmere sich um mich. Sie interessierten sich für das, was ich tue, sie fragten mich, wie meine Prüfungen waren, und bauten mich auf, wenn eine Klausur bevorstand.

Da waren außerdem die anderen Studenten, mit denen ich nach meiner WG-Zeit im Studentenwohnheim Grunewald zusammenwohnte – meine ersten richtigen deutschen Freunde –, zu denen ich doch noch Zugang fand und die mir mit Geduld und Humor bis in die Morgenstunden Deutschland erklärten. Und da war meine Professorin, die mich ermutigte, über Geschlechterrollen zu forschen und die mir half, meinen ersten Job bei »HEROES«, einem Berliner Projekt für Gleichberechtigung von Jugendlichen mit Migrationshintergrund, zu bekommen, obwohl sich die Behörden zunächst querstellten.

Das waren nur einige von vielen Menschen, die mir geholfen haben und denen ich sehr dankbar bin. Durch sie reihten sich allmählich gute Erfahrungen neben die schlechten, und nach und nach nahmen die guten überhand.

Verstehen und Verständnis

2010 war wieder so ein gutes Jahr: Ich lernte meine heutige Frau kennen. Dass sie Deutsche war, spielte für mich keine Rolle. Sie war einfach nur die Frau, in die ich verliebt war und die ich ohne Vorurteile kennenlernen wollte. Vom ersten Moment an fühlte ich mich mit ihr auf Augenhöhe. Meine Ängste waren erst einmal weg. Ich war offen, fühlte mich frei und gut und aufgehoben. Das war ein sehr schönes Gefühl.

Trotzdem warteten wir mehr als ein Jahr damit, uns gegenseitig unsere Eltern vorzustellen. Ich hatte es absichtlich hinausgezögert. Die Erfahrung mit meiner libanesischen Ex-Freundin war noch präsent in meinem Kopf, und außerdem hatte ich noch nie wirklich etwas mit einer deutschen Familie zu tun gehabt, obwohl ich inzwischen seit sieben Jahren in Deutschland lebte. Klar, ich hatte vorher in der WG und in einem Studentenwohnheim gewohnt und war bei meinen deutschen Freunden zu Besuch gewesen. Nie aber hatte ich ganze Familien erlebt und wirklich intensiv an ihrem Alltag teilgehabt: über welche Themen sie sprechen, wie und was sie essen, wie Eltern mit Kindern umgehen und umgekehrt und welche Traditionen sie pflegen.

Für mich erschien der Alltag von Deutschen immer noch als sehr starr, obwohl ich in der Zwischenzeit viel reflektierter war: Aufstehen, frühstücken, Tee trinken, spazieren gehen, alles passierte nach Plan. Würde das bei meinen Schwiegereltern auch so sein? Ob sie mich wohl mögen würden?

Mit diesen Gedanken im Kopf fuhr ich mit meiner Frau zu ihren Eltern. Es war Heiligabend. Meine arabischen Freunde hatten mir irgendwann erzählt, dass die Deutschen an Weihnachten immer streiten würden, wenn ihnen die Geschenke nicht gefallen und sie zu viel Alkohol trinken. Deshalb hatte ich meine Frau immer wieder vor dem Besuch gebeten, auf gar keinen Fall mit ihren Eltern zu streiten.

Alle saßen am Tisch. Es gab Würstchen mit Kartoffelsalat. Aus Rücksicht auf mich hatten sie zusätzlich drei Geflügelwürstchen gemacht. Wir unterhielten uns. Alles schien gut zu laufen – bis das Essen fertig war und meine Schwiegermutter mich fragte, ob ich beim Aufräumen mithelfen könne. Ich war irritiert. »Nein! Kann ich nicht! Was für eine unverschämte Frage«, dachte ich. Ich war es gewohnt, als Gast König zu sein. Dass man sich um mich kümmert, so wie ich es auch tue, wenn ich Gäste habe. Für mich war ihre Frage ein Angriff auf meinen Begriff von Gastfreundschaft und eine Art von Beleidigung.

Ich sagte ihr, dass ich das nicht in Ordnung fand. Und jetzt war sie es, die irritiert war.

Dieses Ereignis, das ich nie vergessen werde, ist für mich

ein gutes Beispiel dafür, wie sich zwei Kulturen missverstehen können – nicht nur zwei Menschen. Für meine Schwiegermutter war diese Frage ein Versuch gewesen, mich in die Familie mit aufzunehmen. Ich sollte kein Gast mehr sein, sondern dazugehören. Und wer dazugehörte, half mit, so wie alle anderen auch. Für mich hingegen war ihre Frage eine Beleidigung gewesen.

Wir sprachen uns aus. Wie gut und wichtig das war, denn jetzt wussten wir, was der jeweils andere gedacht hatte.

Direkt nach Weihnachten flogen wir nach Israel. Ich war angespannt. Schon der Besuch bei meinen Schwiegereltern hatte mich viel Kraft gekostet. Jetzt fragte ich mich, wie meine Eltern wohl auf meine Frau, die damals ja noch meine Freundin war, reagieren würden. Sie begrüßten uns herzlich. Doch das Erste, was meine Mutter zu meiner Frau sagte, war: »Ich möchte vier Kinder.« Das war kein kulturelles Missverständnis. Das war eine Ansage, und ich war froh, dass meine Frau gelassen darauf reagierte.

Trotz dieser Ansage durften wir – zwei erwachsene Menschen, die ein Paar waren – nicht im gleichen Zimmer übernachten. Wir waren ja nicht verheiratet. Meine Frau musste bei meiner Schwägerin schlafen, weil es bei uns keinen Platz gab. Ich fand das nicht gut. Ich wusste, wie sie sich fühlte: das erste Mal in einer fremden Kultur, und keiner war da, der ihre Sprache sprach. Zwei Tage später zogen wir deshalb in ein Hotel – in ein gemeinsames Zimmer. Zwar stieß ich damit meine Familie vor den Kopf, aber es fühlte sich richtig an, das zu tun.

Nach wiederum ein paar Tagen hatten wir es geschafft. Wir hatten beiden Familien einen Besuch abgestattet, und alles war einigermaßen gut gelaufen.

Dennoch entschieden wir uns sehr bewusst dafür, mit beiden Familien getrennt zu feiern als wir 2013 heirateten: in Deutschland in sehr kleinem Kreis, 30 Gäste, nur Freunde und die Familie meiner Frau. In Israel waren es 300, was dort allerdings auch nur der engste Familienkreis war. Wir hatten keine gemeinsame Feier arrangiert, weil wir niemanden ausschließen wollten. Genauer: Wir wollten, dass sich niemand ausgeschlossen fühlt. Und das wäre in unseren Augen bei den großen sprachlichen und kulturellen Unterschieden bestimmt der Fall gewesen. Alkohol: verboten, erlaubt? Küsse: verboten, erlaubt? Welche Zeremonie? Welche Musik? Welche Hochzeitsbräuche? Wie wir es auch gemacht hätten, eine Familie hätte sich vor den Kopf gestoßen gefühlt, da waren wir uns sicher. Aber es sollte doch unser Fest sein. Und das wurde es auch – dort wie hier.

Der Kreis hat sich geschlossen

Heute fühle ich mich in Deutschland verstanden, aufgenommen und akzeptiert. Ich bin mit diesem Land emotional, politisch und sprachlich tief verbunden und stolz auf meine Staatsbürgerschaft – ich habe sie schwarz auf weiß auf Papier, als Urkunde. Seit 2017 bin ich offiziell Teil dieses Landes mit seiner Demokratie, seiner Freiheit, seinen schönen Landschaften, Seen, Bergen und Menschen. Vor allem bin ich stolz auf das Grundgesetz und all die Menschen, die es achten und schützen.

Für mich hat sich der Kreis geschlossen. Ja, ich hatte verdammt viel Glück. Aber ich wollte es auch, ich wollte in dieser Gesellschaft aufgenommen werden.

Natürlich ist es ein Prozess, der wahrscheinlich nie ganz abgeschlossen sein wird – jeden Tag lerne ich dazu, und jeden Tag warten weitere Herausforderungen auf mich. Jeden Tag eröffnen sich aber auch neue Möglichkeiten für mich: Einladungen, Schulungen, Seminare, Trainings und Vorträge. Meine aufklärende Arbeit gegen Fundamentalismus und mit ehemaligen Extremisten ist erfüllend. Oft sehe ich, wie sie Früchte trägt. In einem Satz: Ich bin dankbar.

Wer mir Assimilation vorwerfen will, dem sage ich, ohne eine Sekunde zu zögern: Wenn Assimilation bedeutet, dass ich das Grundgesetz der Bundesrepublik im Alltag und in der Arbeit über jede Tradition, Religion oder jeden Nationalismus stelle, dann bin ich gerne assimiliert.

Jetzt fehlt nur noch, dass ich den Spaß am Spazierengehen entdecke, das Mülltrennen etwas ernster nehme und anfange, Tatort zu schauen. Bis jetzt hält sich meine Lust – vor allem in Bezug auf das Spazierengehen und den Tatort – in Grenzen. Aber meine Schwiegereltern sagen, erst wenn diese drei Dinge passierten, sei ich integriert. Also gebe ich die Hoffnung nicht auf, und mein Umfeld hofft mit mir.

Verkaufte Identität

Leider haben sich alte Freunde aus den ersten Stunden in Deutschland von mir abgewandt, seit ich kritisch mit bestimmten Inhalten meiner Religion und Kultur umgehe. Ich höre von ihnen, ich sei ein Heuchler: »Du verkaufst deine Religion, deine Nation, deine Identität, egal wie viel Mühe du dir gibst, du wirst nie dazugehören mit Deinen dunklen Haaren!« Unvergessen ein Gespräch mit einem ehemals guten Freund, der mir gegenüber behauptete: »Sei du nur für Freiheit und Gleichberechtigung, aber wenn deine Tochter später mit einem Freund allein in ihr Zimmer geht, wirst du aufwachen! Spätestens dann wirst du wieder einer von uns sein.« Er sagte, dass keiner von uns so etwas zulassen könne. Egal wie integriert oder aufgeklärt wir seien, unsere Gene würden das nicht erlauben. Ich denke dann an meine Tochter, an ihre Zukunft, ihre Identität. Ich denke an meine Mutter, die bei jedem Telefonat fragt, ob die Kleine denn jetzt deutsch oder arabisch sei und jedes Mal Arabisch mit ihr sprechen möchte aus Angst, sie könne ihre Wurzeln verlieren oder vergessen. Was wird meine Tochter sein? Ich weiß es nicht. Glücklich hoffentlich – und frei.

In Deutschland, diesem freien Land mit seinen demokratischen Werten, zu leben bedeutet mir unendlich viel. Ich kenne das Gegenteil. Deshalb verteidige ich diese Werte jederzeit, was für mich bedeutet, auch in unangenehmen Situationen bedingungslos für sie einzustehen.

Dabei kommt Kritik von allen Seiten. Die einen sagen, du bist und bleibst ein Ausländer, der nicht dazugehört. Die anderen sagen, ich würde versuchen, mich bei den Deutschen einzuschmeicheln und dabei nicht nur meine Kultur und mein Land in den Dreck ziehen, sondern damit auch Menschen mit rechtsradikalem Gedankengut in die Karten spielen. Ich erinnere mich gut daran, wie mich ein arabischer Professor, ein Chefarzt in einem der bekanntesten Krankenhäuser Deutschlands, scharf kritisierte, weil ich es gewagt hatte in meinem ersten Buch zu erwähnen, dass mein Vater in meiner Kindheit Gewalt gegen mich ausgeübt hatte. Es sei respektlos, dies zu schreiben, sagte er. Gewalt gehöre nun mal zur Erziehung.

Heute habe ich weniger Angst vor der deutschen als vor meiner ehemaligen Gesellschaft. Leute, die nicht mehr mit mir reden, senden und posten stattdessen Drohungen, ich sei abtrünnig, ungläubig, ein Islamhasser, der den Tod verdiene. All das, nur weil ich Aspekte der Religion und Tradition in Frage stelle und den Nahostkonflikt nicht in den Schwarzweißmustern von Antisemiten sehe.

3

Wir sind nicht eure Kuscheltiere

Es war ein heißer Tag, keine Wolke am Himmel zu sehen. Die Fenster des Klassenzimmers waren weit geöffnet, ebenso die Tür, doch die Luft stand still. Die Schüler der dritten Klasse saßen mit roten Wangen auf ihren Stühlen, viele hatten ihre Köpfe auf die Hände gestützt. Sich zu konzentrieren fiel allen schwer, dem Lehrer genauso wie den Schülern, doch hitzefrei gab es heute nicht. Warum, war dem Lehrer, der mir diese Geschichte bei einem meiner Workshops für Pädagogen erzählte, ein Rätsel. Also machte er das Beste aus dem Tag: Er gab den Kindern nur leichte Aufgaben und machte viele kleine Pausen, in denen die Kinder essen und trinken sollten, vor allem trinken, um bei Kräften zu bleiben.

Einer der Schüler saß schweigend da. Er aß nichts. Er trank auch nichts, obwohl ihm der Schweiß von der Stirn lief. Der Lehrer kannte das schon: Ramadan. Zeit des Fastens. »Trink etwas«, sagte der Lehrer, aber der Junge schaute weg.

Der Lehrer dachte an das, was ihm immer wieder gesagt worden war: »Sie müssen die Religionsfreiheit würdigen. Sie müssen sich interkulturell öffnen und die Regeln der anderen tolerieren und akzeptieren.« Der Umgang mit anderen Kulturen, Toleranz und Akzeptanz hatten schon oft auf dem Fortbildungsplan gestanden. Und schon oft war er bei der Ausübung dessen, was ihm dort gelehrt worden war, an seine Grenzen gestoßen: Er hatte erlebt, wie Schülerinnen anderen Schülern die Hand nicht geben wollten. Er hatte erlebt, wie Mädchen immer dann krankgeschrieben waren, wenn Schwimmunterricht auf dem Stundenplan stand. Er hatte erlebt, wie Schüler nicht an Klassenfahrten teilnehmen durften – und wie Kinder fasteten, obwohl sie dabei offensichtlich an ihre Grenzen gingen.

Natürlich bin ich ein toleranter Mensch, dachte er. Aber soll ich einem Kind beim Zusammenbrechen zuschauen, nur weil es denkt, es dürfe nichts trinken? Verletze ich so nicht meine Aufsichtspflicht? Kann ich es zwingen? Soll ich es zwingen? Wo fängt Kultur an? Und wo körperliche Unversehrtheit und Gesundheit? Wo endet Religionsfreiheit? Und wo ist meine Grenze bezüglich der Interkulturalität? Wo ist der Weg zwischen meinen Wertvorstellungen und denen der anderen? Er fühlte sich hilflos.

Während die anderen Kinder aus ihren Flaschen tranken, blieb der Junge regungslos auf seinem Stuhl sitzen. Die Lippen trocken, die Augen müde. Der Lehrer versuchte es noch einmal: »Trink, bitte. Nur einen kleinen Schluck.« Jetzt schaute ihn der Junge an. Und in seinem Blick sah der Lehrer eine Mischung aus Angst und Dankbarkeit. Dann setzte das Kind den Becher, den der Lehrer vor es auf den Tisch gestellt hatte, vorsichtig an den Mund und trank den ganzen Becher in einem Zug leer.

Ein paar Tage später wurde der Lehrer zur Rektorin gerufen: »Wir haben ein Problem!« Der Schüler hatte seinen Eltern erzählt, was passiert war. Diese hatten daraufhin die Schulaufsichtsbehörde angeschrieben und diese wiederum einen Brief an die Schule und an den Lehrer verfasst: Er solle bitte die Religionsfreiheit der Schüler akzeptieren.

Eine Beschwerde, dachte der Lehrer. Darüber, dass ich das Kind vor einem Kreislaufkollaps bewahrt habe? Er verstand die Welt nicht mehr.

Das Kuscheltier-Phänomen

Gleicher Workshop, andere Lehrerin: »Ich erlebe immer wieder, dass Schüler mich als Frau nicht ernst nehmen«, erzählte sie mir. Von einer Frau würden sie sich nichts sagen lassen. »Immer wenn ihnen etwas nicht passt, kommen sie mit diesem Spruch. Und ich? Ich steh dann da und weiß nicht weiter.« Die Lehrerin wirkte verzweifelt: »Wie kann so ein Kind ernsthaft sagen, dass es nicht die Aufgabe von Männern sei, die Tafel zu wischen oder das Klassenzimmer aufzuräumen? Absurderweise finden diese Jungs auch immer noch Mädchen, die ihre Aufgaben übernehmen.« Einmal, sagte sie, sei ein interkultureller Trainer an ihre Schule gekommen. »Und wissen Sie, was der zu mir gesagt hat? Meine rassistische Denkweise würde den Schüler provozieren, meine Vorurteile ihm gegenüber würden dieses Verhalten hervorrufen.« Der Trainer ging noch weiter: Die Tatsache, dass ein Schüler so einen Satz zu ihr sage, sie nicht anschaue und sexistisch behandele, habe viel mehr mit ihrer Wahrnehmung zu tun, als mit der des Schülers. Sein Protest sei seine Art und Weise, der Lehrerin laut mitzuteilen, dass er mit ihrem Verhalten nicht einverstanden sei. »Ich dachte zuerst, ich hätte mich verhört. Hab ich aber nicht. Sein Rat an mich war dann, erst mal über mein eigenes Verhalten nachzudenken und zu überlegen, ob der Schüler möglicherweise nach Aufmerksamkeit schreit, indem er schockiert und provoziert.«

Ich kenne solche Trainer, Berater und andere Menschen, die das Beschützen von Muslimen und Menschen mit Migrationshintergrund vor jeglicher Kritik als interkulturelle Kompetenz verkaufen. Ich nenne es das Kuscheltier-Phänomen. Was das bedeutet? Die einen behandeln die anderen wie Kuscheltiere, die man schützen muss. Die Probleme, die es in den Schulen gibt, sagen diese Menschen, seien nur Reaktionen der Schüler auf Diskriminierungen. Ehrenmorde oder Gewalt im Namen der Ehre beispielsweise seien Themen, die gar nicht existierten. Was passiere, seien nur Einzelfälle. Motive dafür in der Kultur und Tradition, in den Männlichkeitsbildern und Werten zu suchen sei verboten, rassistisch und zu verhindern. Denn Probleme würden kulturalisiert und erst produziert, indem man als Lehrer oder Sozialarbeiter bestimmte Themen anspreche. Wer etwa mit den Schülern über Gleichberechtigung reden wolle, der setze ja voraus, dass es bei ihnen keine Gleichberechtigung gebe. Und allein das sei schon diskriminierend.

Immer wieder fallen in diesem Zusammenhang die Begriffe Kulturkolonialismus – wir wollen den anderen nur unsere Kultur aufzwingen – und weiße Schule – wir haben ein Schulsystem, das so konzipiert ist, um nur die deutschen, die weißen Schüler anzusprechen und zu fördern.

Tolerant und weltoffen wollen die Menschen hier sein und sich deutlich gegen Rassismus und Vorurteile positionieren. Alle Kulturen sollen gleichberechtigt nebeneinander existieren, so ihr Gedanke. Multikulturalismus und Pluralismus sind für sie Werte, die es zu verteidigen gilt. »Tolerant« und »weltoffen« meine ich nicht als Schimpfworte, denn sie sind es nicht und sollten es auch nicht sein – und keine Frage: es gibt viele Menschen in diesem Land, die dabei klug, kritisch und aufgeklärt sind. Es gibt aber auch viele, denen es egal zu sein scheint, was hinter einer Kultur steckt, ob sie nun mit unseren demokratischen Wertvorstellungen vereinbar ist oder nicht. Wir sollen alles akzeptieren. Das soll Multikulti sein.

Dass diese Trainer und Berater damit eine Atmosphäre der Verunsicherung und Angst schaffen, ist ihnen nicht klar. Sie übergehen Probleme, weil sie jegliche Kritik ins Gegenteil verkehren, weil sie jeden Kritiker als islamophob bezeichnen, als jemand, der den Rechten in die Karten spielt, selbst wenn die Kritik, wie etwa in meinem Fall, aus der Mitte der Migranten kommt. Keine Diskussion. Keine Widerrede.

Was für ein Irrtum! Warum? Weil es bedeutet: »Anything

goes.« Weil so jedes noch so negative Verhalten – selbst wenn es gegen das deutsche Grundgesetz verstößt – mit dem Hinweis auf die eigene, andere Kultur oder Religion verteidigt werden kann. Weil es zu einer Unfähigkeit geführt hat, Konflikten sachlich und mit kühlem Kopf zu begegnen, sie offen anzusprechen, differenziert zu betrachten und zu diskutieren. Weil Menschen zu Kuscheltieren gemacht werden, die anscheinend besonders beschützenswert sind und denen es abgesprochen wird, Kritik auszuhalten, ihr Handeln und sich selbst zu hinterfragen und möglicherweise auch zu ändern.

Um eines klarzustellen: Die grundsätzlichen Motive, mit denen Diversität und Multikulturalismus verteidigt werden, sind gut und gerecht. Die Menschen wollen Bevölkerungsgruppen, denen vermehrt mit Fremdenfeindlichkeit begegnet wird, politisch unter ihre schützenden Fittiche nehmen – insbesondere dort, wo die Diskriminierung sich gegen die Religion der Fremden zu richten scheint. Die Schutzimpulse erklären sich unter anderem aus dem Wunsch, maximale Distanz zu rechten, nationalistischen Haltungen zu zeigen.

Man will nicht zulassen, dass Muslime von Rassisten verfolgt werden, so wie es den Juden in der NS-Zeit widerfahren ist. So scheint diese Haltung auch zu sagen: Wir sind der lebende Beweis dafür, dass die Deutschen aus ihrer Geschichte gelernt haben.

Doch leider wird erstens übersehen, dass es genauso rassistisch und diskriminierend ist, Muslime immer nur beschützen zu wollen und sie nicht als gleichberechtigte, ernstzunehmende, kritikfähige Mitmenschen zu betrachten. Und zweitens führt die Art und Weise, wie die Menschen ihren guten Willen demonstrieren, in manchen Fällen dazu, dass genau dieser gute Wille missbraucht oder fehlinterpretiert wird. Dann steuert die Sache am Ziel vorbei.

Das zeigt auch folgendes Beispiel:

»Lieber Herr Mansour,

ich hoffe sehr, dass ich Sie auf diesem Weg kontaktieren kann, denn ich habe ein dringendes Anliegen und die Hoffnung, dass Sie der richtige Ansprechpartner sind. Ich bin Sozialarbeiterin in einem Jugendamt und habe hauptsächlich mit Kindern mit Migrationshintergrund zu tun, was eigentlich nicht wirklich schwierig ist. Doch hinter ihnen stehen Eltern, teils sehr religiöse Muslime, teils desinteressierte Mitläufer, teils Konvertiten. Ich weiß recht viel über den Islam und spreche auch ein wenig Arabisch und Türkisch. Das erleichtert mir den Zugang zu ihnen, aber ich bemerke besonders in der letzten Zeit immer häufiger seltsame Tendenzen bei diesen Menschen, die mir überhaupt nicht gefallen.

Ich bin mir sicher, dass viele Kinder, mit denen ich in den letzten Jahren zu tun hatte, regelmäßig von ihren Eltern geschlagen und körperlich bestraft werden. Die Kinder haben oft blaue Flecken und erzählen mir von den Drohungen ihrer Eltern. Selbst in gebildeten Familien scheint es üblich zu sein, die Kinder so zum Gehorsam zu erziehen. Ich versuche immer wieder, mit den Eltern zu sprechen, und renne permanent gegen Betonwände, vor allem auch hier in der Behörde. Mein Chef sagt uns immer, wir Sozialarbeiter sollen kultursensibel mit den Menschen umgehen und auch dann nicht unbedingt einschreiten, wo das rein rechtlich notwendig wäre.

Es gibt viele derartige Themen, die mir auf der Seele lasten. Es geht doch um die Kinder! Nur, was soll ich tun, wenn mir selbst mein Chef sagt, ich soll die Füße still halten? Herr Mansour, was soll ich tun? Haben Sie eine Idee? Haben Sie vielleicht sogar Zeit für ein Gespräch? Ich würde mir das sehr wünschen.«

Zusammengefasst sagt dieser Brief: »Das, was der Chef von mir verlangt, geht doch eigentlich nicht, oder?« Als würde sie von mir ein Okay für etwas einholen wollen, das menschlich wie gesetzlich glasklar ist: einschreiten! Selbstverständlich! Egal, woher jemand kommt. Im Grundgesetz, Artikel zwei, steht: »Jeder hat das Recht auf Leben und körperliche Unversehrtheit.« Das gilt auch und vor allem für Kinder.

Ich schrieb der Jugendamtsmitarbeiterin zurück und bat sie um ein Treffen. Dabei versuchte ich, ihr das Klare noch einmal zu erklären: »Es geht hier um Kinder. Wenn Sie oder Ihr Chef das ignorieren, dann frage ich mich, wofür wir das Jugendamt überhaupt brauchen. Es ist unterlassene Hilfeleistung, was Ihr Chef von Ihnen erwartet. Das darf nicht sein.« Ich appellierte an die Jugendamtsmitarbeiterin als Menschen, versuchte, ihr die Angst zu nehmen und sie in ihrer Aufgabe zu stärken. Sie wiederum erzählte von ihrer Angst, rassistisch oder muslimfeindlich genannt zu werden, der Angst vor Anzeigen und der Angst vor Gewalt von arabischen Clans und Großfamilien. Sie erzählte mir auch von Notfallknöpfen in vielen Büros, auch in ihrem, den sie noch nie drücken musste – und sie hoffe, es auch nie tun zu müssen.

Die Geschichte der Jugendamtsmitarbeiterin erinnerte mich an eine ganz ähnliche: Ich war auf einer Veranstaltung mit Sozialarbeitern gewesen. Viele waren erst skeptisch mir gegenüber, weil sie schon bei vielen solcher Fortbildungen und Workshops gewesen waren, jedes Mal viele Hoffnungen mitgebracht hatten, Dinge zu erfahren, die ihnen wirklich weiterhelfen würden – und immer wieder enttäuscht worden waren. Trotzdem sprachen wir am Ende sehr offen über viele meiner und ihrer Themen, auch weil ich die Menschen reden lasse und ihnen zuhöre. Ich lasse jede Meinung zu, solange sie kein juristisches Unrecht beinhaltet. Darum geht es doch in einer Demokratie.

Im Anschluss an die Veranstaltung kam ein Mitarbeiter des Jugendamtes auf mich zu und sagte: »Herr Mansour, eine Frage, meinen Sie nicht, dass es Kulturkolonialismus ist, wenn wir den Menschen, die hier herkommen, unsere Werte aufzwingen?« Ich fragte ihn nach einem Beispiel. Er dachte nach, wirkte auf einmal unsicher und antwortete dann: »Es gibt einfach Kulturen, in denen gehört es dazu, Kinder zu schlagen und auch schon kleinen Mädchen Kopftücher anzuziehen. Und wer bin ich denn, diesen Eltern vorzuschreiben, das zu lassen?«

Ich habe in den letzten Jahren Hunderte solcher Briefe bekommen, habe unzählige solcher Gespräche geführt.

Ich habe erlebt, wie Trainer für interkulturelle Kompetenz Polizisten raten, sie sollten, wenn sie zu einer muslimischen Familie kommen und die Mutter mit ihrem Sohn die Tür öffnet, unbedingt den Sohn ansprechen. Und dass sie vorher unbedingt anrufen sollten, damit die Frauen ihre Kopftücher anlegen können. Ich habe erlebt, wie Schüler ihren Lehrern vorwerfen, sie seien Rassisten, weil sie in einer Klassenarbeit eine Fünf bekommen hatten. Wie schlau von ihnen. So konnten sie einerseits Unsicherheit und Irritationen beim Lehrer erzeugen und andererseits die Verantwortung für die schlechte Zensur abgeben – der Lehrer war ja daran schuld. Am Ende gab es vielleicht sogar noch eine bessere Note.

Ich habe Lehrer und Sozialarbeiter getroffen, die mir – teilweise sehr verzweifelt – geschildert haben, in welchem Dilemma sie sich befinden: Sollen sie Rücksicht nehmen auf Traditionen? Respekt vor autoritären Vätern haben? Die Ehre von Mädchen – und deren Familien – achten? Was tun? Wie handeln? Konfrontieren? Diplomatisch bleiben? Strikte Forderungen stellen? Verständnis zeigen? Wo endet Toleranz? Was muss ich mir gefallen lassen? Wie rede ich mit traditionellen Eltern?

Meine Antwort: Integration gelingt nur dann, wenn wir über Probleme und Differenzen offen sprechen – im Großen und Ganzen, aber auch im Einzelfall. Integration gelingt nicht, wenn eine völlig verunsicherte Gesellschaft alles richtig machen will, sich ihrer Werte unsicher ist und Kompromisse als Fortschritt versteht. Wir müssen uns fragen, wie wir mit Migranten umgehen, was wir von ihnen verlangen dürfen – und sie von uns. Integration ist nicht das Zelebrieren von Unterschieden, sondern die Festlegung von Regeln.

Die Beschützer der konservativen Muslime

Mir selbst sind bis vor ein paar Jahren im linksliberalen Spektrum Deutschlands sehr viele nette Menschen begegnet. Ich wurde oft zu Veranstaltungen und Podiumsdiskussionen eingeladen, um etwas über mich und meine Arbeit zu erzählen. Ich war damals nur der Araber, der mit Jugendlichen in Neukölln arbeitet, und noch nicht für meine Religionskritik bekannt.

Seit ich diese aber äußere, seit ich laut über all die Fragen, Bitten und Forderungen von Lehrern und Sozialarbeitern spreche, seit ich über Kernprobleme der Integration rede und ohne Scheuklappen aufzeige, in welchen gesellschaftlichen Bereichen Veränderungen dafür notwendig sind, haben sich viele von meinen früheren Freunden und Fürsprechern von mir distanziert und sind inzwischen nicht mehr ganz so nett. Das war ein schleichender Prozess, und ihre Reaktionen sind gewiss nicht vergleichbar mit der Hasspost, die ich aus meinen eigenen Reihen erhalte. Aber einen Araber wie mich mögen manche Leute nicht mehr.

Ich entspreche nicht dem Klischee des Migranten, der sich ausschließlich über rassistische Vorurteile beklagt – auch wenn ich das durchaus tue. Ich begrüße die Demokratie, in der ich hier lebe, und ich kritisiere die konfessionelle Enge der muslimischen Communitys in diesem Land offen und deutlich. Ich kritisiere auch muslimische Dachverbände wie DITIB, die Türkisch-Islamische Union der Anstalt für Religion, oder den Zentralrat der Muslime, die behaupten, im Namen meiner Religion und für alle Muslime in Deutschland zu sprechen, was schon rein statistisch nicht stimmt.

Ich setze mich für innerreligiöse und gesellschaftliche Reformen ein und spreche öffentlich darüber, dass vieles schiefläuft in den Familien, an den Schulen, in der Gesellschaft, im Umgang mit religiösem Fundamentalismus und islamischem Radikalismus, mit eng definierter Tradition und Ehre. Und ich frage mich, warum mir das vorgeworfen wird.

Gehen wir zurück ins Jahr 2017: Es war der 10. November, das Fußballfreundschaftsspiel England gegen Deutschland war zwar ausverkauft, die Ränge aber noch halb leer, als die Spieler der beiden Mannschaften ins Wembley-Stadion einliefen. Sie wurden – wie üblich – von sogenannten Einlaufkindern auf den Rasen begleitet. Aufgeregt und stolz sahen die Mädchen und Jungen aus. Sie waren groß und klein, hatten unterschiedliche Haut- und Haarfarben, eine bunte Mischung eben, die wohl zeigen sollte, wie vielfältig und tolerant der Sport und die Gesellschaft, in der sie leben, sind. Nur ein Kind, das stach aus dem bunten Allerlei heraus: das Mädchen, das an Marcel Halstenbergs Hand lief – sie war vielleicht acht oder neun Jahre alt –, trug ein Kopftuch.

Dieses Tuch schien kaum jemandem aufzufallen oder gar jemanden zu irritieren. Mich und einige andere hingegen störte es sehr. Dieses Tuch war kein Symbol von Vielfalt und schon gar kein Ausdruck von Religionsfreiheit und Toleranz – oder gar von gelungener Integration. Einem so jungen Mädchen ein Kopftuch anzuziehen war und ist Missbrauch. Ihm vorzuschreiben, seine Haare und Haut zu verstecken, nimmt ihm das Recht auf eine unbeschwerte Kindheit. Es nimmt ihm das Recht auf Selbstbestimmung über sich und seinen Körper. So wird es in seinem jungen Alter sexualisiert und muss deshalb seine Haare bedecken. Für mich ein Verrat an den Kindern – und unseren Werten.

Ich machte meine Meinung publik und bekam neben Zuspruch – den möchte ich gar nicht verschweigen – auch einige heftige Kritik. Um nur einige Beispiele der schriftlichen Reaktionen zu zitieren:

»Ich wundere mich, wie viele Menschen diesen Anblick nicht aushalten können. Ich wundere mich auch über Ihre Empörung. Eigentlich wundere ich mich zu sehr, um diese Empörung ernst nehmen zu können. Toleranz beginnt immer gegenüber dem Andersdenkenden. Engstirnig, das ist wohl das Wort, das mir hierfür passend erscheint.«

»Ahmad Mansour vorzeige assimilant.«

»Ein Kopftuch ist kein Symbol für die Unterdrückung der Frau sondern für den muslimischen Glauben. Zu unterstellen dass jedes Mädchen mit Kopftuch Opfer tyrannischer extremistischer Eltern ist, ist hysterisch und geht an der komplexen Wirklichkeit vorbei«.

»Ahmad Mansour

Der Teufel höchst persönlich + Hass Prediger!!!!«

»Das einzige worüber ich mich gerade empöre ist, dass sie einem kleinen Mädchen, welches sich offenbar für Fußball interessiert, die Freiheit nehmen wollen, dies zum Ausdruck zu bringen! Sie hat, egal warum sie das Kopftuch trägt, jedes Recht genau wie alle anderen Kindern Zugang zu gesellschaftlicher Teilhabe zu erhalten! Von Zwängen reden und dabei selbstgefällig den Zeigefinger heben und damit selbst das Kind durch ihr Statement ins Aus drängen wollen … widerlich!«

»Der ewige Hetzer vom Dienst. Schalom und Heil Juda.«

»Die Mutter des Kindes trägt wahrscheinlich auch eines. In unserer Kultur werden die Eltern als Vorbilder gesehen und man möchte so sein wie sie. Durch Aufklärung und Argumentation des Kopftuches warum die Mama das denn trägt, kommt es oft dazu, dass die Töchter dieses eben auch tragen wollen. Voreilige Schlüsse in Sachen Freiwilligkeit zu ziehen ist in diesem Fall einfach nur dumm.«

Bei diesem Vorfall handelte es sich um ein Paradebeispiel eines Themas, das polarisiert, das trennt statt vereint und sehr starke Emotionen hervorruft: Auf der einen Seite haben wir die Rechten, die beim Anschauen dieser Szene eine Bestätigung von Islamisierung und Unterwanderung des Landes sehen. Auch wenn die Szene in England stattgefunden hat, es war ja ein Deutscher, an dessen Hand das Kind lief. Auf der anderen Seite haben wir Muslime, die durch meine und die Kritik von anderen wie so oft ihre Religion angegriffen und darin einen Beweis dafür sehen, dass unsere Gesellschaft islamfeindlich ist, obwohl viele islamische Gelehrte und Gutachten selbst sagen, dass das Kopftuch erst mit dem Einsetzen der Periode bei Frauen zur Pflicht wird.

Aber warum darf ich mich nicht empören? Warum darf ich die Freiwilligkeit, mit der dieses kleine Mädchen das Kopftuch trägt, nicht hinterfragen? Warum darf ich das Kopftuch und das Bedecken der weiblichen Haare nicht kritisieren? Warum reagieren manche – zu Recht – empört auf die Sexualisierung von Kindern bei »Germanys Next Topmodel«, schweigen aber, wenn es um muslimische Mädchen geht?

Geht Toleranz nicht auch anders? Hätte man bei dem Fußballspiel nicht ein anderes Zeichen setzen können, ohne dieses anti-emanzipatorische Symbol damit zu legitimieren?

Dieser in eine falsche Richtung laufende Beschützerinstinkt ist vor allem auch vor dem geschichtlichen Hintergrund dieses Landes schwer verständlich, denn humanistische Gesellschaftskritik und Aufklärung haben eine große Tradition im deutschsprachigen Raum. Aufklärung hat immer – absolut immer – mit der Kritik an Herrschaft und Herrschaft fast immer mit Herren, sprich dem Patriarchat, zu tun. Das Patriarchat ist wiederum ein entscheidendes Merkmal der großen monotheistischen Weltreligionen, denn diese huldigen einem patriarchalen, strafenden Gott, einem der stärksten Machtfaktoren für ein hierarchisches, antidemokratisches Weltbild.

Marx bezeichnete Religion als »Opium für das Volk«. Hegel, Kant und Weber waren ebenfalls Religionskritiker. Freud analysierte als Ursprung für die Erfindung eines strengen Gottvaters übrigens unter anderem ein unmündiges Bedürfnis danach, Verantwortung an Autoritäten abzugeben, sich kindlich zu unterwerfen.

Nicht nur die Französische Revolution übte Kritik an Religion als Instrument der Herrschaft und Unterdrückung. Auch in der deutschen Studentenrevolte von 1968 ging es um die Kritik am Klerus, an der Stellung der Frau in der Kirche, an religiösen Denkverboten, an den Vorstellungen von Autorität oder an der grausamen Praxis in staatlichen wie kirchlichen Kinder- und Jugendheimen.

Ein Klassiker der Linken – übrigens gläubigen wie nichtgläubigen Linken – ist die Kritik an Religion als Herrschaftsinstrument. Diese Kritik gehört zentral zu ihrem Fundament. Umso verrückter erscheint es, wenn Kritiker des Islams von vielen Grünen, Linken und sogar Sozialdemokraten mit Argwohn betrachtet werden. Unter anderen Vorzeichen tun diese Menschen fast dasselbe wie die Salafisten, Wahhabiten und übrigen islamischen Fundamentalisten, die Leute wie ich kritisieren: Sie wollen uns mundtot machen. Die einen entmündigen Muslime im Namen eines patriarchalischen Gottes, die anderen, weil sie meinen, Kritik an unserer Religion sei zu kränkend für uns, wir seien nicht fähig, kritisch zu denken und uns von verkrusteten Traditionen zu lösen. Sie wollen uns schützen, sie wollen offen und (mit)menschlich sein und bestätigen deshalb im Namen der Toleranz eine intolerante Ideologie und Lebensform. Ist das nicht eine Doppelmoral?

Und warum soll das, was anderen Religionen – dem Katholizismus, dem Protestantismus, dem Judentum – durch Kritik und Reform von innen und außen in der großen Mehrheit gelungen ist, nicht auch im Islam gelingen? Warum erhalten wir dafür nicht Solidarität von den Progressiven im Land? Was ist daran links? Was ist daran tolerant? Seid ihr noch bei Trost?

Friedliche Oberfläche oder friedlicher Kern?

Ich erinnere mich an eine Diskussion mit vielen Journalisten kurz nach dem Arabischen Frühling 2010. Ich stand vor ihnen und sagte: »Entschuldigung, das ist kein Frühling. Das ist der Anfang von etwas sehr Schlimmem. Ich glaube nicht, dass sich eine Gesellschaft so einfach demokratisieren kann, nur weil man den Diktator stürzt. Wo ist die Demokratie in den Familien? Wo ist die Demokratie bei den Gerichten? Wo ist die Demokratie in den Schulen? In allen arabischen Schulen lernen die Schüler immer noch auswendig. Dort lernt keiner, kritisch zu denken.« Viele der Journalisten saßen da und schauten mich nur an, als hätte ich bei einer Party den Stecker gezogen. Dann sagte einer: »Bitte etwas positiver, Herr Mansour. Wir wollen etwas Positiveres hören.«

Hat sich die Geschichte je in ein Hollywood-Drehbuch mit Happy End verwandelt? Am besten, dachte ich, trage ich wohl bei der nächsten Veranstaltung ein Kostüm und mache danach noch eine Tanzperformance für alle Anwesenden.

Immer wieder habe ich das Gefühl, dass die Leute lieber etwas Unskeptisches hören wollen, das sie beruhigt. Als wäre ich ein Entertainer, der kommt, um irgendeine schöne Geschichte zu erzählen. Wenn ich aber auf Probleme und falsche Umgangsformen hinweise und bestimmte Missstände beschreibe, dann sind manche Menschen damit unzufrieden. Am liebsten hätten sie von mir eine Bestätigung für ihre Arbeit und Kuschelpolitik.

Ortswechsel: Mendig in der Nähe von Koblenz. Auch hier ging es im Herbst 2017 friedlich zu. Friedlich an der Oberfläche. Die Ahmadiyya-Muslim-Jugendorganisation hatte auf einem Flugplatz zu ihrer 38. Jahresversammlung eingeladen. Mehr als 7500

Muslime zwischen sieben und 40 Jahren waren gekommen, und viele von ihnen wollten sich an einer Aktion beteiligen, die von den Organisatoren »Muslime zeigen Flagge« genannt worden war.

In einer Pressemitteilung der Organisation stand: »›Vor dem Hintergrund gegenwärtiger gesellschaftlicher Turbulenzen sind wir als Teil der Zivilgesellschaft auch regelmäßig darum bemüht, versöhnliche Impulse zu setzen‹, erklärt Hasanat Ahmad, der Bundesvorsitzende der Jugendorganisation. [...] Mit dem Motto der Aktion ›Muslime zeigen Flagge‹ möchten die jungen Muslime ihr klares, bedingungsloses Bekenntnis als loyale Bürger zum Ausdruck bringen. Für die Jugendlichen gelte: ›Die Liebe zum Heimatland, also die Liebe zu unserem Deutschland, ist auch ein Teil unseres Glaubens. So ist es nur selbstverständlich, dass wir uns zu Deutschland bekennen und unsere Gesellschaft aktiv mitgestalten möchten.‹«

Es war kalt und regnete, und trotzdem standen da Tausende von Mitgliedern der Jugendorganisation mit Blättern in der Hand auf dem Flugplatz und warteten auf ihren Einsatz. Eine Drohne filmte: Erst einen jungen Mann, der ein T-Shirt trug, auf dem stand: »Wir sind alle Deutschland.« In den Händen hielt er einen Rahmen, durch den er schaute, und der einen Tweet auf Twitter darstellen sollte: »Junge Muslime der #AhmadiyyaJugend setzen ein klares Zeichen für Frieden und zeigen Flagge. Ich bin dabei! #MuslimeFürDeutschland.« Dann flog die Drohne nach oben und zeigte die vielen Menschen, die sich in einem Rechteck aufgestellt hatten. Die ersten hoben ihre Blätter über die Köpfe: schwarz, dann die nächsten: rot, und schließlich: gelb. Das Bekenntnis.

Das klingt, wie so vieles, im ersten Moment gut. Schaut man jedoch genauer hin, sieht man Folgendes: An dieser Aktion waren ausschließlich Männer beteiligt, da bei dem Festival das Prinzip der islamischen Geschlechtertrennung galt. Warum?

Weil in der Trennung der Geschlechter eine Weisheit Gottes liege und die Realität zeige, dass Männer und Frauen getrennt besser und freier aufwachsen und all ihre Fähigkeiten besser entfalten könnten, so ein Mitglied der Organisation. Die unterschiedlichen Geschlechter könnten sich gegenseitig vom Beten und der religiösen Reflexion ablenken.

Da stellten sich also muslimische Männer hin, wollten zeigen, dass sie sich zu Deutschland bekennen, dass »wir uns zum Grundgesetz bekennen und auch zu diesem Land mit seinen Werten«, wie es Shahzad Ahmad, einer der Organisatoren der Luftbildaktion nannte, und schlossen Frauen dabei komplett aus. Wie passt das alles zusammen? Und wie passt das zu Artikel 3, Absatz 2, Satz 1 des deutschen Grundgesetzes: »Männer und Frauen sind gleichberechtigt«? Und warum wurde diese Aktion kaum kritisch hinterfragt? Weil das Bild so schön war? Weil es das war, was man so gerne zeigen möchte?

Ein anderes Bild mit zweifelhaftem Schein: Vor ein paar Jahren wurde in Rheinland-Pfalz ein Ahmadi als Polizist eingestellt. Es war bekannt, dass er in der Ahmadiyya-Gemeinde aktiv tätig war. Und es ist auch bekannt, dass Ahmadis einen Eid auf ihren Kalifen ablegen, wenn sie bestimmte Funktionen ausüben. Vielleicht wurde das nicht gesehen oder übersehen, weil man sich bei der Polizei für Menschen mit Migrationshintergrund öffnen wollte. Und so wurde dieser Mann nicht nur als Polizeischüler aufgenommen, sondern nach einiger Zeit auch zum Vorzeigemigrant, der auf sämtlichen Polizeipostern von Rheinland-Pfalz zu sehen war. Wenn es Pressekonferenzen gab, war er dabei im Namen der interkulturellen Öffnung. Es stand für interkulturelle Kompetenz bei der Polizei und alle waren zufrieden.

Er schloss die Schule ab, arbeitete viel auf der Straße und sollte irgendwann befördert werden. Es gab eine Feier. Alle waren guter Laune, bis eine Kollegin auf ihn zuging und ihm gratulieren wollte. Sie streckte ihre Hand aus. Er verweigerte seine. Er gebe einer Frau nicht die Hand. Seine Begründung: Der Kalif in London sage, man solle einer Frau nicht die Hand geben, wenn man als Mann Angst habe, eine sexuelle Erregung zu bekommen, wenn man dies tue.

Im Prinzip sagte er damit, er sei den Aussagen des Kalifen verpflichtet. Wie verhält sich dieser Polizist? Was würde er tun, wenn er mal einer Frau helfen und sie dabei anfassen muss? Welches Recht setzt er in seiner täglichen Arbeit durch? Das deutsche Recht? Oder das Kalifatsrecht?

Es gab eine interne Diskussion bei der Polizei, es gab Kräfte, die versuchten, den Vorfall zu verschweigen, um einen öffentlichen Skandal zu vermeiden. Es wurde ein Disziplinarverfahren gegen den Polizisten eingeleitet, dann wurde er in den Innendienst versetzt. Öffentlich war das eine riesige Katastrophe.

Weil der Polizist bisher weder straf- noch disziplinarrechtlich auffällig gewesen war, wurde ihm nur eine Geldbuße von 1000 Euro auferlegt. Juristisch wurde nicht gegen ihn vorgegangen. Stattdessen wurde ihm eine schriftliche Erklärung zur Unterschrift vorgelegt, in der stand, »dass er die Prinzipien der freiheitlich-demokratischen Grundordnung bejaht, sich zu dieser bekennt und dafür eintritt. Dies umfasst ausdrücklich auch, dass er als Polizeibeamter und somit auch als Repräsentant der rheinland-pfälzischen Polizei Frauen ohne Ausnahme und ohne Vorbehalte als gleichberechtigt ansieht und in dieser Rolle zukünftig allen Frauen als Zeichen der Achtung und in Anerkennung ihrer Gleichberechtigung einen Handschlag nicht verweigern wird.«

Um eines klarzustellen: Es ist gut, dass Polizisten mit Migrationshintergrund bei der Polizei arbeiten. Sie haben einen ganz anderen Zugang zu anderen Migranten. Die Polizei soll ein Spiegelbild der Gesellschaft sein. Diese Menschen gehören also dazu. Doch man muss viel genauer hinschauen, wie auch das nächste Beispiel zeigt.

Wer kuschelt mit wem?

Breitscheidplatz, Berlin. Am Abend des 19. Dezember 2016 tötete Anis Amri auf dem Weihnachtsmarkt vor der Gedächtniskirche zwölf Menschen und verletzte fast 100 weitere, als er mit einem gestohlenen Lastwagen in eine Menschenmenge fuhr. Er handelte dabei – das hält man für erwiesen – aus einer radikalislamistischen Motivation heraus.

Einen Tag nach dem Anschlag fand in der Kaiser-Wilhelm-Gedächtniskirche ein ökumenischer Trauergottesdienst statt. Bundeskanzlerin Angela Merkel war anwesend, ebenso der damalige Bundespräsident Joachim Gauck, der damalige Innenminister Thomas de Maizière, der damalige Außenminister Frank-Walter Steinmeier, Berlins Regierender Bürgermeister Michael Müller und andere wichtige Politiker. Außerdem hatten der Pfarrer Martin Germer von der Kaiser-Wilhelm-Gedächtnis-Kirchengemeinde und die Evangelische Kirche folgende Gäste eingeladen: Den Bischof Markus Dröge, den Erzbischof Heiner Koch, Archimandrit Emmanuel Sfiatkos, EKD-Synodenpräses Irmgard Schwaetzer, die Berliner Generalsuperintendentin Ulrike Trautwein, den Rabbiner Andreas Nachama und die Imame Kadir Sanci und Ferid Heider. Gemeinsam sollte so »ein Zeichen des Zusammenhalts und der Verbundenheit« gesetzt werden.

Nachdem der Gottesdienst etwa eine halbe Stunde gelaufen war, standen die Vertreter der verschiedenen Religionen von ihren Sitzen auf und kamen nacheinander nach vorne, um einen Satz zu sagen. Sie waren gebeten worden, ihren Satz mit den Worten: »Wir stehen hier zusammen, …« zu beginnen. Ferid Heiders Worte waren: »Wir stehen hier zusammen, um ein klares und deutliches Zeichen in die Welt auszusenden, dass uns Hass, Terror und Gewalt nicht auseinanderbringen können. Unser Zusammenhalt ist stärker als jeder Hass.«

Danach reichten sich alle Anwesenden die Hände, es gab eine Schweigeminute. Schöne Bilder ergab das: Alle Menschen, alle Religionen vereint gegen den Terror – das klang gut und sah noch besser aus. Wie beruhigend, nicht wahr?

Ich möchte nicht zynisch klingen. Mir ging das, was passiert war, sehr nah. Es machte mich ängstlich und unendlich traurig. Ich wollte an diesem Abend auch selber mit meiner Familie zu diesem Weihnachtsmarkt gehen, entschied mich aber in letzter Minute dagegen. Ich möchte nicht wissen, welchen Schmerz die Angehörigen der getöteten Menschen empfunden haben müssen und immer noch empfinden.

Ich möchte den Blick trotzdem darauf werfen, wen die Organisatoren da eigentlich eingeladen hatten. Ferid Heider ist unter anderem als Prediger im »Interkulturellen Zentrum für Dialog und Bildung e. V.« (IZDB) und der »Neuköllner Begegnungsstätte e. V.« (NBS) tätig. Er ist außerdem Vorsitzender des »Teiba Kulturzentrums zur Förderung der Bildung und Verständigung e. V.« (TKZ). Alle drei Vereine finden seit 2015 im Berliner Verfassungsschutzbericht Erwähnung, stehen also auch unter Beobachtung des Verfassungsschutzes, weil sie Verbindungen zur »Islamischen Gemeinschaft in Deutschland e. V.« (IGD) haben sollen, die wiederum die mitgliederstärkste Organisation von Anhängern der Muslimbrüder in Deutschland ist.

Die Muslimbruderschaft zählt zu den zentralen Organisationen im legalistischen Islamismus. In dessen Agenda spielt Gewalt zwar keine Rolle, seine Anhänger vertreten jedoch Positionen, die mit den Grundsätzen der freiheitlich-demokratischen Grundordnung nicht vereinbar sind. Die freie Meinungsäußerung, die Trennung von Staat und Religion, die Volkssouveränität und die allgemeine Gleichberechtigung lehnen sie ab. Mit dem Versuch, sich dem Staat als Sprachrohr der Muslime anzubieten, indem sie sich nach außen offen, tolerant und dialogbereit geben, obwohl nach innen antidemokratische und totalitäre Tendenzen bestehen, wollen sie Einfluss auf Politik und Gesellschaft nehmen, um ihre Ziele besser durchsetzen zu können.

Dieser Imam Ferid Heider stand also einen Tag nach dem islamistischen Anschlag in einer Kirche und hielt Händchen mit den anderen Anwesenden. Für mich, für meine Arbeit, für meine Aufklärung, für das, wofür ich kämpfe, wofür viele liberale Muslime kämpfen, war das ein absoluter Rückschlag.

Man stelle sich vor, ein muslimischer Flüchtling, ganz neu in Deutschland und absolut erschüttert, schockiert und verunsichert von dem Terror, der hier passiert ist, entscheidet, alles richtig machen zu wollen und radikale Imame und problematische Moscheen zu meiden. Er macht seinen Fernseher an und sieht dort Ferid Heider neben der Bundeskanzlerin und dem Bundespräsidenten stehen. Er sagt sich: »Der ist in Ordnung, der ist moderat«, und geht ab sofort zu ihm. Das ist doch die beste Werbung, die man sich vorstellen kann. Natürlich wird Heider in der Öffentlichkeit weiterhin sagen, dass er gegen al-Qaida ist, gegen den IS und überhaupt gegen den Dschihad. Trotzdem halte ich ihn für problematisch, denn er verbreitet die Basis, auf der Radikale ihre Ideologie aufbauen: Sein Verständnis von Geschlechterrollen, von Meinungsfreiheit, die Verbreitung von Feindbildern, all das spielt in die Hände der Radikalen. Es gab viele Menschen, die die Mitwirkenden im Anschluss darauf aufmerksam machten, wem sie da die Hand gereicht hatten. Viele von ihnen hätten das allerdings auch schon vorher wissen können. So zum Beispiel der Regierende Bürgermeister von Berlin Michael Müller. Doch was machte der? Nur drei Monate später nahm er an der Friedenskundgebung »Religionen für ein weltoffenes Berlin« teil, die die NBS mitinitiiert hatte. Auch hier klang die Idee erst einmal schön: Kurz nach dem Anschlag setzen Christen, Juden und Muslime, Hindus, Buddhisten und viele andere erneut ein Zeichen für den Frieden und beten und singen zusammen vor der Gedächtniskirche, um an die Opfer von Gewalt im Namen von Religionen zu gedenken.

Bei dieser Veranstaltung war auch Taha Sabri, Vereinsvorsitzender und Imam der NBS, anwesend. Michael Müller und er kannten sich schon von früher: Am 1. Oktober 2015 hatte Müller Sabri den Verdienstorden des Landes Berlin verliehen, um dessen Einsatz für die Integration zu würdigen. Dass der NBS kurz vorher das erste Mal im Berliner Verfassungsschutzbericht erwähnt worden war, schien Müller entweder nicht zu wissen oder nicht zu interessieren. Dies aber ein Jahr später immer noch zu ignorieren, ja, sich sogar freundschaftlich neben ihn auf eine Bühne zu stellen, das verstehe ich nicht.

Zwei Journalisten erzählten mir außerdem von Menschen, die versucht hatten, sie davon zu überzeugen, weniger kritisch mit dem NBS umzugehen. Es waren Menschen aus dem Umfeld der Gruppe gewesen, die die Mahnwachen organisiert hatte.

Ich frage mich ernsthaft, wie es zu so etwas kommt. Warum sind die Menschen so naiv und ignorant, obwohl sie sich für offen und tolerant halten? Dies zeigt, dass in der Debatte um Migration und Islamismus etwas gewaltig schiefläuft. Ich gehe sogar weiter, denn es geht hier um weit mehr als nur um falsche Toleranz. Indem zum Beispiel die Kirche diese Menschen eingeladen hatte, hatte sie sich zum Helfershelfer des konservativen Islams gemacht. Hatten sie etwa eine gemeinsame Strategie nach dem Motto: Wir verbünden uns, um so mehr Macht zu erlangen?

Als sich der Anschlag vom Weihnachtsmarkt das erste Mal jährte, fand wieder eine Gedenkfeier für die Opfer statt. Auch dieses Mal war – als hätte es niemals Kritik gegeben – ein Imam der NBS anwesend: Mohamed Matar. Er las dort aus dem Koran. Wieder sollte es ein Zeichen des Friedens sein. Doch auch hier die Frage: Wie passt das zusammen? Matar, der scheinbar für ein friedvolles Miteinander betete, hatte im Mai 2017 ein Foto einer erschossenen palästinensischen Terroristin auf Facebook gepostet und dazu geschrieben: »So friedlich wie du da zu liegen scheinst, bin ich mir sicher, dass deine Seele gerade jeden Frieden und jede Barmherzigkeit erfährt.« Später erklärte er zwar, er habe nicht gewusst, dass sie eine Terroristin war: »Als ich das Bild öffentlich kommentierte, wusste ich nichts über das abscheuliche Vorhaben der jungen Frau.« Den Beitrag löschte er. Trotzdem: Auf Facebook hat Matar auch schon sein Gefallen für Hassprediger ausgedrückt, zum Beispiel für den radikalen Muslimbruder Jusuf al-Qaradawi, eine Größe in der arabischen Welt, der offen jahrelang zum Dschihad in Syrien aufgerufen hat, den Holocaust eine »gerechte Strafe Allahs für die Juden« nennt und Selbstmordattentate in Israel rechtfertigt, selbst wenn Kinder dabei sterben, schließlich würden aus diesen Kindern später israelische Soldaten werden.

Und wie soll man zum Beispiel die Tatsache verstehen, dass der Imam Ferid Heider das Buch *Erlaubtes und Verbotenes im Islam* von Jusuf al-Qaradawi als Buchhändler vertrieben und auf seiner Facebook-Seite beworben hat?

Und wie soll man verstehen, dass der radikale, salafistische Gelehrte aus Saudi-Arabien Muhammad al-Arifi schon mindestens zweimal – 2009 und 2013 – in der NBS aufgetreten ist? Ein Mann, der gegen Juden, Homosexuelle und Schiiten hetzt und sagt, es gebe keine Altersuntergrenze für Mädchen, die verheiratet werden sollen. Außerdem empfiehlt er Ehemännern, ihre Frauen mit Schlägen zu züchtigen. Bei der Veranstaltung 2009 war übrigens auch der deutsche Islamist Reda Seyam anwesend. Er filmte die Veranstaltung. Seyam wurde später zum Bildungsminister beim IS. Auf ihrer Homepage schreibt die NBS über al-Arifi: »Wissen über seinen Hintergrund erwarben wir erst 2013 und haben uns öffentlich (bei der ARD-Sendung *Anne Will*) von diesem Mann distanziert.« Und weiter: »2009 erlaubten wir ihm aufgrund der Bitte einiger Bekannter, bei uns zu referieren. Im Jahr 2013 sprach er selbst den Wunsch aus, bei uns zu predigen. In beiden Fällen haben wir ihn nicht aktiv eingeladen.« Wer soll das denn bitte glauben?

Es gibt bei vielen muslimischen Verbänden und Gemeinden eine Kommunikation nach innen und eine nach außen, und die sind sehr unterschiedlich. Mahnwachen zu veranstalten und zu sagen, dass Juden nicht rassistisch behandelt werden dürfen, hilft nicht weiter, wenn das Thema in den Moscheen und Gemeinden nicht mutig und ehrlich angesprochen wird.

Die Doppelmoral der Prediger

Mit Ferid Heider habe ich auch persönlich Erfahrungen gemacht. Aus seiner Anhängerschaft kam es zu massiven Drohungen mir gegenüber, als ich Ende 2015 in der jüdischen Gemeinde in Düsseldorf zu Gast war. Ich hatte dort gemeinsam mit Hamed Abdel-Samad einen Preis bekommen. Natürlich musste ich in der Synagoge, in der die Preisverleihung stattfand, eine Kippa tragen. Ferid Heider fragte öffentlich, warum Hamed Abdel-Samad und ich unserer eigenen Religion nicht so viel Respekt entgegenbringen würden wie dem Judentum. Seine Anhänger waren in ihren Aussagen über uns deutlicher: Hausmuslime, dreckige Kuffar, Ungläubige also, Onkel Toms Muslime. Tagelang bekam ich immer wieder Anrufe und E-Mails, die noch deutlicher waren: »Warte, bis ich dich auf der Straße finde, du bist ein Agent vom Mossad.« Oder: »Kopfschüsse für den Verräter.« Auf meiner Facebook-Seite sind heute noch Kommentare wie dieser hier zu lesen: »Mansour eigentlich drücke ich mich sehr formel aus und bin ein freundlicher Typ aber du bist echt ein Stück scheisse wenn du glaubst das du dazu gehörst nur weil du gegen uns muslime hetz sage ich dir du bist nur ein Palästilenser der bei Ihnen schleimt der sich selbst aufgegeben hat um anderen zu gefallen du Esel ich mag dich nicht du Stück scheisse warte bis Allah entscheidet dann können dir die Medien und ihre Plattforme nicht mehr helfen.«

Man mag das als »so dahingeschrieben« abtun. Ich meine aber, dass dies die Basis ist, auf der radikale Ideologien aufgebaut werden. Was bieten diese Imame ihren Anhängern an? Welchen Islam predigen sie? Einen friedlichen, der für die Gleichberechtigung aller Menschen ist? Nein. Man findet in ihren Aussagen alles, was zur Radikalisierung führen kann: Den Buchstabenglauben, der keine Abweichung vom geschriebenen Wort erlaubt, ein Weltbild eingeteilt in Schwarz und Weiß, Antisemitismus, Angstpädagogik und Verschwörungstheorien. Aber in der vorherrschenden oberflächlichen Debatte reicht es aus, wenn sie ein paar Worte gegen Terror und Gewalt sagen. Mehr ist nicht notwendig, um als Retter und Partner zu gelten. Und wenn der IS diese Imame noch mit dem Tod bedroht, weil sie ihn kritisieren, können sie sich vor Zuspruch aus der Öffentlichkeit nicht retten. Diese Imame werden dann eingeladen, um einen Gegenpol zu den Islamisten anzubieten. Wie aber soll das funktionieren?

Von all diesen Veranstaltungen und Gedenkfeiern ist ein Bild geblieben, das dem politischen Islam als Legitimation dient. Und bei jeder Diskussion, bei jeder Kritik an einer der Moscheen werden diese Bilder präsentiert: Was wollen Sie? Wir stehen Seite an Seite mit deutschen Politikern. Wir sind Träger von deutschen Verdienstorden. Wir haben Mahnwachen gegen den Terror veranstaltet.

Ich erinnere mich an eine Veranstaltung mit dem damaligen Bundespräsidenten Joachim Gauck. Es ging um Terror und Radikalisierung. Am Ende des Tages diskutierte Herr Gauck mit mehreren Personen, unter anderem einem muslimischen Philosophen, der ernsthaft auf die Frage, was man gegen Radikalisierung tun könne, antwortete: »Mehr Islam wagen!« Auf Islamismus also mit mehr Islam reagieren. Doch mit welchem Islam? Dem Islam, der Islamismus erst möglich macht? Was für eine Logik!

Die Verbände schreiben auf ihren Webseiten, die seien für Demokratie und Rechtsstaatlichkeit, gegen jegliche Diskriminierung, Rassismus und Gewalt, für die Gleichberechtigung von Mann und Frau, für ein Miteinander der verschiedenen Völker und Religionen und für das Selbstbestimmungsrecht aller Menschen. Und alle glauben ihnen. Aber predigen sie das auch?

Oder herrscht dort eine Doppelmoral, so wie beispielsweise beim Großmufti von Ägypten: Im Juli 2016 war ich zu einer Diskussion mit ihm in Bonn eingeladen worden. Ziel sollte eine kritische Auseinandersetzung mit gewaltbereitem und religiös motiviertem Extremismus in einem wissenschaftlichen und gesellschaftlichen Kontext sein oder – wie es mir währenddessen eher vorkam – ein interkultureller Dialog über Toleranz und Frieden, über all das Schöne und Gute, das wir uns als Demokraten wünschen.

Der Großmufti sprach viel über die große Toleranz des Islams und das friedliche Miteinander, über die Akzeptanz der anderen und die Freundlichkeit der Frommen.

Im Anschluss an die Diskussion bat ich ihn, ein gemeinsames Foto zu machen. Er lehnte ab. Seine Erklärung: Mit einem israelischen Staatsbürger, also mit mir, einem arabischen Israeli, wolle er nicht auf dasselbe Bild.

Das war wieder eine der Situationen, in denen ich, sprachlos und traurig, die Scheinheiligkeit mancher meiner Glaubensbrüder erlebte. Der Großmufti und ich sprechen beide Arabisch, wir gehören derselben Religion an, wir waren beide bereit, miteinander zu debattieren, gute und versöhnliche Worte auf dem Podium zu sprechen, Worte, die das Publikum im Saal hören sollte und wollte. Und dann das.

Der große Gelehrte hatte nach dem offiziellen Teil seine Maske fallen lassen und mir sein wahres Gesicht offenbart, was all seine schönen Worte auf dem Podium Lügen strafte.

Es war doch aber nur die Ablehnung einer Kleinigkeit, eines einzigen Fotos, hörte ich andere entschuldigend sagen. So, so. Es ist doch nur das Verweigern eines Handschlags zur Begrüßung. Es ist doch nur ein Kopftuch, nur eine besondere Frömmigkeit, nur eine Ängstlichkeit gläubiger Eltern, wenn sie die Töchter nicht mit auf die Klassenreise gehen lassen oder nicht zum Schwimmen schicken wollen. Das sind doch alles harmlose kulturelle Eigenheiten. Das höre ich immer und immer wieder. Leider summieren sich diese Symptome, und sie sind nicht harmlos.

Brennende Probleme

Viele konservative muslimische Verbände und deren Vertreter machen uns weis, sie seien die Vorreiter gegen Radikalisierung, gegen Antisemitismus, für Integration und für gesellschaftliche Debatten. Das kommt ihnen zugute, denn so werden liberale und kritische Muslime aus jeglicher Debatte ausgeschlossen – und zwar von allen Seiten. Man weigert sich einfach, brennende Probleme der muslimischen Communitys klar zu benennen und anzugehen: das Erlauben von Angst und Gewalt in der Erziehung, eine Sexualfeindlichkeit, die tabuisiert und paradoxerweise gleichzeitig hochgradig sexualisiert, der Umgang mit Geschlechterbildern, das Ausgrenzen von Frauen als Menschen zweiten Ranges, der Antisemitismus, den man nicht mit Mahnwachen, sondern durch Akzeptanz und Aufklärung bekämpft, der Buchstabenglaube, der den Koran nicht in seinem historischen und lokalen Kontext versteht, sondern als von Allah diktierten Text begreift. Das Islamverständnis, das ausschließlich ist, das Angst vor der Mehrheitsgesellschaft und ihren Werten erzeugt und die Mitglieder einer Moschee dazu bringt, sich selber von der Mehrheitsgesellschaft auszugrenzen.

Ich kann mich an eine Diskussion erinnern, bei der eine Vertreterin der DITIB anwesend war und erklärte, dass jeder Mensch, der zu ihnen komme, ein Mensch weniger sei, der zu Salafisten geht. Ist das das Ziel? Die Leute sollen zur DITIB gehen, um dann die gleichen Inhalte der Salafisten nur in abgeschwächter Form zu hören? Die Frau bekam Applaus. Von Deutschen. Das ist erstaunlich und sollte zu denken geben.

Seit Jahren tun Politiker und öffentliche Institutionen so, als interessiere es sie, was liberale Muslime denken und zu sagen haben. Doch in der Öffentlichkeit treten immer nur die konservativen Verbände in Erscheinung, weil sie meistens die einzigen sind, die zum Dialog eingeladen werden.

Als beispielsweise an der Berliner Humboldt-Universität ein Institut für Islamische Theologie gegründet und der Beirat besetzt werden sollte, der bei der inhaltlichen und religiösen Ausrichtung mitspricht, wurden liberale Muslime explizit ausgeschlossen. Da half es auch nicht, dass die Rechtsanwältin und Frauenrechtlerin Seyran Ateş, der Liberal-Islamische Bund, ich und andere Menschen im Vorfeld mit Abgeordneten aus Berlin gesprochen hatten, um auf den Senat und die Universität einzuwirken. Wir wollten damit erreichen, dass auch Einzelpersonen oder Institutionen wie das Muslimische Forum Deutschland, also Menschen, die einen liberalen Islam vertreten, eingeladen werden. Unsere Befürchtung: Man würde sonst nur den konservativen Islam hören – und am Ende wahrscheinlich auch lehren. Wir wurden nicht angehört. Es gab keinerlei Öffnung von keiner Seite und kein Aufeinanderzukommen.

Warum? Warum werden liberale Muslime in bestimmten Kreisen so selten angehört und zu Veranstaltungen eingeladen, in denen es um Integration, das Zusammenleben in dieser Gesellschaft und um Demokratie geht? Das beste Beispiel hierfür ist die Islamkonferenz, bei der 2014 alle Einzelpersonen, alle kritischen Stimmen vom Innenministerium ausgeladen wurden, weil man nur noch mit den Verbänden reden wollte. Wieso vermeidet man bestimmte Kritik? Vielleicht weisen wir einfach auf zu viele Probleme und Herausforderungen hin. Dann müsste man ja anfangen, zu diskutieren und etwas zu verändern. Schöne, innige Fotos und Diskussionen, bei denen sich am Ende alle liebhaben, entstehen dabei jedenfalls nicht. Wir müssen uns als Gesellschaft aber ernsthaft fragen, was uns wichtig ist: eine friedliche Oberfläche oder ein friedlicher Kern?

Doch in Deutschland wird darüber nicht debattiert. Hier müssen die Dinge nach Plan laufen. Eine richtige Streitkultur suche ich hier oft vergebens – vor allem bei den wichtigen Themen und Debatten, die überall in der Gesellschaft zu brodeln scheinen. Und wenn es mal richtig kocht und es um gesellschaftliche Veränderungen geht, dann wird ein Deckel darüber gehalten und eine ausführliche, differenzierte Debatte unterdrückt.

Zu einer echten Debatte kommt es oft gar nicht erst, weil jegliche Kritik an den Inhalten einer Religion, jegliche Kritik an der Flüchtlingsdebatte sofort als rechtsradikal bezeichnet oder eingestuft oder von AfD-Argumenten geredet wird. Man muss darüber reden. Man muss darüber streiten. Es ist in Ordnung, wenn jemand sagt, dass es einen Familiennachzug geben soll. Es ist genauso in Ordnung zu sagen, dass es problematisch ist, wenn noch 300 000 Menschen dazukommen.

Niemand sollte als moralischer eingestuft werden, nur weil er für eine Willkommenskultur ist. Wer dagegen ist und das nicht rassistisch, sondern menschlich begründet und entsprechend sachlich und nicht pauschal argumentiert, der sollte angehört werden und mitdiskutieren dürfen. Es geht immer um die Argumente, um die Erklärung. Und am Ende sollte man entscheiden, was genau für die Integration der Menschen hilfreich ist. Das vermisse ich in den Debatten in Deutschland sehr.

Die Oberflächlichkeit wiederum zeigt sich beispielsweise darin, dass die Menschen sagen, man müsse die radikalen Islamisten bekämpfen, im gleichen Atemzug aber klarstellen, radikale Islamisten, das seien nur al-Qaida und der IS. Es ist einfach zu sagen, Islamismus habe nichts mit dem Islam zu tun. Das klingt toleranter, weltoffener. Bloß nicht streiten.

Die Menschen merken nicht, dass sie die oben genannten Probleme in den muslimischen Communitys dadurch unterstützen.

Tausende von Beispielen zeigen, wie unfrei und unglücklich

das Kleben an diesen Vorstellungen macht und wie diese Inhalte oft als Steilvorlage für Radikale dienen.

Ein Gerichtssaal im Norden Deutschlands: Vor dem Richter steht ein muslimischer Vater, der akzentfrei Deutsch spricht, einen Anzug trägt, sehr höflich ist und den Eindruck macht, ein durch und durch integrierter Mann zu sein.

Daneben seine Ex-Frau, die, als sie sich kennengelernt hatten, zum Islam konvertiert war, aber irgendwann die radikale Auslegung ihres Mannes nicht mehr mitmachen wollte. Sie wandte sich vom Radikalen ab – nicht aber vom Islam an sich. Trotzdem führte dies zu Konflikten mit ihrem Mann und schließlich zur Scheidung. Die beiden streiten sich nun um das Sorgerecht für ihre Kinder.

Die Mutter sagt: »Die Kinder wollen nicht bei ihm leben. Er ist radikal.« Sie erzählt, wie sich die Kinder unter dem Sofa vor ihrem Vater verstecken, weil er sie immer wieder schlägt. Wie er sie um 4 Uhr morgens weckt, damit sie beten, und ihnen Angst vor der Hölle macht, wenn sie liegen bleiben wollen.

Der Vater sagt: »Was heißt hier radikal? Weil ich ein Muslim bin? Das ist Hetze, das ist Islamfeindlichkeit. Ich habe ein Recht darauf, meine Kinder zu sehen. Sie sind meine Kinder. Ich habe sie großgezogen. Ich habe ihnen gezeigt, wie sie gute Menschen werden.« Er möchte, dass seine Kinder islamisch leben. Dafür, so sagt er, tue er alles.

Der Richter sagt: »Die Mutter möchte jetzt christlich leben, der Vater Muslim bleiben. Das sind durchaus unterschiedliche Lebensformen. Sie haben aber alle ihre Berechtigung. Die Mutter möchte auf die eine Art erziehen und der Vater auf eine andere. Das ist ihr gutes Recht.« Dann richtet er.

Im Urteil wird später stehen: »Den Eltern steht die elterliche Sorge für die gemeinsamen minderjährigen Kinder […] gemeinsam zu.«

Eine kurze Anfrage beim Verfassungsschutz hätte gezeigt,

dass der Mann sehr wohl radikal ist. Der Anwalt der Ehefrau weist den Richter darauf hin. Doch dieser scheint sich nicht dafür zu interessieren. Warum nicht? Dann würde er vielleicht verstehen, dass es beim Vater nicht um Religion, sondern um Fanatismus geht. Dann würde er vielleicht das Wohl der Kinder in den Mittelpunkt seines Urteils stellen und nicht die Erziehungs- und Religionsfreiheit.

Eine Stadt im Süden Deutschlands: Eine Polizeistreife hält einen Mann an, der mit seinem Auto zu schnell gefahren ist. Die Polizistin steigt aus den Streifenwagen, geht zur Fahrertür, verlangt von ihm Fahrzeug- und Führerschein. Der Fahrer sagt: »Ich rede nicht mit Ihnen. Sie sind eine Frau. Holen Sie Ihren Kollegen.« Die Polizistin ist im ersten Moment sprachlos, dann überlegt sie, wie sie darauf reagieren soll, und tut, was sie gelernt hat: Sie zieht sich zurück und holt ihren Kollegen. Der Mann am Steuer lächelt zufrieden. Deeskalierend, religions- und kultursensibel sei dieses Verhalten, ist der Polizistin in einem Seminar beigebracht worden. Sie erzählt mir: »Wenn ich das nicht gemacht hätte, wäre die Situation sicherlich eskaliert. Dann wäre dieser Mann zu seinem Anwalt gegangen und hätte vielleicht gesagt, er sei von mir rassistisch behandelt worden. Dann hätte ich ein Disziplinarverfahren in der Akte. Und das möchte ich nicht.«

Ich verstehe sie. Diese Problematik ist der Grund, warum sich viele Polizisten in ihrem alltäglichen Handeln eingeschränkt fühlen, abgesehen von der Gewalt, die sie erleben. Also irgendwie alles richtig gemacht? Nein. Besser wäre gewesen, sie hätte dem Mann gesagt: »Ich stehe vor Ihnen nicht als Frau, sondern als Polizistin, und ich habe das Recht, Sie zu kontrollieren. Bitte geben Sie mir jetzt Ihre Papiere.« Auch wenn sie dafür eine Hundertschaft anfordern muss.

Aber dafür brauchen Polizisten auch Rückhalt und Schutz und eine bessere Ausbildung in diesem Bereich. In vielen Polizeischulen wird den Schülern beigebracht, deeskalierend zu arbeiten. Das kann ich auf der einen Seite gut verstehen. Aber manchmal frage ich mich, was den Schülern wohl geraten würde, wenn ein Nazi vor einem deutsch-türkischen Polizisten stehen und sagen würde: »Ich spreche nur mit einem echten deutschen Polizisten.«

Und wenn beispielsweise SEK-Polizisten anfangen sollen, sich bei Razzien in einer Moschee die Schuhe auszuziehen, um den nötigen Respekt zu zollen, hört in meinen Augen die Toleranz auf. Die Moschee ist in diesem Moment kein Gotteshaus mehr, sondern ein möglicher Tatort. Und so sollten sich Polizisten auch verhalten. Das ist zum Glück in Deutschland noch nie passiert, aber vorstellbar wäre es allemal.

Folgende drei Geschichten haben mir Polizisten und Justizvollzugsbeamte erzählt; sie zeigen die Unsicherheiten und Alltagsherausforderungen, die im Berufsalltag dieser Leute entstehen.

Im Gefängnis: Hier gibt es immer wieder unangemeldete Kontrollen der Zellen. Ein Beamter kommt in eine Zelle, ein Gefangener betet. Der Beamte spricht zu ihm und bittet ihn, die Zelle für die Durchsuchung zu verlassen. Der Gefangene reagiert nicht und betet weiter. Der Beamte spricht ihn ein weiteres Mal an. Nichts. Nach dem dritten Mal nimmt der Beamte ihn mit vor die Zelle. Unfreiwillig. Die Reaktion des Gefangenen und seiner Freunde darauf ist heftig. Es gibt Streit, Beschimpfungen und Unruhe im Gefängnis. Ein Tag später reagiert die Leitung darauf: Die Beamten sollen ab jetzt auch bei unangemeldeten Kontrollen warten, bis Muslime fertig mit dem Gebet sind. Wie praktisch für Muslime! Jetzt haben sie die Möglichkeit, ihre Handys und illegalen Sachen zu verstecken.

In einem anderen Fall nahm eine Beamtin den Koran eines Gefangenen bei einer Kontrolle in die Hand und wurde sofort angeherrscht, sie solle das Buch nicht anfassen, es sei heilig.

Da legte die Beamtin das Buch wieder auf den Tisch. Was ist, wenn der Gefangene etwas drin versteckt hätte? Ist das die Art von Toleranz, die im Gefängnis nötig ist? Und was ergibt es für einen Sinn, wenn in den Zellen nach illegalen Dingen gesucht werden soll? So gibt man den Gefangenen nur die Gelegenheit, diese verschwinden zu lassen. Interkulturelle Kompetenz muss heißen: Diese Menschen sitzen im Gefängnis. Sie haben kein Recht, anders als andere behandelt zu werden. Die Zellen müssen untersucht werden, der Koran muss auch angefasst werden dürfen. Das Auftreten der Justizvollzugsbeamten muss sicher sein. Das hat in diesem Moment nichts mit Religionsfreiheit zu tun. Es werden alle gleich behandelt.

Auf der Straße: Ein Polizist ist im Streifendienst unterwegs. Sein Kollege und er beobachten ein Fahrzeug, das viel zu schnell fährt. Sie hängen sich dran, das Fahrzeug wird noch schneller, fährt irgendwann auch über Rot. Sie halten es an. Der Fahrer sagt: »Tut mir leid, ich habe es eilig. Ich bin schon viel zu spät. Ich muss zum Gebet in die Moschee.« Der Polizist, der schon seit 15 Jahren im Dienst ist, lässt ihn fahren. Warum? Weil er unsicher ist, ob es diskriminierend ist, wenn er ihm jetzt einen Strafzettel gibt. So etwas führt immer wieder zu Konflikten. Natürlich muss man fair mit den Leuten umgehen, aber es gelten auch Regeln für alle.

Im Flüchtlingsheim: Mehrere Männer streiten sich. Es hat harmlos angefangen mit der Bemerkung eines Mannes, die ein anderer falsch verstanden hat. Ein Wort ergibt das andere, irgendwann gehen sie aufeinander los. Immer mehr Männer mischen sich ein, so dass die Lage für die Leiter der Unterkunft nicht mehr zu kontrollieren ist. Sie rufen die Polizei: »Und schicken Sie bitte nur männliche Kollegen. Sonst bekommen wir das hier nicht in den Griff.« Der Polizist am anderen Ende, der mir diese Geschichte später erzählt – übrigens als explizit gutes Beispiel für interkulturelle Sensibilisierung – antwortet: »Natürlich.

Wir wissen doch, was wir tun.« Wie bitte? Das wissen sie eben nicht.

Wenn wir uns immer nur auf diese Dinge einlassen und nicht für unsere Werte geradestehen, bestätigen wir damit Wertvorstellungen, die mit einem demokratischen Rechtsstaat nicht viel gemein haben.

Und wenn Sozialarbeiter gesagt bekommen, sie sollen gewalttätige Eltern ignorieren, weil das in dieser Kultur eben so gelebt würde – was vermitteln wir diesen Menschen dann für ein Bild von unserer Gesellschaft? Wir werden ausgelacht.

Und solange die muslimischen Verbände – ebenso wie das linke Spektrum – leugnen, dass das traditionell patriarchalische Verständnis des Islams, das viele Migranten, Flüchtlinge und Muslime haben, und seine Traditionen mit den Werten dieser Gesellschaft nicht vereinbar sind und den fundamentalistischen Muslimen in die Hände spielen, so lange haben bei diesem Thema die Rechten das Sagen. Und sie tun es auch: hetzend und rassistisch statt politisch aufklärend, soziologisch klar und religionsanalytisch.

Keine Solidarität von der AfD

Kluge und präventive Politik muss in der Mitte der Gesellschaft eine Debatte wollen und anstoßen.

Ein Beispiel: Was in der Kölner Silvesternacht 2015 passiert ist, hat sein Vorbild auf dem Kairoer Tahrirpatz und anderswo. Denn ein traditionelles Islamverständnis befördert sexuelle Tabus und sexuelle Gewalt. Es hat großen Einfluss auf das Verhalten der Geschlechter zueinander. Und so wurden damals von der religiösen Tradition zur sexuellen Abstinenz gezwungene junge Männer gegenüber Frauen in der Öffentlichkeit übergriffig. Das festzustellen ist nicht rassistisch, sondern eine legitime Ursachenanalyse. Wir, die Muslime, haben das Problem – die Kritischen unter uns benennen es und brauchen die Solidarität der Demokraten im Land. Von der AfD, von Pegida wollen wir sie nicht.

Wir brauchen eine Leitkultur, über die man streiten kann. Ich weiß, dass manche Menschen sehr allergisch auf diesen Begriff reagieren. Er ist einfach in den letzten Jahren sehr abgenutzt, nie aber wirklich mit Leben gefüllt worden. Es geht darum zu bestimmen, welche Werte wir als verhandelbar und welche wir als unverhandelbar ansehen, wenn jemand in unsere Gesellschaft kommt. Wo hört Toleranz auf, und bei welchen Themen müssen sich die Menschen anpassen? Da geht es nicht darum, ob man Würstchen mit Schweinefleisch auf den Grill legt oder Karneval feiert, sondern beispielsweise um die gleichberechtigte Behandlung aller Menschen. Es geht darum, dass Frauen die Freiheit haben, ihre Partner frei zu wählen und sich aus patriarchalischen Strukturen lösen zu können. Es geht darum, sich kritisch der Religion gegenüber äußern zu dürfen. Es geht darum, dass die Religionsfreiheit nicht unendlich ist, sondern dort aufhört, wo andere Freiheiten wie Kinderrechte eingeschränkt werden.

Wir müssen in der Lage sein, klare Regeln zu kommunizieren. Und wir dürfen nicht jeden, der Kritik übt, als islamfeindlich oder islamophob bezeichnen.

Es gibt für jeden Demokraten genügend Gründe, Kritik zu üben. Ich sehe es sogar als unsere Pflicht, das zu tun, um unsere Aufklärungsarbeit aufrechtzuerhalten. Und wenn ich den Islam kritisiere, dann habe ich keine Phobie, ganz im Gegenteil. Aber ich habe sachliche und legitime Gründe, warum ich zum Beispiel gegen das Kopftuch bin.

Wenn die Linken aber denken, sie hätten ein Monopol auf die Moral, und alles, was nicht in ihr Weltbild passe, sei unethisch, bleiben wir nicht nur stehen, sondern gehen rückwärts. Man muss verstehen, dass man nicht weniger moralisch ist, nur weil man sich skeptisch zu bestimmten Themen äußert und sagt, wo Dinge falsch laufen.

Mehr noch: Die Moralkeule kann schlimme Folgen haben, denn wenn diejenigen, die eine andere Meinung haben, immer als unmoralisch bezeichnet werden, entstehen zwei Gesellschaften, die dauerhaft im Konflikt miteinander stehen. Egal welche Themen dann bearbeitet werden, egal was man sagt, es wird so immer die jeweils andere Seite als rassistisch bezeichnet und die eigene Seite als moralisch dargestellt.

Richtig wäre: Man muss darüber sachlich, offen und tabufrei diskutieren. Und das tun wir nicht. Wir vermeiden die Debatte, weil keiner hier wie seine Großeltern sein möchte. Keiner möchte als Nazi oder Rassist bezeichnet oder gesehen werden. Und die islamischen Verbände spielen diese Karte gekonnt aus. Sie wissen, welche Worte sie nutzen können, um die Menschen zu verunsichern.

Wir müssen aber in der Lage sein, differenziert über die Themen zu reden. Wir müssen Probleme benennen können und aufzeigen, dass es Muslime gibt, die anders denken. Das ist die einzige Lösung, die zum Nachdenken und zu einer besseren Prävention führt. Denn sonst ziehen einerseits Rechtsradikale diese Themen an sich – und Islamisten werden andererseits gestärkt.

Und noch etwas anderes darf nicht vergessen werden: Bei der ganzen Debatte um falsche Toleranz geht es nicht nur um große politische Agenden. Es geht auch um Alltagssituationen. Ein Beispiel: Teddybären an Flüchtlingskinder zu verteilen und ihnen Kleidung zu spenden war und ist absolut notwendig und wichtig. Das möchte ich auf keinen Fall kleinreden oder abwerten. Das wäre unfair gegenüber den Tausenden von Helfern.

Doch in unzähligen Gesprächen mit Flüchtlingen und Helfern merke ich eine gewisse Unzufriedenheit. Sie fängt nicht nach einer Woche an, auch nicht nach einem Monat, aber irgendwann sehnen sich diese Menschen nach einer normalen Behandlung, nach Gleichberechtigung. Ab diesem Zeitpunkt funktioniert die Betreuung dann nicht mehr reibungslos. Die Unzufriedenheit führt bei den Helfern zu dem Gefühl, die Flüchtlinge seien undankbar, und das wiederum zieht Spannungen und Differenzen nach sich. Die Helfer schaffen es aber oft nicht, sich aus ihrer Machtposition – wir zeigen euch Armen, wie es geht – zu verabschieden. Denn viele helfen aus Eigennutz, um zu beweisen, dass sie anders, besser sind als ihre Großeltern, die Rechten und die Ignoranten.

Das ist aber keine Integration. Das ist keine Aufnahme in die Mehrheitsgesellschaft, denn die Augenhöhe fehlt. Die Flüchtlinge werden nicht als Bürger, als Menschen wahrgenommen, sondern als Schützlinge.

Was mich damals, als ich nach Deutschland kam, am meisten getroffen hat, war die Tatsache, dass die Menschen mit mir wie mit einem Kind geredet haben. Das Gefühl, etwas zu sein und etwas zu können, wird dadurch zerstört, selbst oder vor allem, wenn man einen Hochschulabschluss hat. Das Gefühl, das bleibt: Du kannst nichts. Du bist ein armer Asylant oder Migrant. Mehr hast du nicht zu sagen. Wenn das das Einzige ist, was Flüchtlingen angeboten wird, ist das fatal.

Es muss allen klarwerden, dass weder Flüchtlinge noch Muslime in der Opferrolle sein sollen, sondern als Bürger gleiche Rechte und Pflichten wahrnehmen sollen.

Dann muss sich keine Lehrerin schlecht fühlen, einem Kind Wasser angeboten zu haben, dann kann eine Sozialarbeiterin ohne Bedenken die Polizei rufen, wenn sie von Misshandlungen erfährt, und eine Polizistin kann zu einem Muslim gehen und selbstbewusst sagen: »Ich habe das Recht, Sie zu kontrollieren. Und das werde ich jetzt auch tun.«

4

Abbas – zwischen den Stühlen

Bevor ich Abbas das erste Mal traf, hatte ich Angst. Dieses Gefühl habe ich eigentlich nie, wenn ich jemanden neu kennenlerne. Bei Abbas war es anders.

Sein Anwalt hatte mich gebeten, ihn im Gefängnis zu besuchen und mit ihm zu sprechen. Alles, was ich über ihn wusste: Er war 22, IS-Kämpfer, war kurz davor gewesen, einen Anschlag zu verüben, saß nun in Haft und wartete auf seinen Prozess. Abbas, ein mutmaßlicher Terrorist also. Einer, der wahrscheinlich keine Angst davor hatte, sich und andere zu töten, dessen Ab- und Ansichten ich nicht kannte und von dem ich nicht wusste, wer seine Verbündeten waren oder wem er von mir erzählen würde.

Der Tag, an dem ich das erste Mal zu ihm ging, war sonnig. Vor dem Gefängnis standen ein paar Menschen: eine Mutter mit Kind, ein älterer Mann, der rauchte, und ein jüngerer, der von einem Bein auf das andere trat. Ich ging an ihnen vorbei zum Eingang und stellte mich vor. Der Pförtner telefonierte lange, legte auf, telefonierte noch einmal, legte wieder auf und sagte schließlich: »Kommt gleich jemand.«

Ich wartete. Schließlich lief ein Beamter auf mich zu und sagte, ich müsse alles abgeben, was ich bei mir trage. Mein Notizbuch und einen Kugelschreiber durfte ich behalten. Meinen Ausweis gab ich beim Pförtner ab und bekam dafür eine Besucherkarte. Der Rest wurde in einen Spind geschlossen. Obwohl ich das aus anderen Gefängnissen kannte, fühlte ich mich dadurch an diesem Tag schutzlos, um nicht zu sagen: ausgeliefert.

Der Beamte sagte: »Da lang« und ging mit schnellem Schritt vor mir weg über einen großen asphaltierten Hof mit vielen Pflanzen und Bäumen. Vögel saßen auf den Ästen und zwitscherten. Außer ihnen hörte man nichts. Wir liefen in ein Gebäude, endlos durch lange Gänge, etliche Türen und kamen schließlich in einem winzigen Raum an. Eine Heizung, zwei Stühle und ein Tisch: Mehr gab es darin nicht. Durch das Fenster konnte man auf eine Mauer blicken. Kein Vogel, kein Baum, nicht einmal der Himmel waren zu sehen. Ich setzte mich. Mein Herz schlug schneller. Was passiert jetzt? Kann ich ihm trauen? Was geschieht, wenn einer wie er meinen Namen und mein Gesicht kennt? Werde ich dann in Unsicherheit leben? Ich hatte fünf lange Minuten Zeit, mir all diese Fragen zu stellen. Dann ging die Tür auf, und Abbas kam in Hand- und Fußfesseln herein. Sofort wichen meine Zweifel und meine Angst dem Gefühl von Neugier. Er sah nicht aus wie einer, vor dem man sich fürchten muss. Im Gegenteil: Er wirkte unsicher, fast schüchtern. Er hatte dunkles Haar, war nicht groß, sehr dünn, und man sah unter seinem Bart, der eher ein Flaum war, das Gesicht eines Kindes.

Abbas grüßte mich leise, ich grüßte ihn zurück. Hemmungen hatten wir beide. Ich fragte: »Wie geht es Ihnen?« Er antwortete nicht, fragte nur, woher ich komme, und wiederholte immer wieder das Wort »Alhamdulillah« – »Gott sei Dank«. Ich sammelte Kraft. »Danke, dass Sie bereit waren, sich mit mir zu treffen.« Ich sammelte noch mal Kraft: »Ich bin hier nur für Sie. Nicht mehr und nicht weniger. Ich schreibe kein Gutachten, keine Empfehlung. Nichts gegen Sie, aber auch nichts für Sie. Sie werden durch mich keine Strafmilderung bekommen. Aber wenn Sie mit mir reden wollen, weil es Ihnen hilft, reden Sie.

Ich werde mit niemandem über das, was Sie sagen, sprechen. Alles bleibt unter uns.« Er schaute auf den Boden und nickte. »Es geht um eine Reise, Abbas. Und für diese Reise müssen wir uns beide öffnen. Wollen Sie das?« Er nickte wieder. »Es wird bei unseren Gesprächen darum gehen, dass Sie reflektieren, was Sie bis jetzt in Ihrem Leben erlebt haben.« Ich sprach weiter. 45 Minuten lang sprach ich nur über mich, wer ich bin, was ich arbeite, was ich mache. Ich war vorsichtig, überlegte genau, was ich ihm sagen darf und was nicht.

Dann fragte ich ihn, seit wann er hier sei, wie sein Alltag aussehe, und dann: »Warum sind Sie eigentlich hier?« Erst sagte er nichts.

Dann: »Ich weiß es nicht.« Dabei lächelte er als würde er sich schämen.

»Sie müssen mir die Fragen jetzt nicht beantworten. Sie müssen auch in Zukunft keine Fragen beantworten, wenn Sie das nicht möchten. Lassen Sie uns damit anfangen, wer Sie sind und woher Sie kommen. Nehmen Sie sich Zeit, schlafen Sie darüber, und sagen Sie Ihrem Betreuer oder Anwalt dann, ob ich wiederkommen soll.«

Dann ging ich. An nächsten Morgen bekam ich einen Anruf: Abbas wollte mich wiedersehen.

Ein paar Tage später fuhr ich wieder zum Gefängnis. Wieder standen ein paar Menschen davor, wieder fand die gleiche Prozedur wie beim ersten Mal statt, nur die Unsicherheit war dieses Mal weg.

Abbas kam in den Raum, schaute auf den Boden.

»Hallo.«

»Hallo. Schön, dass wir uns sehen. Wie geht es Ihnen?«

»In Deutschland hassen mich alle.« Ich ließ ihn reden.

Abbas war ein Jahr alt, als seine Eltern mit ihm aus dem Norden des Irak nach Deutschland flohen. Sie waren in ihrer Heimat nicht mehr sicher. Der Grund: Abbas' Eltern waren

Jesiden, gehörten also zu einer Glaubensgemeinschaft, die im Irak unterdrückt wurde und immer noch wird. Sie wurden als Teufelsanbeter bezeichnet, als die mit der falschen Religion, als die, die dem Islam schaden wollen.

Im Gegensatz zu den großen Religionen gibt es im Jesidentum kein Glaubensbuch wie die Bibel oder den Koran. Der Glaube ist seit der Entstehung vor mehr als 5000 Jahren mündlich überliefert worden. Das Jesidentum ist außerdem ein monotheistischer Glaube, zu dem man nicht übertreten kann. Als Jeside wird man geboren, wenn beide Eltern Jesiden sind. Eine Heirat ist nur innerhalb der eigenen Kaste erlaubt. Die sogenannten Sheikhs und Pîrs bilden die geistliche Kaste, Muriden gehören zur Laienkaste. All das führt dazu, dass dem Glauben etwas Mysteriöses anhaftet, etwas, das Vorurteile entstehen lässt und in der Unterdrückung mündet.

Die meisten Jesiden leben im Irak, weitere Gruppen auch im Iran, in der Türkei, in Syrien, in Armenien, Georgien und Russland, in Deutschland und im restlichen Europa.

Viele Jesiden aus dem Norden Iraks kamen in den 1980er Jahren nach Deutschland, weil sie damals von Saddam Hussein verfolgt wurden. Andere kamen als Gastarbeiter oder flohen aus der Türkei. Unzählige jesidische Dörfer sollen damals in beiden Ländern von den Truppen zerstört worden sein.

Der Sturz des Diktators verbesserte die Situation der Jesiden nicht. Die Unterdrückung hält – wenn auch von anderer Seite – bis heute an. Heute ist es der IS, der die Jesiden gnadenlos verfolgt und sie vor die Wahl stellt: konvertieren, versklavt werden oder sterben.

Abbas' Vater wollte in Frieden leben. Er wollte nicht mehr ständig Angst um sein Wohlergehen und das seiner Familie haben. Spätestens als Abbas auf die Welt kam, wuchs diese Angst und wurde immer größer bis zu dem Tag, an dem er es nicht mehr aushielt: Sein Bruder, dem vorgeworfen worden war, den

Islam zu verunglimpfen und zu beleidigen, war entführt worden. Keiner wusste, wo er war. Tagelang blieb er verschwunden.

Eines Morgens fuhr ein Transporter vor das Haus der Familie. Die Heckklappe ging auf, und etwas wurde herausgeworfen. Es war Abbas' Onkel. Leblos. Ermordet. Da beschloss der Vater zu fliehen.

In Deutschland beantragten sie Asyl und bekamen eine Aufenthaltserlaubnis, denn seit den 1990er Jahren gelten Jesiden hier als gruppenverfolgt und werden deshalb asylrechtlich anerkannt. Ganz am Anfang, glaubt Abbas, fühlte sich sein Vater frei und unbeschwert, weil da auf einmal das Gefühl von Sicherheit war. Er war dankbar und stolz, seiner Familie in Deutschland eine Zukunft ohne Verfolgung und Unterdrückung bieten zu können.

Irgendwann später, Abbas weiß nicht mehr genau, wann, muss dieses Hochgefühl überdeckt worden sein von Unsicherheit und Überforderung. Die Erleichterung wich einer ständigen Anspannung, der Stolz dem Gefühl von Minderwertigkeit.

Es war Abbas' Vater nicht leichtgefallen, seine Heimat zu verlassen, trotzdem fand er in Deutschland schnell Arbeit in einer Fabrik. Nichts Anspruchsvolles, aber es war Arbeit, und man musste dafür kaum Deutsch sprechen können. Die Mutter blieb zu Hause bei Abbas und seinen drei kleinen Schwestern, die kurz hintereinander in Deutschland zur Welt kamen.

Sie waren eine unsichtbare Familie, keine, die irgendwie auffällig war. Sie waren nicht integriert, aber das merkte niemand. Wer auch? Wie auch? Sie trafen sich nur mit anderen Jesiden und blieben ansonsten unter sich.

In den ersten Jahren seines Lebens blieb Abbas zu Hause. In den Kindergarten kam er erst sehr spät, kurz danach in die Schule. »Meinem Vater war immer wichtig, dass ich weiß, dass ich Jeside bin und dass ich stolz darauf bin. Und er wollte, dass ich lerne und gut in der Schule bin«, erzählte mir Abbas in einem unserer Gespräche. »Da waren überall Bücher in unserer Wohnung.« Wenn Abbas schlechte Noten hatte, gab es erst eine laute Moralpredigt, manchmal auch eine Ohrfeige, dann Nachhilfe. Aus Abbas wurde ein guter Schüler.

Beide Eltern waren sehr konservativ und versuchten, den Großteil ihrer Traditionen auch in Deutschland aufrechtzuerhalten. Gleichzeitig hatten sie große Angst vor der Mehrheitsgesellschaft. Als zu freizügig, zu egoistisch, zu grenzenlos empfanden sie die Menschen hier. »Man kann den Deutschen nicht trauen, hat mein Vater immer wieder zu mir gesagt.«

Doch wie hätte der Vater den Deutschen trauen können? Er verstand sie ja nicht mal, sprach kaum Deutsch, fühlte sich fremd und überfordert. In Abbas' Vater wuchs die Angst, seine jesidische Identität zu verlieren – noch größer aber war seine Angst davor, dass seine Kinder zu Menschen heranwachsen würden, die ihre Wurzeln nicht kannten. »Mein Vater stellte die Regeln auf. Das waren strenge Regeln. Ich durfte keine Freunde treffen, höchstens jesidische, auf keinen Fall deutsche. Und ich sollte jeden Tag nach der Schule nach Hause kommen und lernen.«

Je mehr Abbas lernte, desto mehr Fragen stellte er seinen Eltern. Er wollte alles wissen. »Warum« war nicht nur eines der ersten Wörter, die Abbas sagen konnte, es war auch eines von denen, die er am häufigsten benutzte. Er fragte und fragte, aber seine Eltern hatten keine Antworten. Wenn es ihnen zu viel wurde, wenn sie zu müde waren, zu antworten, wurden sie sauer und sagten: »Warum? Weil es eben so ist!« Wenn sein Vater das sagte, hob er dabei die Hand. Manchmal schlug er zu.

»Für meinen Vater gehörte das zur Erziehung«, sagte Abbas, als ich ihn fragte, warum sein Vater das tat. »Da wurde nicht viel diskutiert.« Es wurde gemacht, was der Vater sagte. Widerworte waren nicht erlaubt. »Meine Mutter sagte oft, warte nur, bis Baba nach Hause kommt. Dann wirst du was erleben.« Und Abbas erlebte oft etwas.

Als Abbas pubertierte, wurden die Regeln der Eltern immer strenger: »Ich durfte nicht ins Kino gehen und immer noch niemanden treffen. Meine Eltern wollten immer wissen, wo ich war und was ich machte. Immer.«

Mit 13 fing der Junge an, sich für diese Gesellschaft zu interessieren. Er war neugierig, wie die Deutschen tickten – auch wenn seine Eltern das nicht wollten. Gleichzeitig bekam er von der Gesellschaft das Gefühl vermittelt, nicht dazuzugehören. Er wurde oft von Polizisten gestoppt, kontrolliert und dabei Kanake genannt. Nazis sagten Kameltreiber zu ihm, für Türken war er ein Teufelsanbeter. Seine Lehrer sahen in ihm den Ausländer, der bestimmt zu dumm war, einen Abschluss zu schaffen, obwohl er gute Noten hatte. Und auch für die Mitschüler war er nicht einfach nur Abbas. Er war der Iraker, der erste Verdächtige, wenn etwas passiert war. Der, dem man nicht so ganz über den Weg trauen konnte. Abbas hatte ständig das Gefühl, erniedrigt zu werden.

Dann verliebte er sich in eine Deutsche. Sie saß in der Schule zwei Stühle links von ihm. Stundenlang schaute er sie an, ihre schönen Haare, ihre Augen, ihr Lachen. Sie bemerkte seine Blicke und lächelte zurück. So ging das ein paar Wochen, bis er sich endlich traute, sie anzusprechen: »Hast du Lust, nach der Schule mit mir Mathehausaufgaben zu machen?« Seitdem waren sie zusammen. Abbas war glücklich. Sie trafen sich heimlich, meistens im Park. Dann saßen sie auf einer Bank, die etwas versteckt hinter Bäumen stand. Manchmal hielten sie sich vorsichtig an den Händen, meistens redeten sie nur.

Eines Tages, sie saßen wieder dort, bemerkte Abbas plötzlich seinen Vater, der wütend auf die beiden zugelaufen kam. Abbas weiß bis heute nicht, wie er herausgefunden hatte, dass sie hier waren, aber sein Vater war außer sich: »Was machst du hier?«, schrie er ihn an. »Du bist eine Schande.« Dann verprügelte er Abbas vor den Augen des Mädchens. Noch nie in seinem Leben hatte Abbas seinen Vater so in Rage erlebt – und noch nie hatte er sich so geschämt.

Diese Erniedrigung, diese Hilflosigkeit. In diesem Moment entschied Abbas, das alles nie wieder spüren zu wollen. Er wollte kein Opfer mehr sein. Das beeinflusst ihn bis heute im Gefängnis: Obwohl er nicht groß ist, hat er einen starken Körper und zeigt vor anderen Häftlingen niemals auch nur einen Funken von Schwäche.

Abbas fühlte sich alleine, orientierungslos. Wie sollte er in einer Gesellschaft leben, die seine Eltern ganz offensichtlich ablehnten und von der er auch selbst immer wieder Ausgrenzung erfuhr? Wo sollte er Halt und Zuspruch finden? Wem konnte er sich anvertrauen? Vor seinem autoritären Vater hatte der Junge einfach oft nur Angst und fühlte sich alleingelassen mit all den Fragen, die ein pubertierendes Kind an das Leben hat.

Gleichzeitig beneidete er die Deutschen, wie sie ganz frei Hand in Hand liefen, sich zum Abschied küssten, mit ihren Eltern diskutierten, lachten. Das passierte alles direkt vor seiner Haustür, in der Straße, der Stadt, in der er lebte. Er ertappte sich dabei, wie er sich wünschte, deutsche Eltern zu haben. Er vermisste körperliche und emotionale Nähe, er vermisste seine Freundin, die ihn immer wieder umarmt und gestreichelt hatte. Das gab es zu Hause nicht mehr. Das gab es für ihn nirgendwo mehr.

Abbas zog sich zurück, blieb zu Hause, verbrachte seine Zeit vor dem Computer und mit Videospielen. Er fühlte sich einsam. Mutterseelenallein.

Als er 15 Jahre alt war, sollte er in der Schule einen Vortrag über seine Religion halten. Also fing er an, über das Jesidentum zu recherchieren. Und je mehr er herausfand, desto mehr interessierte es ihn. Beim Abendessen fragte er seinen Vater darüber aus – und endlich konnte der Vater Antworten geben. Er war stolz auf Abbas, weil dieser endlich anfing, sich für seine Wurzeln und die Traditionen zu interessieren. Anstatt abends müde und schlechtgelaunt nach Hause zu kommen, freute er sich von nun an auf Abbas, setzte sich mit ihm an den Tisch und erzählte von früher.

Abbas war genauso glücklich darüber. Gleichzeitig fragte er sich, warum sein Vater ihn erst so behandelte, seitdem er sich für ihren Glauben interessierte. Warum nicht schon früher? Warum war die Liebe seines Vaters an die Beschäftigung mit ihrer Religion gebunden?

Je mehr sich Abbas mit seiner Herkunft beschäftigte, desto größer wurde auch die Neugier darauf, warum sein Volk so gehasst wurde, warum es diese vielen Anfeindungen gab. Und so stieß er bei seinen Recherchen auf Videos von Imamen, die über Jesiden sprachen. Hatte er am Anfang noch viel Verachtung für diese Menschen, weil er der Ansicht war, sie seien indirekt verantwortlich dafür, dass sein Onkel getötet worden war, so wich diese Verachtung mit der Zeit einer Faszination: Die Art und Weise, wie die Imame sprachen, welche Argumente sie hatten, welche Ruhe, welches Selbstbewusstsein, welche Stärke sie ausstrahlten. Besonders ein Imam hatte es Abbas angetan. Er gab sich offen, sprach viel von Gerechtigkeit und über die Entstehung der Welt und des Islams. Er erzählte diese heldenhafte Geschichte von Mohammed, der auch unterdrückt, angefeindet, fertiggemacht und gehasst worden und trotzdem im Herzen rein war, auf so eindringliche Weise, dass Abbas sie sich immer und immer wieder anhörte. Wie gut er sich doch mit Mohammed identifizieren konnte.

Bei seiner Beschäftigung mit dem Jesidentum war das ganz anders gewesen. Er hatte sich dabei immer wieder gefragt: Wer bin ich eigentlich? Woher komme ich? Was ist meine Identität? Wohin gehöre ich? Und immer wieder hatte er gedacht: Das Jesidentum ergibt doch keinen Sinn. Dieser Glaube war nicht etwas, hinter dem er stand, das er gut fand. Und auf einmal kamen da Muslime und argumentierten gegen das Jesidentum, sagten, bei ihnen gebe es Gleichberechtigung, bei ihnen sei es egal, in wen man verliebt sei, wen man heirate. Dort gab es keine Kasten. Dort sprachen die Imame von einem respektvollen Miteinander aller Menschen. Das, was sich Abbas immer gewünscht hatte.

Er versuchte, seine Faszination zu unterdrücken. Immer wieder kehrte er zu seiner Religion zurück, versuchte, dort Antworten auf seine Fragen zu finden. Doch Klarheit, so dachte er, fand er nur im Islam. Die Sehnsucht nach einer tieferen Auseinandersetzung mit ihm wurde größer und stärker. Er fing an, sich Bücher über die Entstehung dieser Religion zu kaufen. Er las viel über die fünf Säulen und wie man den Glauben praktiziert. Immer heimlich, ohne jemandem etwas davon zu erzählen. Immer mit dem ambivalenten Gefühl, eigentlich etwas Verbotenes zu tun.

Eines Tages, Abbas war 16, fand er sich in einer Moschee ein. Seine türkischen Mitschüler waren auf dem Weg dorthin, und er fragte sie: »Darf ich vielleicht mit?« Überrascht, aber stolz antworteten sie: »Klar.«

Dass dies eine außerordentlich radikale Moschee war, an der alles andere als Demokratie gelehrt wurde, nahm Abbas nicht wahr – oder es spielte keine Rolle. Die Tatsache, dass er ein emotionales Zuhause gefunden hatte, einen Ort, an dem die Leute ihn verstehen, war wichtiger. Alles, was Abbas gesucht hatte, waren Sinn und Identität, und nirgends hatte er sie gefunden – bis jetzt. Hier wurde er anerkannt und wertgeschätzt. Er war ein Teil von etwas. Er konvertierte. Heimlich und alleine mit dem Imam im Hinterzimmer der Moschee. Abbas war aufgeregt und gleichzeitig voller Angst und Scham. Auf dem Weg nach draußen umarmte ihn der Imam und sagte: »Mein Sohn. Ich beglückwünsche dich zu deinem neuen Weg. Jetzt bist du für Allah wie neu geboren. Nutze diese Chance. Gott wird immer auf deiner Seite stehen und dich belohnen. Deine Familie, die

Behörden, die Lehrer, alle werden dich jetzt bekämpfen wollen, aber bleib standhaft, mein Sohn. Bleib standhaft.«

Am liebsten hätte Abbas das, was gerade passiert war, in die Welt hinausgeschrien, so glücklich und befreit fühlte er sich in diesem Moment. Aber er ging nur still und mit klopfendem Herzen nach Hause.

Wahrscheinlich hatte er schon damit gerechnet, dass sein Vater irgendwann davon erfahren würde. Vielleicht war Abbas nicht vorsichtig genug gewesen. Vielleicht hatte er es aber auch darauf angelegt als Zeichen der Rebellion, als Zeichen seiner Unabhängigkeit und Stärke.

Fest steht, dass der Vater eines Abends nach Hause kam, in Abbas' Zimmer lief, ihn am Arm packte und vor die Tür setzte. Zwischendrin schrie er etwas von Schande und dass er nie wieder etwas mit ihm zu tun haben wolle. »Verräter. Du Stück Scheiße. Schämst du dich nicht, du Abtrünniger. Hau ab. Hau ab! Jetzt!« Abbas flehte seine Eltern an, bleiben zu dürfen. »Wo soll ich denn hin?« Dem Vater war das egal.

Abbas kam in der Moschee unter. Es gab Leute, die ihm halfen, ihm Essen gaben, ihn aufbauten und sagten, das sei normal, der Islam werde immer bekämpft. Wer den Islam annehme, dem passiere so etwas. »Denk an die ersten Gefährten des Propheten Mohammed, wie sie öffentlich ausgepeitscht wurden«, sagte ein Imam. Und Abbas fühlte sich als Held.

Zwei Tage später tauchte sein Vater unerwartet in der Moschee auf, schrie, beschimpfte die Leute, packte Abbas wieder am Arm, zerrte ihn aus dem Gebäude und nahm ihn mit nach Hause. Auf der Fahrt sprach keiner von ihnen. Es war das erste Mal in seinem Leben, dass Abbas seinen Vater weinen sah. Zu Hause hatte die Mutter Essen gemacht. Sie aßen. Wortlos.

Von da an war Abbas noch vorsichtiger. Er ging nicht mehr in die Moschee, versteckte seine Bücher, schaute heimlich Predigten im Internet an. Sein Vater war misstrauisch, kontrollierte ihn ständig, aber Abbas war schlau. Er kannte seinen Vater und wusste, wann er was machen konnte.

Er ging zur Schule und von der Schule zurück nach Hause. Dort lernte er – oder tat, als ob. Zwei Jahre später machte er sein Abitur. Mit dem Zeugnis kamen die Ängste: Was mache ich jetzt? Wohin gehe ich jetzt? Werde ich eine Zulassung an der Uni bekommen? Werde ich das studieren, was ich mag? Werde ich eine andere Zukunft als meine Eltern haben? Mit dem Ende des Gymnasiums brach eine große Säule seines Lebens weg, die ihm Orientierung und Halt gegeben und den Takt bestimmt hatte, nach dem Abbas lebte.

Er wusste nicht, wohin. Also ging er zur Moschee. Natürlich fand sein Vater das wieder heraus, und der Konflikt war ähnlich heftig wie zuvor. Doch dieses Mal war Abbas viel bewusster in seiner Entscheidung und seiner Rebellion. Er zog von zu Hause aus. Er wollte unter Menschen sein, die ihn so akzeptieren, wie er war, und mit denen er sich verbunden fühlte. Er wollte kein Fremdkörper mehr sein.

Sein Vater brach mit ihm – und er mit seinem Vater. Seine Mutter rief er manchmal heimlich an und sagte: »Egal was ist, ich liebe dich.« Einmal traf er eine seiner Schwestern auf der Straße. »Du bist eine Schande für die Familie«, sagte sie und drehte sich weg.

Abbas ließ sich einen Bart wachsen und wurde zum gefeierten Jesiden, der verstanden und den Islam angenommen hatte. Er fühlte sich stark, angesehen, akzeptiert, bewundert. Er veränderte sich.

Das, was mir Abbas von der Zeit zwischen dem Bruch mit seinem Vater und der Ankunft hier im Gefängnis erzählte, waren manchmal vage Andeutungen, manchmal glasklare Bilder. Er zog sich von Tag zu Tag mehr zurück, befasste sich fast ausschließlich nur noch mit Literatur und Videos, die radikal waren. Seine Gedanken und Einstellung spielten nur noch in dieser

Welt, alles andere wurde zum Tabu, damit wollte er nichts mehr zu tun haben.

Er radikalisierte sich zunehmend, hielt sich fast nur noch in einer bestimmten Moschee auf, war dort immer mit den gleichen Personen zusammen und war irgendwann fest entschlossen, in den Irak zurückzukehren. Er wollte zum IS, zum Islamischen Staat, denn er war der Meinung, nur das sei der richtige Islam, dem sich alle Muslime anschließen müssten. Er wollte ein Land aufbauen, das Gerechtigkeit bringt, das den Islam bringt, wie der Prophet Mohammed ihn gelebt hat, wie Gott ihn will.

In der Moschee bereitete man ihn und zwei andere Brüder darauf vor. Wie genau, wollte Abbas mir nicht erzählen. Nur so viel: Ein weiterer Bruder sollte die drei begleiten, um sie am richtigen Ort an die richtigen Leute zu übergeben. Dann würde er wieder zurückfliegen.

Mit seinem letzten Ersparten kaufte er sich das Flugticket von Deutschland nach Istanbul und von Istanbul nach Antakya an der Grenze zu Syrien. Er war nervös. Er hatte Angst, jemand würde Fragen stellen, aber keiner tat es. Ihre Reise ging weiter und weiter. Leise, schweigend.

Es war heiß und staubig in Antakya. Ein paar Männer nahmen sie in Empfang. Abbas traute ihnen nicht. Trotzdem musste er ihnen Geld geben. In einem Auto wurden sie über die Grenze in die IS-Gebiete geschleust und landeten irgendwann in einem Aufnahmegebäude. Ein Kommandeur nahm allen das Handy weg. Dann stellte er Fragen: Woher sie kämen, was sie könnten und wieso sie hier seien. Die anderen Männer waren beeindruckt, dass er als Jeside, der diese Religion erst seit ein paar Jahren auslebte, schon so viel wusste und so viele Stellen des Korans auswendig kannte.

Abbas blieb drei Wochen. In dieser Zeit wurde überprüft, ob er ein Spion oder ob er ein richtiger Moslem sei. Er wurde gefragt, ob er sich vorstellen könnte, ein Selbstmordattentat zu verüben. Natürlich konnte er es. Alle, die da waren, konnten es. Sich nicht für ein Selbstmordattentat zu melden wäre einem Verrat gleichgekommen. Ansonsten wurde viel gebetet.

Die Männer mussten spuren, sich unterordnen, niemand durfte je widersprechen, wenn der Amir, der Kommandeur, etwas sagte. In einer Art Ritual verbrannte Abbas seinen Pass mit den anderen Männern. In einem großen Feuer landeten deutsche, französische, britische, österreichische und kanadische Pässe und viele aus den unterschiedlichsten arabischen Ländern. Keiner von ihnen wollte je zurückkehren. Sie wollten zeigen, dass sie nicht für zwei oder drei Monate hier waren, sondern um hier zu leben, um ein neues Land aufzubauen. Sie waren nicht mehr Deutsche oder Franzosen, sie gehörten von nun an zum IS und schwörten ihm, dem Kalifat und dem Anführer Abu Bakr al-Baghdadi ewige Treue.

Mit seinem letzten Geld kaufte sich Abbas eine Kalaschnikow. Er empfand Glück, endlich diese Waffe besitzen zu dürfen und die Ausbildung zum Kämpfer beginnen zu können. Er wollte so schnell wie möglich dieses Abenteuer erleben, sterben, im Paradies sein. Er wollte seine Ängste besiegen, in den Himmel kommen. Ungeduldig wartete er darauf.

Abbas fühlte sich das erste Mal Allah ganz nah.

Was seine Lehrer wohl über ihn denken würden, wenn sie ihn jetzt so sähen: mit einer Waffe. Was würden die Nazis denken, die Türken, sein Vater? Er stellte sich vor, wie sein Bild irgendwann gezeigt würde: der Kämpfer, lächelnd gestorben. Wie stolz seine muslimischen Brüder auf ihn sein würden, weil er für eine gute Sache in den Tod gegangen war und jetzt im Paradies, bei Gott mit 72 Jungfrauen leben würde. In einem Palast mit Dienern, gutem Essen und Wein, gesund und ohne Sorgen. Und wenn er wollte, konnte er jederzeit jeden Helden der frühislamischen Geschichte treffen. Was für eine Vorstellung!

Dass andere, die sich tagsüber so stark zeigten, nachts in

ihren Betten weinten, irritierte ihn nicht. Er wollte ja selbst manchmal weinen. Es war eine ständige Ambivalenz. Stärke – Schwäche. Mut – Angst. Aufbruchstimmung – Heimweh. Aufregung – Ruhe.

Irgendwann kam der Tag, an dem er losziehen durfte, ausgerechnet an den Ort, von dem sein Vater geflohen war. Abbas kämpfte dort gegen Jesiden – und er war überzeugt davon, das Richtige zu tun.

Wenn Abbas mit mir darüber sprach, tat er das leise, aber bestimmt. Als wisse er selbst nicht, ob er sein Tun verteidigen oder verurteilen soll.

Abbas erzählte mir von einem Mann, der gekreuzigt und vor das Haus seiner Eltern gehängt worden war. Jeder, der versuchte, ihn dort herunterzuholen, wurde von den IS-Kämpfern bedroht. Eine Woche hing der Mann dort, und seine Eltern mussten zusehen, wie ihr Sohn langsam starb. Abbas erzählte mir auch von abgetrennten Köpfen, mit denen Fußball gespielt wurde, von Kindern, die zusammengeschlagen, und von Frauen, die verkauft und vergewaltigt wurden.

Er erzählte mir, wie er selber an die 72 Jungfrauen dachte, die im Paradies auf ihn warten würden, und wie er schon im richtigen Leben eine Frau wollte und sie sich einfach nahm. Sein Glaube, so dachte er, gebe ihm die Legitimation dafür, die jesidische Frau zu vergewaltigen, die er sich dafür ausgesucht hatte.

Das Einzige, worüber Abbas mit mir nie sprach, war, ob er selbst einen Menschen getötet hatte. Dazu schweigt er bis heute.

Manchmal sagt ein Schweigen mehr als Worte.

Abbas sprach lieber über die Attraktivität, die eigene Verantwortung abzugeben, und die Chance, neu anzufangen, die ihn so fasziniert hatten, und über seine Erkenntnis, dass all das, was er getan hatte, unterbewusst die Suche nach Identität, die Sehnsucht nach Orientierung und Halt – und eine Rebellion gegen seinen Vater gewesen war.

Immer wieder dachte er an seinen Vater. Immer wieder kamen auch Zweifel an seiner Mission. Aber er war doch mit dem Ziel zu sterben ausgereist. Er wollte ins Paradies. Er wollte nicht mehr leben. Er wollte als Schahid, als Märtyrer, die höchste Stufe im Paradies erreichen. Warum kam da immer wieder diese Angst? War er ein Heuchler?

Er arbeitete viel an sich, versuchte, das Gefühl, leben zu wollen, zu unterdrücken. Er dachte, sein Festhalten an diesem Leben sei vielleicht ein Zeichen, dass er immer noch kein richtiger Gläubiger sei. Sein Gehirn wollte nicht das, was sein Herz wollte. Oder war es andersherum?

Diese Ambivalenz, das wusste Abbas, gab es nicht in jedem Kämpfer. Es gab Brüder, die keinen Zweifel hatten, keinen Funken Empathie und absolut überzeugt davon waren, dass der Kampf, den sie führten, richtig sei – egal wie viele Menschenleben es kostete, egal wie viele Seelen sie dadurch brachen.

Männer, von denen er dachte, sie seien Freunde, starben, und Abbas fragte sich, warum er traurig darüber war und sich nicht für sie freute, jetzt, wo sie im Paradies waren. Andere verhielten sich so unmenschlich, dass Abbas sich nachts übergeben musste, wenn er zu viel nachdachte.

Der Wunsch nach Kontakt zu seiner Familie wurde immer stärker. Er schrieb seiner Mutter einen Brief:

»Liebe Mama,

alles Lob gebührt Allah, dem Herren der Welten.

Ihn bitten wir um Vergebung, und zu Ihm kehren wir ein. Wir bezeugen, dass es keinen Gott gibt außer Ihm, dem Einen. Und wir bezeugen, dass Muhammad Sein Diener, Sein Gesandter ist.

Alhamdulillah, der Herr der Welten, der Barmherzige, der Bestrafende hat mich dazu gebracht, diese Entscheidung zu treffen. Ich vermisse

Dich, Mama, und wünsche mir, Dich im Jenseits wieder umarmen zu dürfen. Beim Jüngsten Gericht werde ich alles tun, um Dich mit ins Paradies zu holen. An diesem Tag aber werden Deine guten Taten die einzige Währung sein, die zählt. Wenn Du Allahs Prüfung bestehen willst, liebe Mama, dann mache Tawba, zeige Reue, und kehre zu Allahs Weg zurück, denn auch Du bist wie alle Menschen als Muslima geboren. Erkenne dies. Kehre zum Islam zurück, liebe Mama, und verabschiede Dich von Satans Weg.

Öffne Dein Herz für Allah. Bete für mich und unsere Familie, denn ich folgte Allahs Ruf und bin hier, um meine Geschwister zu unterstützen, die hier ihr Recht verwirklichen wollen, Gottes Gesetz zu folgen.

Liebe Mama, was sind wir für Menschen, wenn wir untätig im Westen sitzen bleiben, dankbar für eine Wohnung und ein warmes Essen, während Frauen und Kinder hier abgeschlachtet und vergewaltigt werden, nur weil sie Muslime sind, weil sie gegen einen Tyrannen kämpfen, weil sie sich befreien wollen. Liebe Mama, das ist eine elende Entscheidung gewesen. Ich wäre gerne bei Dir geblieben. Aber Allah hatte einen anderen Plan mit mir. Wenn wir uns in diesem Leben nicht mehr sehen, dann wünsche ich mir, dass wir uns im Jenseits sehen. Das ist aber von Dir abhängig. Ich liebe Dich.

Glücklich sind diejenigen, die der Botschaft des Propheten Mohammed aufrichtig folgen! Glücklich sind diejenigen, die seinem erleuchteten Weg folgen und somit seine Fürsprache erlangen!

Abbas«

Irgendwann rief er auch seinen Vater an: »Papa, ich bin es.« Der Vater legte auf. Die Eltern wussten, dass Abbas im Irak war. Er war in Videos zu sehen gewesen. Er war bekannt geworden als der Jeside, der sein Volk bekehren wollte. Sein Vater hatte diese Videos sprachlos angeschaut. Was sein Sohn getan hatte, war eine ungeheure Verletzung für ihn – und für Abbas war es eine ungeheure Enttäuschung, dass sein Vater einfach aufgelegt hatte. Tage später rief er schließlich seine Mutter an: »Mama, hast du meinen Brief bekommen?« Sie war kaum in der Lage, etwas zu sagen, außer: »Ich liebe dich. Komm zurück.« Es brach ihm das Herz.

Abbas entschied sich, nach Deutschland zurückzukehren. Er überzeugte seinen Amir, dass er in Deutschland hilfreicher sei als in Syrien. Er sagte, er wolle in Deutschland helfen, Strukturen aufzubauen, um Anschläge verüben zu können.

Man gab ihm Kontakte, an wen er sich in Deutschland wenden sollte. Man sagte ihm, er solle nicht auffallen, sich wie die Deutschen anziehen, die Haare wie sie tragen, sich wie sie benehmen, sie imitieren.

Doch der Weg zurück nach Deutschland war nicht einfach ohne den verbrannten Pass. Er konnte nicht einfach zum deutschen Konsulat gehen. Dort hätte man ihn sofort festgenommen, weil er in Deutschland als »Ausreiser« bekannt war. Also braucht er eine neue Identität.

Sein Amir gab ihm einen Kontakt in Istanbul. Bis dahin kam er mit Schleusern, die ihn ohne Pass über die Grenze brachten. In Istanbul ging er in das Viertel, in dem der Laden war, den ihm sein Amir genannt hatte. Abbas sagt, dort seien nur Muslime unterwegs gewesen, die sehr radikal ausgesehen hätten. Wenn Frauen zu sehen waren, dann ausschließlich in schwarzen Burkas. Er ging in eine Moschee – auch die hatte ihm sein Amir genannt. Dort stellte man kaum Fragen, gab ihm einen Raum zum Schlafen und brachte Essen.

Dann ging er zu dem Laden. Er richtete dem Besitzer schöne Grüße von seinem Amir aus und sagte, er bräuchte einen neuen Pass. Syrisch sollte er sein. Der Ladenbesitzer nannte den Preis. 250 Euro musste Abbas zur Sicherheit im Voraus bezahlen. Der Ladenbesitzer sagte, Abbas solle auf einen Anruf warten, es würde eine Weile dauern, bis der Pass fertig ist. Abbas sagte noch, er solle sich bitte Mühe geben. Die Antwort: »Wir wissen schon, was wir tun.« Abbas hatte sich ein neues Handy gekauft und gab ihm seine Nummer. Zwei Wochen dauerte es, dann kam der Anruf. Abbas solle zu einer Brücke kommen. Dort wurde, so denkt Abbas, erst beobachtet, ob er alleine sei. Dann kam ein weiterer Anruf: in drei Stunden in einem Café am anderen Ende der Stadt. Abbas ging hin, übergab das restliche Geld, bekam einen Umschlag und wurde auf die Toilette geschickt, um ihn anzuschauen.

Abbas glaubt, dass er einen echten Pass bekommen hat. Nur das Foto war ausgetauscht worden. Ob der Mann noch lebte oder nicht – Abbas weiß es bis heute nicht.

Abbas kam zurück nach Deutschland und beantragte Asyl. Er tat das, um sich vom IS zu befreien. Zumindest sagt er das.

Ich werde nicht schreiben, wie und warum genau Abbas festgenommen worden ist. Es ist zu seinem Schutz.

Es passierte kurz nach seiner Rückkehr. Er wehrte sich nicht.

Jetzt sitzt er im Gefängnis: Der Terrorist mit Babyface, vor dem die anderen muslimische Häftlinge trotzdem riesigen Respekt haben. Er ist für sie ein Ehrenmann, der hier wegen einer edlen Sache einsitzt. Dabei sind viele von ihnen nicht einmal religiös. Aber Abbas gibt sich stark, und irgendwie bewundern sie ihn und fragen ihn über seine Religiosität aus. Mich wundert es manchmal, wie leicht sich Menschen von etwas angeblich Religiösem beeindrucken lassen. Abbas wundert das vielleicht genauso, aber er genießt es auch, so wie er die Gespräche mit mir genoss. Er war enttäuscht, wenn ich nicht kam. Es war ihm wichtig, immer einen neuen Termin mit mir auszumachen, damit er weiß, wann ich komme. Er war enttäuscht, wenn ich zu spät war oder mal gar nicht konnte. Er wollte reden, er musste das alles rauslassen, was sich an Gedanken und Gefühlen in den Jahren in ihm angesammelt hatte. Er erzählt mir seine Träume, seine Sehnsüchte, seine Wünsche für die Zukunft.

Wir hatten eine Basis, in der weder meine noch seine Ideologie eine Rolle spielten. Bei ihm war ich nur Psychologe, kein Kritiker. Das merkte er. Ich war jemand, dem er vertrauen und seine Träume erzählen konnte. Dem er sagen konnte, was ihn beschäftigte, wieso er nicht schlafen konnte, was ihn wütend machte und wie das Telefonat mit seiner Mutter letzte Woche gewesen war.

Er sagt, er brauche jemanden, der zuhört. »Alle brauchen das.«

Abbas ist und bleibt Moslem, das ist klar. Er denkt viel an seine Zukunft. Er möchte sich selbst entfalten, möchte heiraten und Kinder kriegen, die sein dürfen, was sie wollen, die ein Leben führen sollen, ohne fertiggemacht zu werden. Er möchte in Ruhe leben, aber die Ideologie ist in ihm noch nicht gestorben. Er verarbeitet, was er gesehen hat. Das wird er für den Rest seines Lebens tun. Er sagt, er sehe den Islamischen Staat kritisch, aber wer weiß, vielleicht wünscht er sich auch nur einen anderen IS. Einen, in dem die Ideologie hochgehalten wird, in dem es aber gerechter zugeht und man nicht Fußball mit den Köpfen getöteter Menschen spielt.

5

Die Wir-Wende: Warum wir den Begriff «Heimat» neu besetzen müssen

Wir. Was für ein kleines großes Wort.

Ich verwende es oft bei Vorträgen oder Diskussionen, sage Sätze wie: »Wir müssen in der Lage sein, Werte zu vermitteln.« Oder: »Wieso schaffen wir es immer wieder, Jugendliche für Apple-Produkte zu begeistern, aber nicht für unsere Verfassung?« Oder: »Wir brauchen Identifikationsmerkmale.« Jedes Mal schaue ich dann in irritierte Gesichter. Jedes Mal kommen Menschen hinterher zu mir und fragen: »Meinen Sie mit ›wir‹ die Muslime, oder meinen Sie die Deutschen?« Meine Antwort: »Ich meine beide.« Ich meine alle, die zu dieser Gesellschaft gehören – so wie ich auch.

Was ist nun falsch an der Frage dieser Menschen? Eigentlich nichts. Sie zeigt nur sehr deutlich, dass es Menschen, 60 Jahre nachdem die ersten Gastarbeiter nach Deutschland gekommen sind, immer noch irritiert, dass ich, Ahmad Mansour, mich als selbstverständlich dazugehörig fühle, obwohl ich eine dunklere Haut- und Haarfarbe habe, obwohl ich Muslim bin, obwohl ich in Israel geboren wurde. Die Frage zeigt, dass wir ein neues Wir-Gefühl brauchen, eines, bei dem alle gemeint sind: Peter, Ahmad, Susanne, Vladimir, Francesca, Alexis, Chantal und alle anderen, die zu Deutschland gehören, auch. Ich möchte mich nicht jedes Mal aufs Neue erklären müssen.

Wir als Gesellschaft müssen gemeinsame Werte und Identifikationsmerkmale haben und in der Lage sein, diese auch zu vermitteln. Sprache zum Beispiel ist immens wichtig. Sie ist das, was uns verbindet, aber nicht das Einzige, was uns zusammenhält. Der – europäische – Geist der Aufklärung mit seinen vielfältigen Freiheitsrechten etwa gehört auch dazu.

Wie schaffen wir es also, Menschen mit unterschiedlichen Traditionen, Gepflogenheiten, Werten, Sitten und Religionen zu vereinen und sich als eine Gemeinschaft zu fühlen? Wie können wir Menschen – vor allem Jugendliche – für unsere Verfassung begeistern? Brauchen wir eine Leitkultur? Müssen wir den Begriff Heimat universell definieren? Was macht das Deutschsein aus? Welche Begriffe benutzen wir? Welche dürfen wir benutzen? Und wo liegen die Probleme dabei?

Deutschland: ein besonderer Fall

Da ist zum einen die Ablehnung oder die Ambivalenz, mit der Deutschland mit sich selbst umgeht und die einmalig in der ganzen Welt ist. Stolz auf Deutschland zu sein, Begriffe wie «Heimat», «Deutschsein» und «Patriotismus» sind etwas, das viele sofort mit Rechtsradikalen, Neonazis oder dem Dritten Reich assoziieren.

Auch wenn ich erst seit 13 Jahren in Deutschland lebe, auch wenn mich die kollektive Schuld nicht betrifft, auch wenn ich mit dem Begriff weniger anfangen kann und ich nicht durch das deutsche Bildungssystem gegangen bin, verstehe ich diese Ablehnung gut. Und eigentlich finde ich die Aufarbeitung der Geschichte in Deutschland und die Distanzierung von den Narrativen der Nazis notwendig, wichtig und gut, vor allem als jemand, der in einer Kultur groß geworden ist, in der die Geschichte und die Religion wie ein Lied auswendig wiederholt werden, ohne sie zu reflektieren oder zu hinterfragen. Eine Kultur, in der der Prophet Mohammed überall als Held gefeiert und als gerecht bezeichnet wird, obwohl er Kriege geführt und Menschen ermordet hat, nur weil sie seine Religion, den Islam, nicht annehmen wollten. Opfermythen werden weitergegeben, Geschichten auswendig gelernt. Vielleicht ist die Hälfte von alldem wahr, die andere erfunden, vielleicht auch mehr. Als ich angefangen habe, die Geschichten zu hinterfragen, dachte ich, wie konnte ich alldem Glauben schenken, die Widersprüche nicht erkennen? Darauf bin ich stolz? Darauf habe ich meine Identität aufgebaut?

Ich finde es gut, dass die meisten Deutschen ihre Geschichte aufgearbeitet haben. Ich finde es gut, dass sie eine gewisse Verantwortung sehen. Viele fühlen sich heute zwar nicht mehr schuldig, empfinden aber eine historische Verantwortung für die Vergangenheit. Das ist gut so, denn angesichts der täglich dummen und irregeleiteten rechten Parolen wie »Deutschland den Deutschen« oder »Ausländer raus«, angesichts der brennenden Asylunterkünfte, Angriffe auf Flüchtlinge und des erschreckenden Aufstiegs der neuen Rechten ist diese Aufarbeitung und Distanzierung enorm wichtig.

Doch sollen wir diese Narrative für alle Ewigkeit den Rechten überlassen, denjenigen, die Deutschsein über deutsches Blut definieren und sagen, dass Neuankömmlinge immer Ausländer bleiben werden? Sollen wir das einfach hinnehmen? Ich meine, nein. Nur wenn wir es schaffen, diese Narrative neu zu besetzen, positiv, weltoffen und tolerant, können wir gegen jegliche radikale Gesinnung und ihre Anhänger ankämpfen.

Und das müssen wir auch, denn wir haben eine Gesellschaft, die nicht nur ideologisch auseinanderdriftet, sondern sich auch pädagogisch und politisch von einem Wir-Gefühl entfernt hat. Es scheint nicht mehr wichtig. Diese Gesellschaft legt mehr Wert auf Individualität. Das bedeutet, dass Menschen, die hier auf der Suche nach Identität, Bedeutung und Halt sind – und das ist bei Flüchtlingen und Migranten in besonderem Maß der

Fall – auf eine Gesellschaft treffen, die so individuell ist, dass sie überhaupt nicht wissen, woran sie sich festhalten sollen.

Ein weiteres Problem: Was passiert mit Menschen, die – egal wie lange sie schon in Deutschland leben oder gar hier geboren wurden – ständig gefragt werden, woher sie denn kommen, und denen ständig gesagt wird »Du sprichst aber gut Deutsch«? Was von der einen Seite als Neugierde oder Lob gedacht ist, kommt auf der anderen Seite als Ausgrenzung an. Das kann sehr kränkend sein und dazu führen, dass sie sich irgendwann nicht mehr zu dieser Gesellschaft gehörig fühlen und das auch gar nicht mehr wollen. Mehr noch, Ausgrenzungen können zu Trotzreaktionen führen: »Jetzt zeige ich diesen Vollpfosten, dass ich wirklich nicht dazugehöre.« Und diese Trotzreaktion wiederum zu einer radikalen Ablehnung der Gesellschaft.

Warum, frage ich mich, gehen junge Menschen der dritten Generation in Deutschland auf die Straße und demonstrieren für »ihren Präsidenten« Erdoğan? Warum leben in Deutschland Menschen, die sich ausschließlich als Palästinenser, Türken oder Afghanen sehen – auch wenn sie in Deutschland geboren wurden oder niemals in ihr Geburtsland zurückkehren möchten?

Eine solche Einstellung bringt niemanden weiter. Das habe ich früh gemerkt: Ein paar Wochen nachdem ich nach Deutschland gekommen war, hatte ich zum Beispiel eine Diskussion mit ein paar jungen Arabern, mit denen ich abends feiern gehen wollte. Auf dem Weg zum Club machten sie zwei Frauen auf eine sehr plumpe und hässliche Art an. Die Frauen fragten, was sie für ein Problem hätten, und gingen weiter. Da sagte einer der Männer: »Na ja, die würden ja sowieso nicht mit einem Araber ausgehen.« Ich kannte diesen Spruch von früher, als ich noch in Israel lebte. Er wurde immer dann gesagt, wenn Araber jüdische Frauen erfolglos angemacht hatten. Die Ablehnung wurde dann als rassistisch dargestellt: Dass Jüdinnen nicht mitkommen würden, weil wir Araber sind, weil sie denken, sie seien etwas Besseres.

Ich fragte die Männer: »Glaubt ihr, die Frauen haben hier darüber nachgedacht, ob ihr Araber seid oder nicht? Oder war es euer Verhalten gerade, das falsch war?« Natürlich kann beides stimmen. Wer aber mit der Grundeinstellung hier lebt, er werde abgelehnt, weil er Araber ist, wird nicht dazugehören.

Natürlich gibt es auch blöde Anmachen von Deutschen. Natürlich gibt es immer wieder Menschen, die mir zweifellos das Gefühl geben wollen, ich würde nicht dazugehören. Ich bin inzwischen zum Glück stark genug, ihnen klarzumachen, dass sie ein Problem haben, nicht ich.

Es gibt Menschen in Deutschland, die brauchen einen Begriff oder ein Gefühl von Heimat, und es gibt Menschen, die brauchen das weniger. Die ersteren aber sollten wir unbedingt erreichen und mitnehmen. Ihnen sollten wir eine Gemeinsamkeit anbieten, ein neues Wir-Gefühl, ein Deutschland, mit dem sich alle identifizieren können.

Wir brauchen eine Wir-Wende.

Ich bin mir darüber im Klaren, dass dies Auseinandersetzungen und Reibungen zwischen Einheimischen und Migranten nicht gänzlich beseitigen kann. Natürlich werden die Menschen in diesem Land dadurch keine homogene Masse. Das wäre auch schade. Die Frage ist, wie schaffen wir es, Menschen, die neu in unser Land kommen, dazu zu bringen, dieses als Heimat zu betrachten? Wie schaffen wir es, Menschen, die schon lange hier leben und sich immer noch fremd fühlen, ein glaubhaftes Gefühl von Zusammengehörigkeit zu vermitteln? Wie schaffen wir es, allen Menschen die Angst vor dem Fremden zu nehmen? Wie gewinnen wir Jugendliche dafür, dass sie ihren Lebensmittelpunkt hier sehen, dass sie das Gefühl haben, Teil dieser Gesellschaft zu sein, die sie mitgestalten können und sollen?

Wir und die Leitkultur

Wenn wir über eine neue Definition von »Wir« sprechen, dürfen wir nicht vergessen: Nahezu alle, die damit gemeint sind, werden damit in ihrer Identität, ihrem Selbstverständnis und ihrer Substanz berührt werden, denn sie müssen ihre geistigen Grenzen verschieben. Gleichzeitig hat dies immer zwei Seiten: Bereicherung und Belastung. Gewinn und Verlust. Wir sollten also darauf schauen, was uns verbindet, nicht darauf, was uns trennt. Wir sollten mit der Wir-ihr-Debatte aufhören. Wenn ein muslimisches Kind zum Beispiel zu seinen Eltern geht und sie fragt: »Warum essen wir kein Schweinefleisch?« oder ein deutsches Kind fragt: »Warum legen wir zum Beten keinen Teppich auf den Boden?«, dann entscheidet die Art und Weise, wie die Eltern diese Frage beantworten, darüber, wie das Kind sich in der Mehrheitsgesellschaft verhält. Wenn ich mit dieser Antwort die anderen abwerte, dann brauche ich mich nicht darüber zu wundern, wenn auch mein Kind die anderen irgendwann abwertet.

Wir sollten uns anstatt dessen folgende Fragen stellen: Was vereint die Menschen in der deutschen Gesellschaft? Wo sind ihre positiven, als Vorbild dienenden Identifikationsmerkmale? Was können wir den Menschen vermitteln, das sie als Bereicherung, als Gewinn, als Antrieb zusammenzustehen betrachten?

Brauchen wir zum Beispiel eine Leitkultur? Eigentlich ja. Nur ist dieser Begriff sehr negativ besetzt, weil bei seiner Definition oft viele Dinge ausgeblendet oder irreführend und abgrenzend formuliert worden sind. Teil einer Leitkultur sollte zum Beispiel nicht sein, einer Frau die Hand geben zu müssen. Es sollte darum gehen, eine Frau gleichberechtigt zu behandeln. Und wenn ich einer Frau die Hand nicht gebe, dann nehme ich sie auch nicht als gleichberechtigt wahr. Das ist ein kleiner, aber entscheidender Unterschied in der Formulierung und Interpretation einer Leitkultur.

Wenn Leitkultur außerdem bedeuten soll, dass alle Menschen hier gleich werden sollen, alle die gleichen Feiertage feiern (müssen) und am besten noch die gleiche Kleidung tragen sollen, wenn alle Bier trinken, Schweinefleisch essen und Volksfeste feiern sollen und wenn in jedem Amt ein Kreuz hängen muss, weil Deutschland ein christlich geprägtes Land ist, dann bin ich gegen sie.

Wenn Leitkultur allerdings Vielfalt beinhaltet und damit gemeint ist, dass wir die Werte dieser Gesellschaft, die im Grundgesetz ja schon definiert sind, etwas vertiefter und präziser formulieren, sie mit Leben und konkreten Beispielen füllen, die jeder versteht und mit denen jeder etwas anfangen kann, und dass diese Werte als bindend für alle Menschen gelten, dann bin ich dafür.

Es reicht dabei nicht zu sagen, wir haben das Grundgesetz, und das reicht als Leitkultur. Denn darin wird nicht eindeutig klar, ob Mädchen in der Schule ein Kopftuch tragen dürfen oder am Schwimmunterricht teilnehmen müssen oder ob Frauen, die ein Kopftuch tragen, bestimmte Ämter übernehmen dürfen, um nur drei von vielen Beispielen zu nennen. Wir müssen verbindliche Werte definieren, die wir Menschen, die hier leben oder neu zu uns kommen und Deutschland kennenlernen und Teil dieser Gesellschaft sein wollen, vermitteln.

Wir können das schwammig formulieren, das sollten wir aber nicht, denn dann bekommen wir Probleme, weil jeder es auf seine Art interpretiert. Nehmen wir noch einmal das Beispiel Kinderkopftuch: Die Befürworter rechtfertigen es mit der Religionsfreiheit. Diejenigen, die es ablehnen, begründen ihre Einstellung mit dem Kindeswohl, der Neutralität, dem Recht auf Selbstbestimmung und damit, dass Religion – für alle – Privatsache bleiben und nicht öffentlich aggressiv demonstriert werden soll. So argumentiert jeder mit seinen mitgebrachten Werten und Vorurteilen. Damit muss aber Schluss sein. Wir müssen klar kommunizieren, was wir von Mitgliedern dieser Gesellschaft erwarten und wie wir das Grundgesetz im Alltag anwenden. Viele, die zum Beispiel neu nach Deutschland kommen, wissen gar nicht, was es heißt, gleichberechtigt zu sein, was Säkularität und Meinungsfreiheit bedeuten und warum Antisemitismus hier keinen Platz hat. Das sind Dinge, die werden nicht richtig kommuniziert. Nicht in den Schulen, nicht in den Integrationskursen und vor allem nicht in den Debatten.

Von jedem Menschen – egal ob er schon immer, seit Jahrzehnten oder erst seit wenigen Monaten in Deutschland lebt – können wir eine Beteiligung am gesellschaftlichen Leben im Sinne einer grundgesetzlichen Leitkultur erwarten. Noch mal: Es reicht nicht aus, das Grundgesetz schön zu finden, wir müssen auch von ihm überzeugt sein.

Was uns und unsere Heimat ausmacht

Beim Begriff «Heimat» sträuben sich vielen die Haare, denn auch er ist in manchen Kreisen negativ besetzt. Andere verbinden damit etwas Gutes, die Vertrautheit von Umgebung und Mitmenschen etwa oder das Vertrauen darein, dass alle ein ähnlicher Wertekanon verbindet. Natürlich können wir diesen Begriff weiter tabuisieren und den Rechtsradikalen überlassen oder jeden, der ihn benutzt als rechts einordnen und uns lustig über Begriffe wie das »Heimatministerium« machen. Aber auch das wird uns nicht weiterbringen.

Wir können den Begriff aber auch neu besetzen: die neue Heimat, die Heimat, die Freiheit garantiert, die Heimat, die fremde Menschen aufnimmt und sagt, du gehörst dazu, wenn du dich an die Regeln hältst, wenn du wirklich Teil dieser Heimat sein willst. Zum Gastrecht gehört aber auch, sich auf die Gepflogenheiten des Gastlandes einzulassen.

Wir müssen den Begriff nehmen und ihn mit Leben füllen. Nicht mit arischem, deutschem, weißem Leben, sondern mit positiven Narrativen, die einen emotionalen Zugang zur Gesellschaft ermöglichen. Wie stellen wir also einen positiven Bezug zu Deutschland her, der nicht rassistisch ist?

Wir müssen die Identifikation vor allem von jungen Menschen mit der Demokratie und mit Deutschland stärken. Ich wiederhole meine Frage vom Anfang: Wieso schaffen wir es immer wieder, Jugendliche für Apple-Produkte zu begeistern, aber nicht für unsere Verfassung – obwohl beide Früchte der Aufklärung sind, von Demokratie und der Freiheit von Presse, Kunst und Wissenschaft? Da läuft etwas gewaltig schief. Wir müssen mit ihnen zum Beispiel in den Schulen über aktuelle politische Themen sprechen, kritisches Denken fördern und ein Zusammengehörigkeitsgefühl erzeugen. Das schaffen wir nicht, wenn Lehrer auf meine Frage, was für Schüler sie haben, so antworten: »90 Prozent Ausländer«, obwohl das Kinder der vierten Generation sind. Das sind deutsche Kinder. Sie werden aber als Ausländer bezeichnet. Das ist Exklusion. Wir brauchen das Gegenteil: Inklusion.

Wir müssen unsere Heimat für die neue Generation sichtbar machen, damit sie sich deutsch fühlen kann, ohne Schuldgefühle zu haben, ohne zu denken, sie seien Teil von etwas Bösem. Denn das, was wir hier haben, ist nicht böse, es ist, solange wir unsere Geschichte im Blick behalten und weiter aus ihr lernen, sehr positiv.

Dafür reicht es nicht, alle zwei Jahre bei einer Fußball-Europa- oder Weltmeisterschaft Fahnen zu schwenken und sich dann ein paar Momente superglücklich in den Armen zu liegen. Das gehört zwar auch zu Deutschland, keine Frage – aber nicht allein.

Ich kenne viele Leute, die sehr dankbar dafür sind, in dieser Gesellschaft in Freiheit leben zu dürfen. Sie bekennen sich ausdrücklich zu ihr. Das sind Menschen, für die es nicht selbstverständlich war, dass eine 18-jährige Frau alleine wohnen und Beziehungen führen kann, die sie sich selbst ausgesucht hat, dass sie arbeiten und feiern gehen kann. Ich kenne viele Frauen, vor allem aus Syrien, die das sehr genießen und es als Bereicherung für sich sehen.

Ich kenne viele Flüchtlinge, die froh sind, dass die Müllabfuhr hier funktioniert, die Straßen sauber und gut in Schuss sind, dass dies eine leise Gesellschaft ist, in der man Ruhe finden kann. Dass man anonym sein kann. Dass die Deutschen helfen und nicht immer alles nur für sich beanspruchen. Dass es hier eine gute Arbeitsmoral gibt. Dass die Menschen Spaß haben. Dass sie nicht morgens aufstehen und sagen: »Ach, jetzt muss ich acht Stunden arbeiten und habe eigentlich keine Lust.« In vielen arabischen Ländern ist das so. Dass man die Möglichkeit hat, sich zu entwickeln. Dass man nach Fleiß bewertet wird, nicht nach Verbindung, nicht nach Familie oder Erbe, nicht nach religiöser Zugehörigkeit.

Ich kenne viele Menschen, die es gut finden, in einer Gesellschaft zu leben, die sich – nicht immer, aber immer wieder – auch kritische Fragen stellt und sich nicht ständig nur feiert und sagt, wie großartig sie ist. Dass es die Meinungsfreiheit gibt, dass wir in einer Demokratie leben, dass wir unsere Ansichten frei vertreten können.

Ich selber bin stolz, dass die Stadt Berlin Geld investiert, mich zu beschützen, weil ich bedroht werde. Ich bin froh, dass die Regierung in den Medien kritisiert werden kann. Ich mag die Pünktlichkeit. Ich finde es gut, dass ich als Mieter Rechte habe, dass es Gerechtigkeit gibt. Wir können stolz sein, dass wir uns um die Umwelt Sorgen machen. Dass wir eine so gute Infrastruktur haben, dass wir in Großstädten nicht einmal ein Auto brauchen. Dass Deutschland ein Sozialstaat ist, der zum Beispiel Schwachen hilft oder jedem, der eine Familie gründen möchte. Dass man viel Steuern bezahlt, dies aber auch zu sehen ist im öffentlichen Leben.

Dieses Land hat große Dichter und Denker hervorgebracht.

Wir haben Menschen, die Juden im Dritten Reich geholfen haben, Trümmerfrauen, die das Land nach dem Krieg wiederaufgebaut haben. Menschen, die in der DDR auf die Straße gegangen sind, den Mauerfall, die Wiedervereinigung, den Kniefall Willy Brandts. Die Versöhnung mit den Franzosen nach so vielen Jahren des Kriegs. Damit gibt man den Syrern vielleicht auch Hoffnung, dass das, was in ihrem Land passiert ist, nicht in alle Ewigkeit dauert. Dass man sich versöhnen kann, dass man ein Land wiederaufbauen kann.

Wir haben den Fußball, das Wunder von Bern, das Sommermärchen. Die Stimmungen, die sich auf alle übertragen hat, der Zusammenhalt, die Brüderlichkeit, die Gemeinsamkeit.

Wir haben das Wirtschaftswunder. Wir haben Menschen, die in den 1960er-Jahren aufgestanden sind und ihre Eltern und Großeltern gefragt haben, was sie da eigentlich gemacht haben vor und während des Kriegs, teilweise sogar den Kontakt zu ihnen abgebrochen und gesagt haben, mit euch möchte ich nichts mehr zu tun haben. Da sind Leute auf die Straße gegangen und haben die Funktionäre der Nazis in Frage gestellt, die in der neugegründeten Republik auch noch Ämter bekleidet hatten oder bei der Polizei bleiben durften. Das ist etwas, was diese Gesellschaft nachhaltig verändert hat und zu Individualität und einer kritischen Auseinandersetzung mit der Vergangenheit geführt hat. Wir übernehmen bis heute die historische Verantwortung für das, was passiert ist, und geben sie an unsere Kinder weiter, damit sich die Geschichte nie wieder wiederholt.

Wir haben »Made in Germany«, das ein Qualitätssiegel auf der ganzen Welt ist. Wir haben unsere Pünktlichkeit, die Gründlichkeit. Wir sind eine riesige Wirtschaftsnation. Wir haben Universitäten, die nicht Zigtausende von Euros im Monat kosten.

Ich bitte um Verzeihung, dass ich nicht alle großartigen Dinge aufzähle, die Deutschland zu bieten hatte oder hat. Dafür reicht der Platz nicht, und ich kenne sie auch nicht alle. Und ich bin mir bewusst, dass all das, was ich aufgezählt habe, im Einzelnen natürlich mal mehr, mal weniger positiv ausgeprägt war oder ist.

Wir kritisieren viel, wir meckern viel, aber eigentlich können wir stolz auf all das sein und auch auf unser Grundgesetz, das eine sehr, sehr stabile Demokratie ermöglicht. Die Kritik an Kopftüchern zum Beispiel sollte nicht als Ausgrenzung von Muslimas betrachtet werden, sondern als Debatte über das Grundgesetz, über die Religionsfreiheit, über die Meinungsfreiheit und über die Erziehungsfreiheit. Das sollten Muslime nicht als Angriff auf sich selber begreifen, sondern als eine Möglichkeit, zu debattieren und diese Gesellschaft mitzugestalten. Aber sie sollten auch wissen, dass Religionsfreiheit nicht nur Freiheit *für* die Religion bedeutet, sondern auch *von* der Religion. Geschätzt ein Drittel der Menschen hierzulande ist areligiös, viele atheistisch. Sie haben auch ein Recht, nämlich das Recht, nicht als »Ungläubige« ausgegrenzt zu werden, wie es vor allem religiöse Fanatiker unter den Muslimen tun.

Ich möchte, dass die Menschen und vor allem Schüler stolz darauf sein können, was dieses Land geschafft hat. Sie sollen sagen können: »Wir sind jetzt eine Generation, die Deutschsein anders lebt als damals die Nazis. Wir haben aus den Fehlern gelernt.« Das bedeutet nicht, dass wir uns von unserer Nation, unserer Heimat distanzieren müssen. Wir wollen Heimat neu definieren als etwas Positives, demokratisch, menschenrechtlich Orientiertes.

Wir müssen dieses Wissen vermitteln. Das können wir aber nicht tun, indem wir darin verharren, den Deutschen die Schuld am Zweiten Weltkrieg zu geben, und die anderen, die neuen, ausschließen nach dem Motto: Der Zweite Weltkrieg hat mit dir nichts zu tun. Hat er doch! Der Zweite Weltkrieg und die gesamte deutsche Geschichte haben mit jedem zu tun, der dieses Land als Heimat bezeichnet oder bezeichnen möchte.

Wir werden nicht alle gewinnen können. Aber wenn wir uns unserer selbst bewusst sind und dieses Selbstbewusstsein zu einer Selbstverständlichkeit werden lassen, ohne den Blick für berechtigte Kritik, Kontroversen und Debatten aus den Augen zu verlieren, und gleichzeitig Fremde einladen, Teil dieses Selbstbewusstseins zu werden, dann schaffen wir die Wir-Wende. Dann schaffen wir das!

6

Nader – mittendrin

Nader ist Mitte 40, raucht Kette und trinkt viel Kaffee. Er ist ein impulsiver Mann, der andere nicht ausreden lässt, wenn er mit dem, was der andere sagt, nicht einverstanden ist, es ihm dumm erscheint oder er selbst etwas Wichtiges zu sagen hat. Er ist nicht groß, aber auch nicht klein, nicht dünn, aber auch nicht dick. Seinen kleinen Bauch hat er dem guten Essen seiner Frau zu verdanken, sein schütteres Haar einer Laune der Natur. Nader wirkt oft unruhig, als sei er irgendwie unter Druck, aber wenn man ihn fragt, was los sei, antwortet er: »Alles o. k.«, und lacht.

Wer von Nader wissen möchte, was er ist, bekommt als Antwort: »Palästinenser und Moslem«, auch wenn er schon seit mehr als zehn Jahren in Deutschland lebt und inzwischen die deutsche Staatsbürgerschaft hat und auch wenn er seine Religion nicht praktiziert – oder sagen wir kaum.

Er ist verheiratet, hat vier Kinder, zwei Mädchen, zwei Jungen, er arbeitet, bezahlt Steuern, aber nicht zu viel, weil er weiß, wie man das Finanzamt übers Ohr haut. Er spricht gebrochen Deutsch und lebt ein unauffälliges Leben. Er ist also integriert? Nein, ist er nicht. Ganz und gar nicht.

Ich kenne Nader seit vielen Jahren. Ein Freund eines Freundes bat mich damals, ihm zu helfen, als Nader einmal drohte, im deutschen Behördendschungel unterzugehen. Seitdem meldet er sich immer wieder bei mir, wenn er reden möchte oder Unterstützung oder einen Rat braucht. Es ist ihm lieber, sich von mir helfen zu lassen – einem ungefähr gleichaltrigen Mann, der seine Sprache spricht –, als seine Frau oder seine Kinder darum zu bitten, Dinge für ihn zu übersetzen oder mit ihm zu einem Amt zu gehen, wo er sich dann klein fühlt, weil sein Schulkind besser Deutsch spricht als er.

Sich klein zu fühlen gehört zu den schlimmsten Gefühlen, die Nader sich vorstellen kann. Das kennt er noch von früher.

Er wurde Anfang der 1970er Jahre im Gazastreifen geboren, als das Gebiet von Israel besetzt war. Er wuchs mit sieben Brüdern und vier Schwestern auf und war, fast unsichtbar, eines der mittleren Kinder. Seine Mutter kümmerte sich um den Haushalt und die Kinder. Sein Vater, ein Mathelehrer, war ein typischer Patriarch, der Holzstücke mit in die Schule nahm, um seinen Schülern damit auf die Finger zu hauen. Alle Kinder hatten Angst vor ihm – seine Schüler ebenso wie die eigenen. Er, ein schlanker, großgewachsener Mann mit strengem Blick und weißem Vollbart, genoss es hingegen, dass andere ihn fürchteten und zu ihm aufschauten.

Mit seiner Familie beschäftigte er sich nur, wenn ihm danach war, und das passierte selten. Höchstens wenn sich eines seiner Kinder für Mathe oder arabische Gedichte interessierte, ließ er sie gewähren. Ansonsten las er viel oder verteilte Strafen. Widerworte waren nicht erlaubt. Wer frech war oder sich in seinen Augen danebenbenahm, dem drohte er mit der Hölle – oder ohrfeigte ihn.

Abends, wenn der Vater vor dem Fernseher saß, mussten alle das Zimmer verlassen, um seine Ruhe nicht zu stören. Niemand empfand das als unnormal. Weder Nader noch seine Geschwister noch seine Mutter. Viele Väter waren so.

Selber fernsehen konnte Nader nur nachts, wenn alle im Bett waren. Dann ging er aufs Dach und ruckelte und drehte so lange an der Antenne herum, bis israelisches Fernsehen zu sehen war. Nader setzte sich vor das Gerät – immer mit dem Finger am Schalter, falls plötzlich doch jemand ins Zimmer kam – und wartete. Meist vergeblich. Sein Wunsch, zufällig freizügige Sexszenen mit viel nackter Haut zu sehen, erfüllte sich nur zwei- oder dreimal, obwohl Nader fast jeden Abend aufs Dach stieg.

Als es das erste Mal passierte, daran erinnert sich Nader noch genau, als er zum ersten Mal in seinem Leben die Brüste einer Frau sah, stockte ihm der Atem. Es fühlte sich an wie Himmel und Hölle zugleich. Es hatte Gefühle ausgelöst, die er noch nie zuvor empfunden hatte. Gleichzeit wusste er, dass sein Vater ihn verprügeln würde, wenn er wüsste, was er tat. Sein Vater fand es nie heraus. Verprügelt wurde Nader trotzdem von ihm. Irgendwas war ja immer.

Nach der Schule studierte Nader Mathe. Vielleicht tat er das, um endlich von seinem Vater gesehen zu werden ohne Wut in dessen Blick, sondern mit Stolz. Und tatsächlich, es änderte sich etwas: Sein Vater verkündete jedem, den er traf, sein Sohn würde es ihm gleichtun und in seine Fußstapfen treten.

Der Zuspruch des Vaters tat Nader gut, endlich war er etwas. Er strengte sich an, machte einen guten, schnellen Abschluss, dann suchte er Arbeit – aber er fand nichts. Als Mathematiker einen Job in Gaza zu finden war schwer, eigentlich fast unmöglich. Nach ein paar Monaten – er war inzwischen frustriert und seine Eltern auch – wollte er einfach nur noch Geld verdienen, wo und als was, war ihm egal. Er fuhr illegal Taxi, war Nachtportier in einem Hotel und jobbte schließlich für eine europäische Stiftung. Dort sollte er Schulschwänzer dazu bringen, wieder zum Unterricht zu gehen. Er machte das mit mäßigem Erfolg. Die meiste Zeit saß er im Café und träumte vor sich hin: von einer Frau an seiner Seite und davon, Gaza zu verlassen und die Welt zu sehen.

Beides waren Wünsche, die ihm unmöglich erschienen.

Frauen waren in Gaza in der Öffentlichkeit kaum sichtbar. Und wenn sie sichtbar waren, dann waren sie nicht erreichbar. Männer und Frauen machten dort alles getrennt. Überschneidungen fanden höchstens privat statt, und selbst dann war ein ungestörtes, unbekümmertes Kennenlernen ausgeschlossen.

Nader sehnte sich also nach einer Frau. In seinen Träumen war sie so schön wie die Israelinnen im Fernsehen und so anständig wie seine Schwestern. Nur, er fand keine. Und auch das Reisen in die weite Welt blieb für Nader vorerst ein Traum. Aus Gaza auszureisen war ein schwieriges Unterfangen.

So wie für mich war auch für Nader der Sommer 2006 ein entscheidender, in dem sich vieles änderte. Für mich war es die Fußball-WM, die den Anfang eines neuen Lebensgefühls einläutete, für Nader war es die Frau, die damals plötzlich wie aus dem Nichts in sein Leben trat.

Eine von Naders Schwestern war schon lange ohne sein Wissen auf der Suche nach einer geeigneten Frau für ihn gewesen. Jetzt schien sie sie gefunden zu haben: eine Palästinenserin, in Deutschland geboren und aufgewachsen, Anfang 20, schüchtern und schön. Wie jeden Sommer war sie auch dieses Jahr nach Gaza gekommen, um dort ihre Familie zu besuchen. Für sie wurde es langsam Zeit zu heiraten – einen Palästinenser natürlich, das stand außer Diskussion. Etwas anderes wäre für ihre Eltern niemals infrage gekommen.

Naders Schwester hatte sie über eine Freundin einer Cousine kennengelernt und sofort gedacht, sie sei die Richtige für Nader. Und Nader dachte das auch, nachdem er sie das erste Mal getroffen hatte: Noch schöner als die Israelinnen im Fernsehen und so schüchtern, dass sie nichts anderes sein konnte als anständig. Für Nader war sie die schöne Deutsche, die ihn aus dem Land holen würde. Er war aufgeregt.

Die Familien trafen sich, es wurde über Geld und Geschenke verhandelt und gestritten: Ihr Vater wollte Gold für die Verlobung, 10000 Euro für sich selber und natürlich noch Geld für seine Tochter. Er wusste, wie attraktiv die Vorstellung für einen Palästinenser war, nach Deutschland ziehen zu können, ins Schlaraffenland, dort, wo man Unmengen von Geld verdiente, mit dem man in Zukunft seine Eltern in Gaza unterstützen konnte. Was waren da ein paar tausend Euro, die jetzt investiert werden mussten? Das trieb den Preis natürlich nach oben.

Die Verlobungs- und Hochzeitsfeier, auch das war klar, würde Naders Familie zudem bezahlen müssen. Ein Außenstehender hätte meinen können, es würde nicht um eine Hochzeit, sondern um den Verkauf einer Immobilie oder eines Autos gehen. Es dauerte nicht lange, dann war klar: Die beiden würden heiraten.

Nader waren diese Verhandlungen um Geld und Gold irgendwie unangenehm. Er wusste zwar, dass dies alles dazugehörte, wenn man in seinen Kreisen heiratete. Heimlich wünschte er sich aber, sie würden nur aus Liebe heiraten, und alles andere wäre egal.

Drei Tage vor dem Ende ihres Besuchs gab es eine Verlobungsfeier: groß, teuer, schön. Dann flog die Braut nach Deutschland, und Nader blieb zurück. In den Monaten danach telefonierten sie viel oder skypten miteinander. Nader war eifersüchtig, versuchte, ihr vorzuschreiben, wohin sie gehen durfte und wohin nicht. Es machte ihn wahnsinnig, keine Kontrolle über ihr Leben zu haben. Sie war doch seine Braut. Wer weiß, wem sie in Deutschland alles über den Weg laufen würde. Gab es Männer, die ihr unanständige Blicke zuwarfen? Ging sie abends mit Freundinnen aus, ohne ihm davon zu erzählen?

Nader war klar, er musste nach Deutschland. So schnell wie möglich. Er fing an, die nötigen Papiere zu sammeln und auszufüllen, und besuchte einen Deutschkurs. Es fiel ihm schwer, er dachte, das sei alles nicht zu schaffen. Diese Sprache. Diese verdammt schwere Sprache. Diese Papiere. Diese verdammt vielen Papiere.

Ein Jahr lang lebten sie getrennt, dann kam sie wieder zu Besuch. Nader weiß noch, wie schnell sein Herz schlug, als sie sich endlich wiedersahen. Sie war noch schöner als in seiner Erinnerung.

Die Hochzeit der beiden war noch größer, noch teurer und noch schöner als die Verlobung, und fortan wohnten sie bei seinen Eltern. Doch das – das war allen klar – war keine Lösung für immer. Das Ziel war Deutschland. Wären da nicht diese vielen Papiere gewesen: ausfüllen, abgeben, warten. Irgendetwas nachreichen, wieder etwas ausfüllen, abgeben, warten. Wochen, Monate.

Bis es so weit war, behandelten Naders Eltern seine Frau fast wie eine Sklavin. Sofort nach der Hochzeit musste sie vieles im Haushalt alleine erledigen. Sie gehörte ja jetzt der Familie. Sie lachten sie aus, wie sie putzte, wie sie Arabisch sprach, welche Kleidung sie trug. Sie sagten: »Du Deutsche.« Es klang abwertend.

Eines Abends, es war warm und ruhig, fast friedlich in Gaza, nur ein paar Katzen und Hunde waren zu hören und ab und zu die Alarmanlage eines Autos, sie hatten gerade gegessen, und Nader war ausnahmsweise nicht danach mit seinen Freunden ausgegangen, da sagte sie: »Ich bin schwanger.« Nader war außer sich vor Freude. Gleichzeitig schossen ihm tausend Fragen durch den Kopf. Wo würde das Kind zur Welt kommen? Hier oder in Deutschland? Wo würden sie wohnen? Wovon sollte er seine Familie ernähren? Würde es ein Junge werden oder ein Mädchen? Was würden seine Eltern sagen? Wie sollte er das alles schaffen? Er umarmte sie. Beide zitterten.

In den Wochen danach ging es Naders Frau sehr schlecht. Sie sagte, sie habe Schmerzen und wolle zurück nach Deutschland, dort sei die medizinische Versorgung besser. Vielleicht war es auch eine Flucht vor seiner Familie. Nader weiß es bis heute nicht.

Sie flog nach Deutschland, und Nader blieb mal wieder zurück. Und wieder wurde er fast wahnsinnig, keine Kontrolle über die Dinge zu haben. Er ging zur Botschaft, bat, endlich nach Deutschland reisen zu dürfen: »Ich muss zu meiner Frau. Sie ist schwanger. Sie braucht mich jetzt.« Aber alle wollten immer nur Papiere. Ausgefüllte, abgestempelte Papiere. Nichts ging schnell.

Nader brauchte Geduld. Manchmal machte er aus lauter Wut Sachen kaputt, stieß nachts Motorroller um oder fing beim kleinsten Konflikt mit seiner Familie oder seinen Freunden an zu brüllen. Warum dauerte das alles nur so lang?

Im Mai 2008 bekam er einen Anruf aus Deutschland: Seine Tochter war in Berlin zur Welt gekommen. Ohne ihn. Nader weinte. Vor Freude und vor Wut.

Sie nannten sie Nour, das Licht. Er wollte sie sehen, bei seiner Familie sein. Er beschloss, illegal nach Ägypten zu reisen, weil er gehört hatte, dass die Ausreise von dort aus einfacher sei. Das war sie auch. Er bat um einen Termin in der deutschen Botschaft und bettelte und weinte und flehte die Beamtin dort an, ihm ein Visum zu geben. Sie hatte wohl Mitleid. Innerhalb von einer Woche bekam er es und konnte endlich nach Deutschland reisen.

Die erste Zeit in Deutschland war schwer. Zwar war Nader begeistert von dem Wohlstand, der Sauberkeit und der Ordnung, die hier herrschten. Gleichzeitig aber stand er unter enormem Druck. Seine Frau und er wohnten mit dem Baby bei seinen Schwiegereltern, und diese fragten ihn fast täglich, ob er schon eine Wohnung gefunden habe, ob er schon Arbeit habe. Sie verlangten von ihm, einen Teil der Miete und für Lebensmittel zu bezahlen. Dass er die Sprache immer noch nicht verstand, geschweige denn sprach, tat sein Übriges: Nader fühlte sich überfordert und alleingelassen, obwohl er endlich bei seiner Familie war.

Er meldete sich arbeitslos. Seine Frau half ihm dabei. Es

störte ihn sehr, dass sie perfekt Deutsch sprach und viel mehr über das Land, die Gepflogenheiten und Regeln hier wusste. Er wollte doch das Familienoberhaupt sein, der Patriarch. Jetzt sollte doch endlich seine Zeit gekommen sein, eine Familie anzuführen. Doch so fühlte er sich ganz und gar nicht. Arbeitslos, sprachlos, von den Schwiegereltern bevormundet, von der eigenen Frau übertrumpft: Das passte doch nicht zum Bild eines starken Mannes!

Aber Nader steckte den Kopf nicht in den Sand. Irgendwann fand er eine Wohnung, vier Zimmer, Küche, Bad, und richtete sie mit dem Arbeitslosen- und Kindergeld ein. Neben dem großen Fernseher und dem noch größeren Sofa mit den vielen Kissen, die er aus Palästina mitgebracht hatte, hängte er im Wohnzimmer ein Bild der Al-Aksa-Moschee auf. Im Regal stand ein Gerät, das fünfmal am Tag auf Arabisch zum Gebet rief – das aber eher für seine Frau, denn Nader war im Gegensatz zu ihr ja nicht besonders religiös. Auf dem Boden lag ein Teppich, auf dem ein niedriger, aber ebenfalls großer Tisch stand, um den sich Gäste setzen konnten, wenn sie zu Besuch kamen. Nader fühlte sich hier wie zu Hause.

Er begann, schwarzzuarbeiten. Mal baute er Veranstaltungsbühnen auf und wieder ab, mal arbeitete er nachts in einem Café. Er schlug sich so von Job zu Job und wurde dabei oft hintergangen. Einmal bekam er nur 20 Euro für acht Stunden Arbeit in einem Café in der Neuköllner Sonnenallee. Ein anderes Mal sah und hörte er nie wieder etwas von einem, der ihm 1000 Euro für eine Woche Renovierungsarbeiten versprochen hatte. Was sollte Nader tun? Zur Polizei gehen? Ganz bestimmt nicht!

Drei Monate lang lernte er auch Deutsch, dann gab er auf. Es war ihm einfach zu schwer.

Außerhalb der deutschen Ämter brauchte er die Sprache ohnehin nicht oft. Er bewegte sich in den Kreisen, in denen seine Frau aufgewachsen war. Parallelgesellschaft nannten es die Deutschen, er nannte es Minderheitsgesellschaft oder einfach: meine neuen Brüder.

Zu dieser neuen Gesellschaft zu gehören – das lernte Nader schnell – bedeutete, die Familie und die Ehre sehr hoch zu achten – und den Islam noch höher. Sich auf keinen Fall für die Mehrheitsgesellschaft zu interessieren (außer heimlich für die Freizügigkeit der Frauen), ihre Haltung und Lebensart abzuwerten, so wenig zu geben und so viel zu nehmen wie möglich.

Nader verbrachte viel Zeit mit seinen neuen Brüdern und wenig Zeit mit seiner Frau. Die Ohnmacht, die er ihr gegenüber verspürte, war das Schlimmste. Wenn Briefe für ihn auf Deutsch kamen, musste sie sie lesen. Wenn er etwas im Internet nachschauen wollte, musste sie das für ihn tun. Wenn er zum Amt ging, musste sie ihn begleiten. »Wie ein dummes Kind« kam Nader sich dann vor. Und wie die Deutschen mit ihm redeten, wenn sie merkten, dass er kaum etwas versteht: »Du gehen da lang, ja? Dann grünes Blatt nehmen. Dann aus-fül-len. Dann Du zurück zu mir, ja? Du verstehen?« Und immer hatte er dabei das Gefühl, er mache etwas falsch, er sei zu früh, zu spät, im falschen Stockwerk, im falschen Raum, manchmal dachte er sogar, im falschen Leben.

Draußen bei seinen Freunden fühlte Nader sich stark. Da war er Nader, der Mann, die lustige Quasselstrippe, die jeden an die Wand reden konnte – auf Arabisch selbstverständlich.

Irgendwie richtete er sich in diesem Leben ein. Er mied die Deutschen. Sie waren sowieso komisch. Die Geschichten, die er über sie von seinen Brüdern hörte, waren haarsträubend: Trennungen gehörten zum Alltag, Fremdgehen auch. Das fand er schrecklich, obwohl er selber irgendwann damit anfing. Verheiratete Paare hatten hier getrennte Konten, machten am Ende des Monats eine Abrechnung. Er verstand das nicht. Wie bitte? Man rechnet mit dem Ehepartner ab, wer die Milch gekauft hat, und dann muss der andere die Hälfte davon bezahlen? Was für ein krankes Volk!

Wie konnte ein Land nur so voll von Egoisten sein? Welchen Wert hatten hier schon die Familie und die Ehre? Und welchen Wert die Männer? In Deutschland hatten die Frauen das Sagen, Männer standen ganz unten im System. Das würde ihm nicht passieren. Niemals. Zu lange hatte er darauf gewartet, sich von all den subtilen und offensichtlichen Unterdrückungen seines Vaters zu befreien. Er hatte doch nicht geheiratet und war nach Deutschland gekommen, um vom Regen in die Traufe zu gelangen.

Naders Tochter wuchs heran, seine Frau wurde wieder schwanger. Als sie im fünften Monat war, stellte ihre Ärztin bei Tests fest, dass das Kind mit einer Behinderung zur Welt kommen würde. Sie sagte, diese Tatsache könne die Geburt sehr kompliziert machen, so kompliziert, dass Naders Frau dabei sterben könne. »Sie haben in einem solchen Fall die Möglichkeit, das Kind abzutreiben. Überlegen Sie es sich.« Dann drückte die Ärztin Naders Frau ein paar Broschüren über Schwangerschaftsabbrüche in die Hand.

Naders Frau ging aus der Praxis. Sie fing an zu weinen. Als sie an einem Abfalleimer vorbeilief, warf sie die Broschüren hinein.

Sie ging nach Hause, erzählte Nader, was die Ärztin festgestellt hatte, und sagte: »Ich muss das Kind bekommen.«

»Was?« Nader geriet in Panik. »Natürlich treibst du ab. Was ist, wenn du stirbst?«

»Ich darf das nicht. Ich darf nicht abtreiben. Das Kind hat jetzt eine Seele. Es ist doch schon älter als drei Monate.«

Nader versuchte, auf seine Frau einzureden, doch sie blockte ab, denn gemäß dem Islam wird spätestens am 120. Tag nach der Empfängnis die Seele in den Fötus eingehaucht. Naders Frau trug jetzt einen kleinen Menschen in sich. »Verboten bedeutet verboten. Ob ich bei der Geburt sterbe oder nicht, interessiert niemanden. Das sagen die Imame, und ich darf das nicht machen.«

Nader war verzweifelt. Er hatte Angst vor einem behinderten Kind und Angst, seine Frau könne die Geburt nicht überleben. Da fing er an, einen Imam nach dem anderen anzurufen – und zwar weltweit. Er wollte bei ihnen eine Fatwa einholen, die es seiner Frau erlaubte, doch abzutreiben. Eine Fatwa ist eine Rechtsauskunft einer muslimischen Autorität, die dazu dient, ein religiöses oder rechtliches Problem zu klären. Der erste Imam sagte: »Nein, sie darf nicht abtreiben. Das ist Mord.« Der zweite sagte ebenfalls: »Nein.« Ebenso der dritte, vierte und fünfte. Der zehnte schließlich, ein Gelehrter aus Saudi-Arabien sagte: »Wenn es für die Frau lebensgefährlich ist, dann darf sie abtreiben.«

Nader präsentierte seiner Frau diese Fatwa. Er wusste, dass er sie nur damit überzeugen konnte. Sie sagte, sie wolle kurz nachdenken, dann aber war sie bereit.

Zwei Wochen später fuhren sie in ein Krankenhaus. Die kleine Nour blieb ein paar Tage bei den Großeltern.

Innerhalb von fünf Minuten hatte seine Frau ihre Meinung geändert? Wie war das möglich? Weil ein Gelehrter ihr die Möglichkeit gegeben hatte, die Schuld von sich zu weisen. Es war nicht ihre eigene Entscheidung für oder gegen ihr oder das Leben des Kindes gewesen. Es war auch nicht wichtig gewesen, ob der Embryo für sie persönlich schon eine Seele besitzt. Es war ihr nur wichtig gewesen, ob das in den Augen eines Stellvertreters Gottes der Fall ist.

Die ersten Wochen nach dem Schwangerschaftsabbruch waren schwer. Naders Frau weinte oft. Aber Nader war froh, dass es so war, wie es war. Sie würde noch Kinder bekommen können, das hatten ihr alle Ärzte gesagt. Und tatsächlich: Drei Monate später war sie wieder schwanger. Es sollte ein Junge werden. Nader freute sich.

Er hatte immer noch keine richtige Arbeit. Manchmal störte ihn das, manchmal überhaupt nicht. Es hätte so weitergehen können. Tat es aber nicht.

Kurz bevor sein Sohn zur Welt kam, lernte er einen reichen Araber aus Saudi-Arabien kennen. Sie kamen schnell ins Gespräch. Nader erzählte ihm die lustigsten Geschichten über Deutsche. Nader konnte das besser als seine Brüder. Dass er hier und da noch etwas dazudichtete, wusste der Araber ja nicht. Dieser hörte nur gebannt zu und ging später in der Nacht voll Freude mit Nader in eine Disco und ein Bordell, wo er Flatrate-Sex bekam.

Naders neuer Freund war hier mit seiner Familie. Das Kind war krank, und sie waren mit ihm im Krankenhaus. Als sie sich das zweite Mal trafen, fragte der Araber, ob Nader ihm helfen könne. Er würde sich nicht auskennen, nicht wissen, wo man gut Arabisch essen gehen kann oder in welche Cafés man geht. Er wollte wissen, welches die besten Supermärkte sind, in denen man Halal-Lebensmittel und SIM-Karten für die Handys bekam, und wo er zum Beten hingehen konnte. Nader fühlte sich geehrt. Auf einmal war er ein Deutschlandkenner – oder kam sich zumindest so vor. Er begleitete den Araber mit einer solchen Leidenschaft, dass dieser ihm hinterher viel Geld für seine Hilfe gab.

Es war das erste Mal seit er hier war, dass Nader das Gefühl hatte, wirklich etwas zu können, nützlich zu sein, gebraucht zu werden.

Der Araber sagte zum Abschied noch, er werde ihn weiterempfehlen – und das tat er. Bei Nader wurde immer häufiger angefragt. Er betreute und begleitete Araber, die sich nicht auskannten. Er suchte Wohnungen, Hotels und Restaurants, holte seine Klienten vom Flughafen ab und brachte sie wieder hin, fuhr sie in Berlin herum, zeigte ihnen die Stadt und die Moscheen, kontaktierte Krankenhäuser und verhandelte mit ihnen in gebrochenem Deutsch. Er war Dienstleister. Und er ging in seinem Job auf. Irgendwann bastelte er sich eine Homepage, auf der er Werbung für sich machte, und holte einen Deutschen mit ins Boot, der die Organisation und Kommunikation übernahm, wenn Naders Deutschkenntnisse nicht mehr ausreichten.

Nader hatte seine Nische gefunden und war zufrieden. Seitdem gibt er zusätzlich zum Kindergeld, das er schon immer nach Gaza geschickt hat, noch rund ein Viertel von dem, was er mit seinem kleinen Unternehmen verdient, obendrauf. Es wird von ihm erwartet. Viel sparen kann er deshalb nicht, aber er führt ein gutes Leben mit seiner Frau und seinen inzwischen vier Kindern.

Hier könnte diese Geschichte aufhören: Ein eingewanderter Palästinenser, der seine Nachbarn grüßt, der Arbeit hat, einen deutschen Pass, Steuern bezahlt, einmal im Jahr nach Gaza reisen kann, ein Auto besitzt, sprachlich irgendwie zurechtkommt und sich selbst für irgendwie integriert hält, auch weil er sich über die Unintegrierten beschwert, die oft hier geboren und aufgewachsen sind, aber nichts auf die Reihe bekommen, kriminell sind und den ganzen Tag am Spielautomaten sitzen.

Klingt gut. Warum an dieser Stelle also weiterschreiben?

Weil Nader nicht integriert ist! Weil er zerfressen vor Angst und zerrissen zwischen seiner alten und neuen Heimat ist. Weil er diese Angst jeden Tag unterdrückt und versucht, ihr auszuweichen. Weil es Tausenden von Einwanderern wie ihm geht. Und weil das etwas ist, das dieses Land, diese Gesellschaft auf Dauer spaltet.

Nader lebt hier, aber er fürchtet sich vor der deutschen Gesellschaft, die so anders ist als die palästinensische. Er hat Angst, dass seine Kinder hier anders werden, dass sie ihre Religion und ihre Wurzeln – nein, eigentlich seine Religion und seine Wurzeln – verlieren, dass sie eine andere Identität bekommen als er, dass sie andere Werte beigebracht bekommen, dass er als Vater die Kontrolle über sie verliert, dass er ihnen seine Geschichte, seine Biographie, seine Literatur nicht vermitteln kann. Nader fragt sich: »Was wird aus ihnen? Werden sie deutsch? Werden sie arabisch? Werden sie ganz anders? Welchen Einfluss hat diese Gesellschaft auf sie? Und welchen Einfluss habe ich noch, wenn diese Gesellschaft ganz andere Werte hat als ich? Was bringen meine Kinder aus der Schule mit? Gute Noten bitteschön! Aber was lernen sie dort? Mathe und Schreiben und Lesen? Was passiert im Sexualkundeunterricht, was im Schwimmunterricht? Lernen sie dort Freizügigkeit, Aufmüpfigkeit und Ungehorsam?« Diese Angst begleitet ihn jeden Tag. Er weiß nicht, wie er mit alldem umgehen soll. Und wenn man ihn fragt, was los sei, antwortet er: »Alles o. k.«, und lacht.

Einmal kam Nour nach Hause und sagte: »Baba, wir haben heute in der Schule gelernt, wie die kleinen Babys gemacht werden.« Nader war schockiert. Er ohrfeigte sie dafür und schrie sie an, das sei *haram*, verboten, und gegen ihre Religion, über so etwas zu sprechen. Er warnte sie, sie solle nie wieder über so etwas nachdenken geschweige denn darüber reden.

Ein anderes Mal kam sie nach Hause und sagte: »Baba, meine Lehrerin hat gesagt, wenn unsere Eltern uns weh tun, können wir beim Jugendamt anrufen.« Und wieder dachte Nader, er höre nicht recht. Was fiel dieser Lehrerin ein? Dachte sie etwa, er sei ein schlechter Vater? Was mischte sie sich in die Erziehung der Eltern ein? Wollte sie ihm am Ende seine Kinder wegnehmen? Und was wurde da in der Schule gelehrt? Dieses Mal behielt Nader seine Wut für sich. Aber innerlich kochte er.

Ohnehin hat Nader oft Probleme mit der Schule: Seine Kinder lernen dort deutsche Lieder und deutsche Gedichte, deutsche Grammatik und deutsche Geschichte, nichts, womit Nader irgendetwas anfangen kann oder wobei er ihnen helfen könnte. Ebenso die Klassenfahrten, auf die Nour mitmöchte, der Schwimmunterricht, der nach Naders Ansicht für Mädchen tabu sein sollte, der Sexualunterricht, ja vor allem der Sexualunterricht stört ihn. Es gehört sich nicht, mit Kindern in diesem Alter über so etwas zu sprechen. Wenn sie älter sind eigentlich auch nicht, zumindest nicht in der Öffentlichkeit. Und Schule ist Öffentlichkeit.

Er hat das Gefühl, seine Kinder würden ihm entgleiten und anders, unmoralisch, deutsch werden. Sie sollen wissen, dass sie Palästinenser sind. Nein, sie müssen es wissen. Etwas anderes kommt nicht in Frage. Das Schlimmste wäre für Nader, wenn Nour irgendwann mit einem deutschen Freund ankäme. Das würde ihn brechen, dann hätte er alles falsch gemacht.

Zu diesem Gefühl von Stress kommt Druck. Aus der arabischen Community, von seiner Frau und aus der Ferne: Seine Mutter ruft ihn ständig an und weint, sie hätten kein Essen. Nader solle mehr Geld schicken. Er antwortet, das gehe nicht, er schicke schon so viel. Doch was will man tun, wenn der eigene Vater überall prahlt, sein Sohn habe es in Deutschland geschafft, und ständig alle Runden im Café bezahlt, als würde er den Reichtum Naders damit beweisen wollen?

Nader sagt seiner Mutter immer wieder, er habe nicht mehr Geld. Dann fängt sie an zu weinen und legt auf. Irgendwann später rufen Naders Brüder an und fragen, wie Nader so herzlos sein könne. Seine Mutter sei halb tot, und er würde herumgeizen. Diese Anrufe kommen einmal in der Woche, manchmal auch öfter. Dann fühlt sich Nader wieder wie der kleine Junge, der übersehen wird, obwohl er sich doch nur ein bisschen Anerkennung wünscht. Dieses Gefühl macht ihn wütend. Und wenn er wütend ist, dann schlägt er schnell zu – wie sein Vater.

Immer wieder fragt seine Mutter nach, ob die Kinder auch gute Muslime sind oder ob sie jetzt etwa Deutsche geworden sind. Immer wieder sagt sie zu Nour, sie würde ihr Geld geben, umgerechnet 40 Euro, wenn sie ein Kopftuch trage. Und immer wieder überlegt Nader, ob er Nour doch dazu bringen soll, es zu tragen. Denn obwohl er selbst die Religion kaum praktiziert, ist ihm die religiöse Identität, das äußere Hochhalten des Islams, vor allem für seine Kinder sehr wichtig. Dafür bekommt er Anerkennung von seinen Brüdern, seiner Community. Dadurch hat er innere Ruhe und die Gewissheit, dass die Kinder trotz der deutschen Gesellschaft Muslime bleiben und das auch zeigen.

Dann ist da noch seine Frau. Viel gemeinsam haben die beiden nicht. Sie kocht gut, ja, und schön ist sie auch immer noch. Aber sie streiten auch viel. Und immer wenn sie das tun, sagt sie: »Ich verfluche den Tag, an dem ich dich nach Deutschland geholt habe.« Das verletzt ihn. »Undankbares Stück«, brüllt er dann zurück. Nader sagt, das habe ihn irgendwann in die Arme von anderen Frauen getrieben. Immer wieder hat er Affären. Heimlich natürlich, will er doch weiter als guter Muslim gelten. Er erobert die Frauen, das baut ihn auf. Es ist wie ein Beutezug. Doch gleich danach kommen die Schuldgefühle, kommt die Angst vor seiner Frau, vor Gott, vor allem Möglichen. Dann haut er so schnell wie möglich wieder ab – und blendet alle Ambivalenzen aus.

Und da ist noch etwas, das zeigt, dass Nader ganz und gar nicht in diesem Land angekommen ist: Er hasst Juden. Er hasst sie, weil sie, wie er sagt, seine Brüder und Schwestern ermorden.

Und sein Hass ist weder still noch harmlos: Während des Gazakriegs 2014 beispielsweise nahm Nader seinen Sohn mit auf eine Demonstration gegen Israel. Flaggen brannten. Demonstranten riefen: »Juden sind Hurensöhne.«

Nader und andere beschmierten ihre Kinder mit Blutfarbe und ließen sie sich neben Puppen auf den Boden legen, um sie als tote Kinder zu präsentieren. Andere Kinder standen daneben. Eines hielt ein Plakat in die Höhe auf dem »Kindermörder Israel« stand.

Das alles passierte mitten in Berlin in Anwesenheit der Polizei und der Medien. Es empörte sich kaum jemand, dass hier Kinder für Propaganda instrumentalisiert worden waren. Und auch Nader dachte nicht darüber nach, was er da eigentlich tat – und was das alles mit seinem Kind machte. Das Einzige, was er wollte, war, seiner Wut Ausdruck zu verleihen. Und außerdem taten das alle anderen ja auch. Das war für ihn die Legitimation. Es sollte nicht die letzte Demonstration gegen Israel sein, auf die Nader seinen Sohn mitnahm.

Naders Hass wird von Jahr zu Jahr größer. Wenn sie zum Beispiel nach Gaza reisen, kommt die ganze Wut in ihm hoch, denn wegen des Nahostkonflikts wird die Reise dorthin immer schwerer. Meistens fliegen sie nach Kairo und fahren von dort nach Gaza. Manchmal schaffen sie es nicht, manchmal müssen sie tagelang vor der Grenze zwischen Ägypten und Gaza ausharren. Dann wird Nader ungeduldig und wütend, verflucht Ägypten, die Juden, Israel, zeigt seinen Kindern auf Bildern, wie Gaza bombardiert wurde, und erzählt ihnen, wer von den Nachbarn gestorben ist, weil Israel Gaza angegriffen hat. Für ihn ist alles schwarz oder weiß. Für ihn sind Juden gleich Israel. Über die Hamas spricht er nicht. Nur über die bösen Juden.

Einmal fragte eine Lehrerin seine Tochter nach den Sommerferien, wo sie im Urlaub gewesen war und was sie erlebt hatte. Nour erzählte von Gaza und von den bösen Juden. Da lud die Lehrerin die Familie zu einem Gespräch ein und versuchte, ihnen zu erklären, dass das, was Nour gesagt hatte, nicht in Ordnung sei. Doch die Eltern verstanden nicht, was sie von ihnen wollte. Nader erzählte mir hinterher von diesem Gespräch und schimpfte auf die Lehrerin, wie rassistisch sie sei.

Ich habe Nader einmal gefragt, was er sich für seine Kinder wünscht. »Wünsche?«, antwortete er, »ich habe vor allem Ängste. Sie sollen mir keine Schande bringen. Sie sollen die Ehre der Familie hochhalten. Sie sollen wissen, woher sie kommen, wissen, dass sie Palästinenser sind und sonst nichts, und auf mich hören.«

Wenn ich ihn dann erzählen lasse, kommen am Ende doch noch ein paar Wünsche zum Vorschein: »Dass sie die Schule beenden, dass die Jungs studieren, dass meine Mädchen ein Kopftuch tragen, dass sie irgendwann einen muslimischen Mann heiraten, dass sie vorher keine Geschichten mit Männern anfangen, dass sie alle mit Drogen und Alkohol nichts zu tun haben.« Und bei alldem wünscht sich Nader auch noch, dass sie glücklich werden. Das wünscht er sich sehr.

Ich überlege oft, was bei Nader hätte anders laufen können, damit seine Angst erst gar nicht entstanden wäre und daraus dann Aggression und Ablehnung. Wie hätte Integration bei ihm funktionieren können?

Es fängt bei seinen Eltern an, bei der Unterdrückung durch den Vater, der Erziehung voller Drohungen vor einem strafenden Gott. Bei dem Druck, den Nader bis heute spürt, die Ehre und die Identität der Familie hochzuhalten und ein richtiger Mann, ein Familienoberhaupt und ein guter Muslim zu sein.

Es geht weiter in Deutschland: Man hätte mit ihm kommunizieren müssen, und zwar klar und deutlich. Man hätte ihm klarmachen müssen, was diese Gesellschaft von ihm erwartet. Man hätte ihm bei der Erfüllung der Erwartungen aber auch helfen müssen. Man hätte ihn zwingen müssen, besser und länger Deutsch zu lernen. Man hätte ihn nicht nur darin unterstützen dürfen, sich selbständig zu machen, sondern auch darin, einen Integrationskurs zu absolvieren. Und mit absolvieren meine ich eine aktive Teilnahme, die nicht durch eine Unterschrift am Ende der Stunde getan ist.

Als Nader die deutsche Staatsbürgerschaft bekam, war das Einzige, was er dafür tat, die 300 Fragen des Einbürgerungstests auswendig zu lernen. Er beschäftigte sich nicht mit dem Inhalt der Fragen oder damit, warum gerade diese Dinge abgefragt wurden. Zwei Wochen später hatte er alles wieder vergessen.

Dieses Land und seine Menschen interessieren ihn nicht. Und andersherum ist es genauso. Überschneidungen finden nicht statt, und wenn, dann mit größtem Misstrauen und dem

Prinzip, statt möglichst viele Gemeinsamkeiten möglichst viele Unterschiede festzustellen, um sich selbst zu erhöhen und abzugrenzen.

Auf diese Ängste kann man eingehen. Ich bin auch der festen Überzeugung, dass man sie abbauen kann. Nur muss man es richtig machen. Man muss den Menschen – und zwar allen Menschen – klarmachen, was Erziehung bedeutet und was Erziehung, die auf Drohungen, Strafen und Gewalt aufbaut, mit Kindern macht. Man muss den Menschen keinen Spiegel vors Gesicht halten, man muss sie dazu bringen, den Spiegel selbst in die Hand zu nehmen.

Nader hätte emotionale und soziale Unterstützung gebraucht, Menschen, die ihn nicht nur, aber auch psychologisch begleiten, die ihm zeigen, was Deutschland ist, wie die Gesetze hier sind und wieso sie so sind, wie sie sind.

Man hätte ihm klarmachen müssen, dass diese Gesellschaft nicht möchte, dass er oder seine Kinder ihre Religion aufgeben, aber dass Kinder hier aufgeklärt aufwachsen. Das hätte man ihm schon in Gaza sagen müssen, damals, als er ein Visum beantragt hatte. Man hätte mit ihm Klartext reden, ihn vorbereiten und ihm klarmachen müssen, was Deutschland ist und bedeutet.

Man hätte ihm sagen müssen, dass dieses Land, so wie es heute ist, ein Ergebnis der Aufklärung ist. Und dass diese Aufklärung nicht nur mit Gleichberechtigung zu tun hat. Sie hat mit vielfältigen Entwicklungen zu tun, bei denen Menschen alles in Frage gestellt haben – auch Gott, auch die Religion, auch das Patriarchat.

Man hätte ihm zeigen müssen, was es bedeutet, aufgeklärt zu sein, welche Vorteile es mit sich bringt, was durch Aufklärung alles entstanden ist – seien es technische Errungenschaften wie sein Handy oder einfach nur die Tatsache, dass man sich frei bewegen kann und eine eigene Meinung haben darf.

Man hätte ihm klarmachen müssen, wie wichtig es ist,

Deutsch zu sprechen, um sich nicht klein und sprachlos zu fühlen. Das merke ich bei Nader immer wieder: Wie sehr sich seine Mimik und seine Persönlichkeit verändern, wenn er von Deutschen angesprochen wird. Egal ob das die Kellnerin, die Nachbarin oder die Krankenschwester ist. In Anwesenheit von Deutschen wird er absolut klein und fühlt sich minderwertig, auch wenn er das niemals zugeben würde. Das muss nicht sein. Augenhöhe: das ist es, was die Menschen brauchen – und zwar alle.

Vielleicht sind Naders Narben schon zu tief und heilen nicht mehr. Vielleicht aber lernt er noch, welch großen Schatz diese Gesellschaft birgt. Ich wünsche es ihm.

7

Momentaufnahme Integration

Am 21. August 2017 erschien in der Zeitung *Die Welt* ein Artikel mit dem Titel »Integriert und radikalisiert – Das unglaubliche Doppelleben der jungen Attentäter«. Er begann so: »Sie waren 19 Jahre alt und Anfang 20, zwei erst 17, fast noch Kinder. Sie haben Fußball gespielt und Hausaufgaben gemacht, sie hatten Freunde und lebten im Schoß ihrer Familien. Sie beherrschten die Landessprache, kannten die Sitten, wie so viele junge Leute in Spanien hatten sie manchmal einen Job und manchmal nicht. Und vermutlich hätte niemand etwas dagegen gehabt, wenn sie irgendwann einen einträglichen Beruf und einen gewissen sozialen Aufstieg errungen hätten.

Diese sehr jungen Attentäter der Terroranschläge in Katalonien kamen nicht aus den Banlieues in Paris oder aus gettoartigen Verhältnissen wie dem Brüsseler Stadtteil Molenbeek. Ihre Heimat war Ripoll, eine Kleinstadt am Rande der Pyrenäen. Für einen 17-Jährigen wahrscheinlich ein grauenhaft langweiliges Kaff. Aber kein Grund, zum Terroristen zu werden.«

In diesen zwei Absätzen wurden die Attentäter beschrieben, die vier Tage zuvor in Barcelona 14 Menschen getötet und 118 verletzt und in der Nacht darauf in Cambrils eine weitere Frau getötet und sieben Menschen verletzt hatten.

Und so wie diese zwei Absätze klangen viele Texte, die kurz nach den Anschlägen veröffentlich worden waren: »Die meisten der jungen Männer marokkanischer Abstammung, die für die Terrorattentate in Barcelona und Cambrils verantwortlich sein sollen, sprechen nicht nur gut Katalanisch; sie waren in dem ruhigen, aber auch etwas öden mittelalterlichen Städtchen aufgewachsen und nach Aussage von Nachbarn und Verwandten gut integriert«, schrieb die *Süddeutsche Zeitung*. »Die Attentäter werden als ›sehr gut integriert‹ beschrieben, sie sprachen sowohl sehr gut Katalanisch als auch Spanisch, hatten vor Ort Freunde, beteiligten sich am sozialen Leben ihrer Gemeinde, spielten Fußball, mochten Autos und Hiphop-Musik, waren nett und eher zurückhaltend, keine schlechten Schüler und nicht einmal besonders arm«, war in der *taz* zu lesen.

Integriert, gut integriert, sehr gut integriert: So las man es überall – übrigens genau wie bei den islamistischen Selbstmordattentätern von London, die sich und 52 weitere Menschen im Juli 2005 durch Bomben in drei U-Bahn-Zügen und einem Bus töteten. Doch waren diese jungen Männer das wirklich? Und sind sie dann eines Morgens aufgestanden und waren auf einmal Terroristen? Oder waren da vielleicht Werte und Einstellungen vorhanden, die ihr Umfeld einfach nicht gesehen hatte – oder nicht sehen wollte – und die es unmöglich machten, in einer demokratischen Gesellschaft anzukommen, sich dort zu Hause zu fühlen, sie zu schätzen und zu verteidigen? Bei Ereignissen dieser Art ist übrigens der Begriff Turboradikalisierung entstanden – ein Begriff, der mit der Realität nichts zu tun hat. Aber wenn man die Ursachen für etwas nicht kennt, sucht man nach einfachen Erklärungen.

Zwei Jahre zuvor: Am 31. August 2015 – mitten in der Flüchtlingskrise – sagte die Bundeskanzlerin Angela Merkel ihre berühmten Sätze: »Deutschland ist ein starkes Land. Das Motiv, mit dem wir an diese Dinge herangehen, muss sein: Wir haben so vieles geschafft – wir schaffen das!« Kurz danach traf ich in Berlin eine hochrangige Lokalpolitikerin. Als wolle sie es der Kanzlerin gleichtun sagte sie entschlossen: »Wir haben das damals mit den Türken geschafft, wir schaffen es auch mit denen, die neu zu uns gekommen sind.« In mir taten sich nur Fragen auf: Was haben wir mit den Türken geschafft? Sie integriert? Keine Frage! Es gibt viele Kinder und Enkelkinder der damaligen Gastarbeiter, die in Deutschland angekommen sind. Es sind zum Beispiel Ärzte, Journalisten, Politiker, Lehrer, Sozialarbeiter, Pfleger, Architekten, Profisportler, Bankangestellte, Beamte und noch viele mehr. Sie sind in allen Berufen vertreten – und sie sind Nachbarn und Freunde, die sich nicht nur als Teil dieser Gesellschaft fühlen, sondern wirklich ein integrierter Teil sind.

Doch so allgemein wie diese Frau kann und darf man als Politiker oder Politikerin nicht reden. War sie noch nie in Berlin Neukölln oder im Wedding? In Duisburg oder in Köln? Weiß sie, was Parallelgesellschaften sind? Hat sie nicht die Tausende von Türken auf der Straße erlebt, die für Erdoğan demonstriert haben und ihn feierten? Hat sie noch nie etwas von den Grauen Wölfen, von DITIB und Milli Görüş gehört?

Ich beschäftige mich schon lange mit der Frage, ab wann jemand hier und in anderen Ländern als integriert bezeichnet werden kann – und ab wann Integration als gescheitert gilt. Und was ist das eigentlich: Integration? Was macht sie aus? Und wie ist die gesellschaftliche und politische Lage bezüglich dessen in Deutschland im Moment?

Sechs Beispiele aus der Wirklichkeit

Berlin im Jahr 2017: Ich betreute eine irakische Familie, Vater, Mutter und zwei Kinder, die nach Deutschland gekommen war, weil die Eltern in ihrem Heimatland unglücklich waren mit der Politik, mit der Kultur und mit noch vielem mehr. Sie hofften hier auf eine bessere Zukunft für sich und ihre Kinder und landeten nach einer langen Reise in Berlin. Sie kannten sich nicht aus, wussten nicht, wohin. Hatten Fragen, bekamen keine Antworten. Hatten Angst, die ihnen keiner nahm.

Es dauerte nicht einmal zwei Monate, da waren sie in ihrem Bewegungskreis so eingeschränkt, nein, sie schränkten sich selber so ein, dass sie den Stadtteil, in dem sie lebten, kaum noch verließen. Niemand hatte sie dazu gezwungen. Aber dort waren die Menschen, die ihre Sprache sprachen, die ihr Essen aßen, die die gleiche Religion hatten und aussahen wie sie selber. Dort bekamen sie Hilfe, Antworten, warme Worte und fühlten sich sicher.

Trotz der Tatsache, dass sie bewusst nach Deutschland ausgewandert waren, das System ihres Heimatlandes verlassen hatten, um neu anzufangen, landeten sie hier in einer Parallelgesellschaft, deren Struktur sich nicht großartig von der ihres Heimatlandes unterschied. Hier wurden sie willkommen geheißen. Doch war das der richtige Ort für sie?

Für mich sind Parallelgesellschaften nicht aus dem Grund problematisch, weil die Menschen dort für sich selber physische Grenzen ziehen. Es sind ihre emotionalen Grenzen, die gefährlich sind: Wenn jeglicher Kontakt zur Mehrheitsgesellschaft als ein Risiko angesehen wird, wenn dort eigene Regeln und Werte gelten, die unter Umständen gegen das Grundgesetz verstoßen, und wenn die Menschen sich gegenseitig kontrollieren, dann ist das ein Umstand, der Integration verhindert.

Ich habe nichts dagegen, dass in Neukölln irgendwo eine arabische Straße entstanden ist, in der es Shishabars, Falafelimbisse oder orientalische Süßigkeitenläden gibt. Das gibt es überall, und das ist auch gut so. Probleme gibt es, wenn Juden mit Kippa oder Frauen im Minirock Angst haben müssen, durch solche Straßen zu laufen, oder wenn Kinder, die dort aufwachsen, viel weniger Chancen bekommen, ein selbstbestimmtes Leben zu führen.

Zweites Beispiel, eine Fernsehsendung, ebenfalls 2017: Es begleiteten mich zwei Jugendliche, mit denen ich viel in den Jahren zuvor gearbeitet hatte. In der Talkrunde saß auch ein bekannter deutscher Politiker, mit dem wir uns im Anschluss an die Sendung unterhielten. »Und woher kommt ihr?«, fragte er die Jugendlichen. Die Antwort: »Berlin.« Der Politiker zog eine Augenbraue nach oben:

»Ich meine, woher kommt ihr wirklich, eigentlich?«

»Also ja, Berlin. Pankow eigentlich. Da sind wir geboren. Wollen Sie wissen, aus welchem Land unsere Eltern kommen?«

»Ja, genau. Das meine ich.«

»Meine aus Marokko. Und seine Mutter ist aus Jordanien, der Papa ist Palästinenser.«

Der Politiker schien zufrieden, die beiden Jungen irgendwas zwischen genervt und enttäuscht.

Ich kann es verstehen, wenn Menschen neugierig sind und wissen wollen, woher jemand kommt, der ganz offensichtlich anders aussieht als die deutsche Mehrheitsgesellschaft. Ich unterstelle auch niemandem Böswilligkeit dabei. Auf der anderen Seite ist das aber eine Frage, die viele Menschen nicht nur ständig beantworten müssen, sondern die sie auch nachhaltig beschäftigt, weil jede Antwort, die sie darauf geben, irgendwie richtig und irgendwie auch falsch ist.

Ist es in einem Land wie Deutschland noch angebracht, solche Fragen zu stellen? Und wie kommt die Frage eigentlich bei solchen Menschen an? Wir dürfen nicht vergessen, dass dies Menschen sind, die auf diese Frage sehr sensibel reagieren, weil ihnen immer zu verstehen gegeben wird, dass sie machen können, was sie wollen, die Deutschen werden sie nie akzeptieren. Sie lernen sehr früh, alles Mögliche als Rassismus zu interpretieren – ob es so gemeint ist oder nicht. Aber solche Fragen schaffen Distanz und vermitteln ihnen das Gefühl, fremd zu sein.

Also was ist Deutsch? Was ist ausländisch? Was heißt Mensch

mit Migrationshintergrund? Ab wann ist man ohne Migrationshintergrund? Das Bundesamt für Migration und Flüchtlinge definiert einen Migrationshintergrund so: »Eine Person hat dann einen Migrationshintergrund, wenn sie selbst oder mindestens ein Elternteil nicht mit deutscher Staatsangehörigkeit geboren ist. Die Definition umfasst im Einzelnen folgende Personen: 1. zugewanderte und nicht zugewanderte Ausländer; 2. zugewanderte und nicht zugewanderte Eingebürgerte; 3. (Spät-)Aussiedler; 4. mit deutscher Staatsangehörigkeit geborene Nachkommen der drei zuvor genannten Gruppen.«

Doch die Begrifflichkeiten hören damit ja nicht auf. Was sind Menschen mit familiärer Einwanderungsgeschichte? Hat mein Kind, das in Deutschland zur Welt gekommen ist und eine deutsche Mutter hat, eine Einwanderungsgeschichte? Wer sind die neuen Deutschen? Kann Integration überhaupt funktionieren, wenn einem das Äußere dabei auch immer noch einen Strich durch die Rechnung macht?

Was bedeutet NDH – nichtdeutscher Herkunft – genau? Für wen gilt das und für wen nicht? Ist es ein Stigma, wenn in der Akte eines Schüler »NDH« steht? Oder ist es ein Vorteil, weil die Schule dadurch mehr Geld für Sprachförderung bekommt? Und sollte nicht bei allen Kindern, auch bei den deutschen, geschaut werden, ob sie eine Sprachförderung brauchen – gerade in der heutigen Zeit, in der Sprache durch die Digitalisierung und das Internet sowieso gefährdet ist und immer mehr Kinder Sprachschwierigkeiten haben, weil sie nur noch über Emojis kommunizieren? Ist »NDH« da noch der richtige Begriff?

Das Problem ist, dass viele Menschen in der Mehrheitsgesellschaft – vor allem auch vieler Politiker – Menschen in einheimische und nicht einheimische einteilen. Und dass sie immer noch damit beschäftigt sind, die Leute irgendwie abzustempeln.

Das tun bedauerlicherweise beide Seiten, wenn auch auf

andere Art: Du bist besser, heißt es dann auf der anderen Seite, weil du Araber, Iraker, Türke oder Muslim bist. Du bist nicht deutsch, du darfst kein Deutscher sein. Deutschsein ist etwas Negatives. Es fallen Sätze, wie: »Mann, du bist voll pünktlich heute, du bist voll deutsch geworden.«

Dort werden Jugendliche erzogen, die zwischen den Stühlen sitzen, die nicht hier und nicht dort sind. Draußen auf der Straße werden sie immer wieder als Fremde wahrgenommen, und zu Hause werden sie als Deutsche beschimpft, wenn sie ein Verhalten zeigen, das nicht den eng definierten Regeln der Eltern oder der Community entspricht.

Wir tun uns schwer, einfach zu sagen: Wir, das sind alle, egal woher unsere Eltern und Großeltern gekommen sind. Die Leute haben immer noch das Bedürfnis, irgendwelche Begrifflichkeiten zu haben und beizubehalten. Wir sollten darüber nachdenken, ob wir sie überhaupt brauchen.

Drittes Beispiel: Eine Diskussion über Islamismus und Radikalisierung in einer Landeszentrale für politische Bildung. Ich sprach dort über die vielen türkischen Jugendlichen der sogenannten dritten Generation, die auf die Straße gehen und für die undemokratische Politik von Erdoğan demonstrieren und nicht für Joachim Gauck, der damals hier Bundespräsident war: »Es sollte uns zu denken geben, dass wir diese Jugendlichen nicht erreicht haben, dass sie ihre Idole woanders suchen. Dass sie keinen Bezug zu Deutschland haben, obwohl sie und ihre Eltern hier geboren sind und ihre Großeltern die Auswanderer waren.« Ein Mitarbeiter der Landeszentrale meldete sich und sagte: »Herr Mansour, ich verstehe Sie nicht. Ich habe kein Problem damit, wenn Jugendliche mehrere Identitäten haben. Wenn sie Erdoğan als ihren Präsidenten genauso anerkennen wie Gauck. Sie haben eben eine hybride Identität.« Ich antwortete ihm, das sei sicherlich keine hybride Identität, wenn jemand in einem demokratischen Staat leben wolle, sein Idol aber ein Diktator sei. Eine hybride Identität sei, wenn einer seine Kultur beibehalten wolle, wenn einer sich beispielsweise als Israeli oder Türke oder Afghane und als Deutscher sehe.

Dann erzählte ich ihm von einem Türken, mit dem ich während des Studiums sehr gut befreundet war, der mir aber irgendwann die Freundschaft kündigte, weil ich »zu kritisch« geworden sei und meine »Seele für ein paar Euro an die Deutschen verkauft« hätte: Hier geboren und aufgewachsen, fast fertig mit seinem Studium, beherrscht die Sprache perfekt, hat große Pläne, engagiert sich politisch. Für viele Menschen scheint er perfekt integriert, doch er ist nicht nur der Meinung, dass seine Schwester, anders als er selber, keinen Sex vor der Ehe haben darf, er kontrolliert sie auch dahingehend. Er glaubt, dass Juden die Welt beherrschen und Israel Völkermord gegen Palästinenser betreibt. Gleichzeitig wird er sehr aggressiv, wenn man der Türkei vorwirft, Völkermord an den Armeniern begangen zu haben. Und er ist Erdoğan-Anhänger, der sagt: »Das ist mein Präsident, das ist mein Sultan, die Türkei ist mein Land.«

Die Ablehnung der deutschen Mehrheitsgesellschaft geschieht hier sehr subtil: Er orientiert sich an der Türkei. Er trägt einen stolzen Nationalismus in sich, der ihm von seiner Familie vermittelt worden ist. Immer wieder ist ihm gesagt worden, dass man loyal sein muss, dass man kein Verräter sein darf.

Er selber sagt dazu: »Ich bin hier geboren und aufgewachsen. Ich gehöre dazu. Und Herr Mansour versucht, mich in Schubladen zu stecken. Das lehne ich ab.«

Dieser Mann ist kein Islamist, er ist nicht gewalttätig. Er will mit seiner Einstellung Teil dieses Landes sein und akzeptiert werden. Doch kann ein Mensch gleichzeitig Erdoğan-Anhänger und Demokrat sein? Das ist ein Problem.

Der Mann redet auch immer wieder von seiner hybriden Identität. Aber es geht hier nicht um seine Identität, sondern um seine Einstellung. Wer die Europäische Union ablehnt und für die Todesstrafe ist, wird emotional nie Teil dieser Gesellschaft sein. Wer Gleichberechtigung ablehnt, kann sich nicht gleichzeitig als Demokrat bezeichnen.

Dieses Jahr traf ich ihn zufällig auf einer Veranstaltung. Als Repräsentant seiner Partei hatte er dort eine Rede gehalten. Es ging an dem Tag um das Kopftuchverbot bei Kindern. Er bezeichnet sich selbst als Patriot, als jemand, der für das Grundgesetz kämpft, und argumentierte in bestem Deutsch gegen ein Verbot, da es die Religionsfreiheit beeinträchtige. Schade nur, dass er so eine leidenschaftliche Rede im Sinne des Grundgesetzes nicht zum Thema körperliche Unversehrtheit bei Kindern gehalten hat.

Demokratie wird hier als Einbahnstraße verstanden, als ein Selbstbedienungsladen, um muslimische Forderungen zu rechtfertigen. Alles andere ist entweder Hetze, Islamophobie oder wird einfach ignoriert.

Es gibt viele dieser Menschen, die in unserer Gesellschaft noch nicht angekommen sind – und das nach drei Generationen. Menschen, bei denen sogar ein Hass auf die Mehrheitsgesellschaft vorhanden ist, weil sie deren Werte nicht teilen, weil sie abgelehnt werden und gekränkt sind, auch weil sie immer als anders bezeichnet werden.

Kränkung hat auch viel mit Selbstwertgefühl, mit Selbstsicherheit oder -unsicherheit zu tun, mit der Fähigkeit, sich zu wehren und sich zu artikulieren. Bei Jugendlichen, die in patriarchalischen Strukturen aufwachsen, die darauf basieren, sich abzugrenzen, und bei denen Individualität kaum eine Rolle spielt, ist die Anfälligkeit für Kränkung sehr groß. Wenn sie dann noch Fremdenfeindlichkeit und Rassismus erleben, wird es problematisch.

Deshalb kann ich diese Kränkung nachvollziehen, denn Fremdenfeindlichkeit ist überall auf der Welt ein riesiges Problem – auch in Deutschland. Es gibt immer die einen, die überhaupt nicht hören wollen, dass etwas schiefläuft, Themen und Probleme tabuisieren oder relativieren, aus Angst, die Rechten zu bedienen – wie ich es schon in Kapitel 3 beschrieben habe –, und es gibt die anderen, die jeden Vorfall ausnutzen, um eine Bestätigung zu suchen, dass Flüchtlinge, Ausländer oder Muslime nur bösartig sind, dass Angela Merkel einen großen Fehler gemacht hat, so viele Flüchtlinge ins Land zu lassen, und dass es so nicht weitergehen kann.

Das bringt mich zum vierten Beispiel: Die Essener Tafel. Anfang 2018 hatte der Verein, der Lebensmittel an Bedürftige verteilt, entschieden, nur noch Deutsche als Neukunden aufzunehmen. Auf der Internetseite des Vereins hieß es damals: »Da aufgrund der Flüchtlingszunahme in den letzten Jahren der Anteil ausländischer Mitbürger bei unseren Kunden auf 75 Prozent angestiegen ist, sehen wir uns gezwungen, um eine vernünftige Integration zu gewährleisten, zurzeit nur Kunden mit deutschem Personalausweis aufzunehmen.« Der Vereinsvorsitzende Jörg Sartor sagte damals in einem Gespräch mit der *Westdeutschen Allgemeinen Zeitung*, in den letzten beiden Jahren habe es einen gewissen Verdrängungsprozess gegeben: Ältere Tafelnutzerinnen und alleinerziehende Mütter seien immer seltener gekommen, weil sie sich von der Vielzahl junger, fremdsprachiger Männer an den Ausgabestellen abgeschreckt gefühlt hätten. Das hätte auch am »mangelnden Respekt gegenüber Frauen« einiger der Männer gelegen. »Wenn wir morgens die Tür aufgeschlossen haben, gab es Geschubse und Gedrängel ohne Rücksicht auf die Oma in der Schlange«, sagte Sartor. »Wir wollen, dass auch die deutsche Oma weiter zu uns kommt.«

Dieses Vorgehen löste bundesweit eine kontroverse Diskussion aus. Darin ging es bedauerlicherweise nicht um das eigentliche Problem, nämlich dass es da Menschen in diesem reichen

Land gibt, die Hunger haben, und die Frage wie man ihnen am besten helfen könnte. Nein, es ging darum, Schuldige zu finden: die Ausländer, die kein Benehmen kennen, die Helfer der Essener Tafel, die Rassisten sind, die Politiker, die zu wenig gegen Armut tun.

Um der Welt seine Meinung kundzutun, braucht es keine Zeitung, kein Radio und kein Fernsehen mehr. Und so konnte man im Internet auf vielen Seiten, die Zehntausende Follower haben, lesen, dass Flüchtlinge ständig mit teurem Smartphone und Markenklamotten durch die Gegend liefen, sich bei der Tafel bedienen würden, um mehr Geld ins Ausland schicken zu können, und den wirklich Bedürftigen so etwas wegnehmen würden. Und dass sie undankbare Menschen seien, die sich an den Schwächsten unserer Gesellschaft bereichern würden.

Die Betreiber dieser Seiten scheinen bei jeder sich ihnen bietenden Gelegenheit auf die von Migranten ausgehende Gefahr hinzuweisen. So wird dann fast ausschließlich von Messerattacken, Prügeleien und Vergewaltigungen durch Migranten, unrechtmäßig bezogenen Sozialleistungen oder illegalen Flüchtlingen berichtet. Dass das, was diese Leute dort schreiben und verbreiten, teilweise wahr ist, steht außer Frage. Es gibt natürlich Missbrauch bei der Tafel, es gibt auch Missbrauch von Hartz IV. Natürlich gibt es Gewalt, Respektlosigkeit und Menschen, die Situationen nur zu ihrem Vorteil ausnutzen – und es ist in Ordnung, auf diese Probleme hinzuweisen. Das muss unbedingt möglich sein. Doch es gibt die Probleme nicht nur bei Migranten, sondern bei anderen Menschen auch – nur wird das hier ausgeblendet.

Es wird verallgemeinert und so selektiv wahrgenommen, dass nur Dinge verbreitet und zum Thema gemacht werden, die die Menschen in ihrer Einstellung bestätigen. Das findet alles jenseits jeglicher Statistik und objektiver Wahrnehmung statt, denn das Internet und die sozialen Medien erlauben es.

Oft wird auch von einem »Kontrollverlust im Inneren des Landes« gesprochen. Von Überfremdung und Islamisierung. Es gibt Ängste über Ängste, die teilweise berechtigt und teilweise völlig überzogen und überspitzt sind. Doch Menschen, die sich von ihrer Angst treiben lassen, sind kaum noch offen für sachliche Debatten. Das Tatsächliche spielt fast keine Rolle mehr. Diese Menschen leben in ihrer eigenen, meistens digitalen Welt. Sie bestätigen sich gegenseitig. Aus Angst wird Hass, manchmal wird auch aus Hass Angst.

Natürlich fühlen sich die Menschen – Verbreiter wie Rezipienten – irgendwann bestätigt und mehr und mehr fremd im eigenen Land. Sie nehmen auf einmal vermehrt Frauen mit Hidschab oder Nikab wahr, mehr Leute mit schwarzen Haaren, mehr Situationen von Respektlosigkeit. Sie sehen Flüchtlinge, die Handys haben, aber gleichzeitig Geld vom Staat bekommen, und werfen ihnen vor, Sozialschmarotzer zu sein. Sie sehen Flüchtlinge, denen Unterkünfte gebaut werden, und beklagen, dass deutsche Obdachlose im Freien schlafen müssen. Sie sehen Solidarität gegenüber Fremden und fühlen sich oft selber übersehen und ausgeschlossen aus dem System.

Es sind Gefühle, tiefsitzende Gefühle, die diese Menschen treiben. Und es scheint, als sei es vielmehr ein Kontrollverlust im Inneren dieser Menschen als im Inneren dieses Landes.

Deshalb ist auch der folgende Punkt immens wichtig: Integration kann und wird nicht funktionieren, wenn wir nur Flüchtlinge und Migranten erreichen wollen. Wir dürfen die Maßnahmen, die wir für die Integration bereitstellen, nicht nur ihnen anbieten. Wir müssen die ganze Bevölkerung damit ansprechen und allen helfen, die Hilfe benötigen, etwa beim Lesen und Verstehen von Behördenbriefen oder bei Behördengängen. Wir müssen Familien helfen, die Kleidung brauchen, oder Menschen, die auf Maßnahmen zur beruflichen Integration angewiesen sind. Türen müssen sich für all diejenigen öffnen, die das brauchen. Egal welcher Herkunft sie sind. Viele deutsche Unternehmen haben beispielsweise Hunderte Praktika und Ausbildungsplätze für Flüchtlinge geschaffen, darunter die Deutsche Post, Daimler, Thyssen-Krupp und BMW. Das ist toll! Keine Frage! Nur schauen da natürlich manche Jugendliche ohne Migrationshintergrund neidisch drauf und sagen: »Was soll das? Das will ich auch!« Auch sie müssen Chancen bekommen – um irgendwann anzukommen. Dann haben Populisten auch weniger leichtes Spiel.

Fünftes Beispiel: Als im April 2018 ein Mann mit einem Campingbus in der Innenstadt von Münster in eine Menschenmenge fuhr, dabei zwei Menschen tötete, 20 verletzte und sich schließlich selbst erschoss, twitterte die AfD-Bundestagsabgeordnete Beatrix von Storch den berühmten Satz von Angela Merkel »Wir schaffen das«. Dahinter folgte ein Wut-Emoji. Für sie war wohl klar, dass es sich bei dem Täter um einen Flüchtling handeln musste. Als sich herausstellte, dass es ein Deutscher war, legte sie trotzdem nach: »Das muss kein islamischer Anschlag gewesen sein. Klar nicht. Und wenn sich ein deutscher Kranker als Täter herausstellt, dann konstatiere ich: auch von deutschen Mördern und Verrückten haben wir beileibe mehr als genug. Wir brauchen keinen einzigen dazu.« Weiter schrieb sie: »Entwarnung. Alles wird gut. Wir haben keine Probleme mit islamischen Terror und 700 Gefährdern. Alles aufgebauscht. Jeder Verdacht die pure Hetze. An den Haaren herbeigezogen. Weil es diesmal (wohl) ein kranker Deutscher war.« Und einen Tag später: »Ein Nachahmer islamischen Terrors schlägt zu. Und die Verharmlosungs- und Islam-ist-Vielfaltsapologeten jubilieren. Das Ausmaß des Jubels ist der Beweis, dass alle die geleugnete Gefahr genau sehen: der Islam wird wieder zuschlagen. Die Frage ist nicht ob sondern wann.«

Irgendwann sah Beatrix von Storch ein, dass sie zu weit gegangen war – die Tweets sind inzwischen gelöscht. Auf Facebook schrieb sie eine Entschuldigung, nicht aber ohne sich erneut gegen Migranten zu äußern: »Ich habe mit meinem Tweet zu Münster einen Fehler gemacht, und das tut mir leid. Ich habe einen falschen Verdacht zur Unzeit geäußert, bevor die Fakten bestätigt waren. Ich möchte nie wie Angela Merkel sein, die ihre Fehler nicht zugibt. Merkel bleibt bis heute bei ihrem ›Wir schaffen das‹. Selbst nach dem Zustrom von einer Million illegaler Migranten, den Silvesterübergriffen und den Anschlägen von Ansbach, Würzburg, Hamburg, Berlin und zahlreichen ›Einzelfällen‹ erklärte sie, sie wüsste nicht, was sie hätte anderes machen sollen. Ich weiß, was ich am letzten Samstag hätte anders machen müssen. Ich hätte mit meinem Tweet abwarten müssen, bis die Faktenlage klar war.

Wie Millionen Deutsche ging ich davon aus, dass es sich um einen islamischen Anschlag gehandelt hat. […]«

Es gibt immer Leute, die sofort anfangen, gegen Migranten zu hetzen – anscheinend egal, was passiert. Für sie sind sie das Übel schlechthin. Auch mir schreiben immer wieder Leute: »Hau ab, wir brauchen Dich in diesem Land nicht.« Oder: »Deutschland den Deutschen.« Das kommt übrigens immer, wenn ich etwas sage, das ihren Einstellungen nicht entspricht. Diese Menschen sind immer einverstanden, wenn ich Kritik am Islam übe. Aber wenn ich sage: »Leute, wartet mal, der islamistische Terror ist nicht etwas, das während der Flüchtlingskrise entstanden ist. Das ist etwas, das es schon viel früher in Deutschland gab, und etwas, das auch Deutsche, die den Islam annehmen und sich radikalisieren, ausüben«, dann entspricht das nicht ihren vorurteilhaften Vorstellungen von Terror. Deshalb lehnen sie mich in diesen Momenten ab. Auch deshalb bin ich der Meinung, dass wir, wenn wir von Integration sprechen, ein ganzheitliches Konzept brauchen, das alle Menschen in diesem Land anspricht, mitnimmt und Vorurteile abbaut.

Die Flüchtlingskrise 2015 führt mich zum sechsten Beispiel: dem Bundesamt für Migration und Flüchtlinge, kurz: BAMF. Dort stapelten sich im Laufe des Jahres Hunderttausende von unbearbeiteten Fällen Asylsuchender, während jede Woche Zehntausende weitere Flüchtlinge nach Deutschland kamen. In den Zeitungen stand etwas von »Chaos«, »Ausnahmezustand«, »heilloser Überforderung« und vom Arbeiten im »Katastrophenmodus«. Im September trat der Präsident des BAMF, Manfred Schmidt, zurück.

Dass Schmidt die steigenden Zahlen – wahrscheinlich nicht im letztendlich tatsächlichen Ausmaß – vorhergesehen hatte, lässt sich daran erkennen, dass er schon im Januar 2014 von der Bundesregierung 900 zusätzliche Stellen gefordert hatte wegen der »exorbitanten Steigerung des Geschäftsvolumens«. Es wurden nur 300 Stellen genehmigt. Mitte 2014 schrieb Schmidt an das Innenministerium, diese Stellen würden nicht ausreichen, den gegenwärtigen starken Anstieg zu bewältigen. Kurze Zeit später sagte er, für das Jahr 2015 würden 1440 Stellen benötigt.

Erst im Mai 2015 kam die Zusage bei einem Flüchtlingsgipfel im Kanzleramt, das BAMF personell deutlich besser auszustatten. Viel zu spät! Denn was passierte? Weil jetzt alles schnell gehen musste, wurden viele Leute eingestellt, die keine entsprechende Qualifikation vorweisen konnten und auch lange keine Fortbildungen oder Schulungen erhielten. Das Motto war: Training on the job. Wie sollten diese neuen Mitarbeiter aber sachgemäße, gerechte Urteile über Flüchtlinge fällen? Woher sollten sie wissen, welche Fragen man stellt, wie man Interviews führt, wie man sich diesen Menschen nähert – sachlich und menschlich? Das alles führte zu ebenjenem Chaos, in dem manche Asylsuchende lernten, den Staat in unterschiedlichem Maße auszunutzen, und damit nicht nur an seiner Autorität kratzten, sondern auch dem Ruf aller Flüchtlinge schadeten.

Ich weiß zum Beispiel von vielen Hinweisen von Syrern aus

Flüchtlingsunterkünften, die sagten, dass manche sich zwar als ihre Landsmänner ausgeben würden, aber ganz bestimmt keine seien. Es wurde nicht auf sie gehört, denn damals herrschte eine Atmosphäre in der Gesellschaft, bei der es tabu war, auf Dinge wie Asylmissbrauch hinzuweisen, sie offenzulegen und zu kritisieren. Entweder war man für Flüchtlinge – dann war man ein guter, moralischer Mensch – oder gegen sie – dann war man ein Rechter. Schwarz oder weiß. Dazwischen gab es wie so oft nichts.

Erst nachdem Franco A., ein rechtsextremer Bundeswehrsoldat, sich als syrischer Flüchtling ausgegeben hatte – und vom BAMF als asylberechtigt abgenickt worden war –, führte das Amt Systeme ein, mit der die Identitätsfeststellung vereinfacht und verbessert werden sollte. Darunter war eine Methode, bei der man ein paar Sätze etwa auf Arabisch in ein Mikrophon spricht und ein Sprachsystem daraufhin den Dialekt einordnen und bestimmen kann, aus welcher Region der Sprecher stammt. Perfekt ist die Methode nicht, aber für Verdachtsfälle sicherlich besser geeignet als nichts. Dieses System hätte schon Monate zuvor eingesetzt werden können, unterschiedliche gesetzliche Regelungen hatten dies aber nicht erlaubt. Erst durch den öffentlichen Druck – nicht durch die Politik, sondern durch die Medien – wurde der Einsatz nach dem Fall des Soldaten auf einmal möglich gemacht.

Hier ist noch ein Punkt wichtig: Für solche Vorgänge muss die Politik die Verantwortung übernehmen. Wenn beispielsweise die Zusammenarbeit der europäischen Sicherheitsbehörden gut funktioniert hätte, wenn es einen schnelleren Informationsfluss zwischen Bund und Ländern gegeben hätte, dann hätte Anis Amri wahrscheinlich nicht die Möglichkeit gehabt, einen Anschlag in Berlin zu verüben. Auch eine 19-jährige Studentin könnte noch leben, die 2016 in Freiburg von einem afghanischen Flüchtling erst vergewaltigt und dann getötet worden war. Drei Jahre zuvor hatte der Mann bereits in Griechenland eine

Studentin schwer verletzt, war verurteilt worden, gegen Auflagen wieder frei gekommen, hatte gegen die Auflagen verstoßen und wurde dann national – nicht international – gesucht. Als er nach Deutschland einreiste, wurde sein Antrag erstens monatelang nicht bearbeitet und zweitens nicht erkannt, dass es sich bei ihm um einen verurteilten Straftäter handelte.

Man sollte meinen, die Politik habe daraus gelernt. Sie habe erkannt, dass Flucht und Migration eines der brennenden Themen der Gesellschaft ist, das diese zunehmend spaltet.

Zwischenstand

Wo steht unsere Gesellschaft heute, drei Jahre nach der Flüchtlingskrise? Wir hatten in den letzten Jahren islamistischen Terror, Rechtsradikale, die Asylheime angezündet haben, mehr als 1000 in Deutschland sozialisierte Jugendliche, die zum IS gegangen sind. Wir haben Pegida und die AfD. Es gibt antisemitische Angriffe auf Juden und Überforderungen in den Schulen. Wir haben Flüchtlingsunterkünfte, in denen absolutes Chaos herrscht, in denen die Menschen oft monatelang mit Fremden auf engstem Raum leben müssen und durch eine ständige Ungewissheit und das Fehlen von Privatsphäre psychisch an ihre Grenzen gebracht werden. Wir haben Flüchtlinge, die von Gewalt aus den eigenen Reihen erzählen, Menschen, die in Asylunterkünften Geld dafür bezahlen müssen, wenn sie duschen oder die Toilette benutzen wollen, Frauen, die belästigt worden sind. Wir haben Flüchtlinge, die sehen, wie andere durch illegale Methoden schneller an eine Aufenthaltsbescheinigung kommen und diejenigen, die sich vorbildlich verhalten, lange auf alles warten müssen, sei es eine Wohnung, ein Integrationskurs oder ein Bescheid vom Amt. Wir haben eine sozialdemokratische Volkspartei, die langsam stirbt. Wir haben nichts, was uns auf eine neue Flüchtlingswelle vorbereitet – und die Politik macht weiter so, als wäre nichts gewesen.

Mehr noch: Wir haben einen neuen Innenminister, der an seinem ersten Tag im Amt der *Bild* ein Interview gab und sagte: »Der Islam gehört nicht zu Deutschland. Deutschland ist durch das Christentum geprägt. Dazu gehören der freie Sonntag, kirchliche Feiertage und Rituale wie Ostern, Pfingsten und Weihnachten.« Die hier lebenden Muslime gehörten aber »selbstverständlich« zu Deutschland, so der Innenminister weiter. »Das bedeutet natürlich nicht, dass wir deswegen aus falscher Rücksichtnahme unsere landestypischen Traditionen und Gebräuche aufgeben.« Diese Aussagen waren undifferenziert, oberflächlich und ausgrenzend. Nichts, was ein Aufeinanderzukommen der Menschen fördert.

Die Aussage von Horst Seehofer war übrigens genauso pauschal und undifferenziert wie die des damaligen Bundespräsidenten Christian Wulff, der 2010 sagte, der Islam gehöre inzwischen zu Deutschland. Ich sage: Der politische Islam gehört sicherlich nicht zu Deutschland, der DITIB-Islam und derjenige der weiteren Verbände und vieler Moscheevereine auch nicht. Ebenso wenig der Salafismus. Die Inhalte dieser Islamverständnisse stehen im Widerspruch zu unseren demokratischen und rechtsstaatlichen Werten, zu Aufklärung, Gleichberechtigung und Versöhnung. Aber der private, spirituelle Islam, so wie ihn viele Menschen leben, die gleichzeitig die Grundordnung dieser Gesellschaft akzeptieren, ist schon lange ein Teil von Deutschland – und das ist gut so.

Was haben wir noch? Wir haben eine Beauftragte für Migration, Flüchtlinge und Integration, die Staatsministerin Annette Widmann-Mauz, die mit schönen Worten sagt, es gehe »um nichts weniger als den Zusammenhalt und das gute Zusammenleben aller Menschen in unserem Land. Integration heißt Zusammenwachsen – dass dies gelingt, dafür möchte ich mit vollem Einsatz meinen Beitrag leisten!« Eigene, konkrete Erfahrungen im Bereich Migration, Flüchtlinge und Integration wären ihr zu wünschen. Man sucht sie vergebens.

Wir haben die Antidiskriminierungsstelle des Bundes, deren Leiterin Christine Lüders zu einem möglichen Kopftuchverbot an Grundschulen, das die freie Entfaltung und Entwicklung der Kinder ermöglichen soll, sagt: »Wer das muslimische Kopftuch an Schulen verbieten will, der löst damit keine Integrationsprobleme, sondern trägt dazu bei, dass sich Schülerinnen ausgegrenzt und diskriminiert fühlen.« Dabei ist es genau anders herum: Ein Kopftuch zu tragen ist eine Ausgrenzung und führt zu einer Entfremdung. Damit vermittelt die Familie: Unser Kind gehört nicht zu dieser Gesellschaft. Wir lehnen eure Art zu leben ab. Unser Kind wird anders sein.

Wir haben die Bundesärztekammer, die ärztliche Untersuchungen zur Altersfeststellung von Asylbewerbern mit der Begründung ablehnt, wenn man das bei jedem Flüchtling täte, wäre das ein Eingriff in die körperliche Unversehrtheit. Dieser Aussage war Folgendes vorausgegangen, was eine Debatte über die Feststellung des Alters von Flüchtlingen auslöste: Im Dezember 2017 hatte ein Afghane seine 15 Jahre alte Ex-Freundin in einem Drogeriemarkt getötet. Bei seiner Einreise nach Deutschland 2016 hatte er angegeben, am 1. Januar 2002 geboren zu sein. Er wäre zum Zeitpunkt der Tat also 15 Jahre alt gewesen. Nach der Tat tauchten vermehrt Zweifel auf, ob er tatsächlich minderjährig ist. In diesem Fall war das – mit Blick auf die Strafmündigkeit – eine entscheidende Frage. Auch in anderen Fällen ist das Alter von Flüchtlingen substantiell, denn unbegleiteten minderjährigen Ausländern, denen weder Asyl noch Flüchtlingsschutz zusteht, vermittelt das Aufenthaltsgesetz Schutz vor Abschiebung.

Einige Politiker forderten nach dem Tod der 15-Jährigen eine strengere Altersprüfung bei jungen Flüchtlingen, beispielsweise durch das Röntgen der Handwurzel. Und sofort wurden Stimmen laut, ein solcher Eingriff sei mit der Menschenwürde nicht vereinbar. Man stelle die Flüchtlinge damit unter Generalverdacht. Es sei verwerflich, dass Jugendliche zu einem medizinisch nicht notwendigen Verfahren gezwungen werden, das gesundheitsschädlich sein kann. Diese Forderung stehe im rassistischen Kanon, in dem Flüchtlinge als sich Sozialleistungen erschleichende Betrüger dargestellt werden. Nun ist es aber so, dass beispielsweise Flugreisende auf einigen Flughäfen inzwischen ebenfalls gescannt werden, ohne dass jemand aufschreit und sich empört. Auch die Strahlenbelastung bei einem Flug ist größer als die beim Röntgen der Handwurzelknochen.

Es ist doch ganz einfach: Wenn ich vom Staat etwas verlange, muss ich meinen Anspruch nachweisen. Als ich zum Beispiel heiraten wollte und zum Schöneberger Standesamt ging, hat die Beamtin von mir Folgendes verlangt, weil ich damals noch kein Deutscher war: Ich sollte die Geschichte aufschreiben, wie ich meine Frau kennengelernt habe. Ich sollte Bilder von mir mit der Familie meiner Frau abgeben und Bilder von meiner Frau mit meiner Familie. Das alles ging zum Kammergericht, das überprüfte, ob ein Verdacht auf Scheinehe bestehe, und dann bescheinigte, dass wir heiraten dürfen. Ich musste außerdem zu einem Gericht in Israel gehen und eine Bescheinigung einholen, dass ich dort nicht verheiratet bin, eine Geburtsurkunde mitbringen und einige andere Papiere beglaubigen lassen.

Wenn also jemand nach Deutschland kommt und als minderjährig behandelt werden möchte, dies aber nicht durch entsprechende Dokumente nachweisen kann, dann muss eine andere Feststellung des Alters stattfinden, egal auf welchem Weg. Ansonsten wird er als volljährig eingestuft. Der Staat prüft doch ständig, ob unsere Angaben stimmen – und die Beweislast liegt immer bei uns. Warum soll das gerade in diesem Fall verhindert werden?

Die Regierung hat ferner einen Koalitionsvertrag, der sich unter der Überschrift »Zuwanderung steuern – Integration fordern und unterstützen« auf gerade mal sechs von 175 Seiten mit Integration beschäftigt. Wir haben gleichzeitig eine rechtsradikale Partei im Bundestag sitzen, die mit 12,6 Prozent der Stimmen gewählt worden ist.

Unbeantwortete Fragen, ungesehene Ängste

Wir haben Leitfäden und Publikationen über Asyl, Migration und Flüchtlingsschutz, die oft nicht bei den Menschen ankommen. Diese bilden deshalb im Internet Communitys, weil sie tausend Fragen haben und niemanden, der sie beantwortet.

In diesen Communitys liest man Fragen, wie:

»Meine Nachbarn hören jeden Tag sehr laut Musik. Was kann ich machen?«

»Was mache ich, wenn ich meinen Reisepass beim Konsulat verlängern muss und ich wohne in Nürnberg, aber ich muss nach Berlin? Ich bin bekannt als Kritiker des Regimes. Wie gehe ich damit um?«

»Wie sage ich auf Deutsch, können Sie beim Preis entgegenkommen?«

»Kann man in Deutschland reich werden?«

»Ich brauche einen Termin beim Zahnarzt, am besten Arabisch, in Berlin. Wer kann mir dabei helfen?«

»Bezahlt die Krankenkasse eine Nasenkorrektur?«

»Ich habe jetzt eine Arbeit, verdiene 800 Euro. Wer kommt jetzt für die Miete auf? Das Arbeitsamt oder ich?«

»Kann ich eine Wohnung mit einem Freund zusammen mieten und wir beide bekommen dann die Miete vom Arbeitsamt doppelt?«

»Wo gibt es in Nürnberg eine Kirche, in der ich Geld für mein kleines Kind bekomme?«

»Was brauche ich, um von der Tafel Gemüse bekommen zu können?«

»Wer kann mir das hier übersetzen: Verbrauchs- und Preismitteilung Strom?«

»Wie bringe ich Sachen von Syrien hierher?«

Das sind zum großen Teil ganz normale Fragen, die da gestellt werden, aber es entsteht der Eindruck, dass gerade bei Basisfragen diese Menschen im Stich gelassen werden. Denn es sind nicht die Behörden oder Experten, die diese Fragen beantworten, sondern irgendwelche Menschen, die teilweise überhaupt keine Ahnung haben – aber so tun, als hätten sie eine. Einige von ihnen sind mittlerweile fast professionell darin, anderen beizubringen, wie man schnell Geld macht und wie man die Behörden hintergeht: »Du hast nur einen Traktorführerschein? Hier in Deutschland bekommst du dafür einen Auto- und Lkw-Führerschein. Ich sag dir, wie.« Oft mischen sich in diese Gruppen auch religiöse oder andere Inhalte, durch die versucht wird, die Menschen in ihrer Einstellung zu den Werten dieser Gesellschaft zu steuern – und durch die Angst und Ablehnung entstehen. Vor kurzem filmte beispielsweise ein Mann eine syrische Frau, wie sie ihren Freund in einem Berliner Park küsste, und schrieb dazu: »Das ist die Integration, die Deutschland von uns erwartet. Was für eine ehrlose Frau. Eine Schande für ganz Syrien. Passt gut auf Eure Frauen und Töchter auf.« Es gab Hunderte von Kommentaren. Sie waren voller Zustimmung.

Dadurch entsteht schon wieder eine Gruppe von Migranten, die völlig überfordert sind und nicht in diesem Land ankommen werden, solange ihnen nicht die Möglichkeit dazu gegeben wird, ehe sie es dann selber irgendwann nicht mehr wollen. Es entstehen Strukturen, die zeigen, dass unser Land diese Leute überhaupt nicht erreicht. Das ist falsch. Das ist fatal.

Wie gehen wir damit um, wenn die dazugekommenen Leute

hier unter sich bleiben? Lassen wir sie einfach im Stich? Wie können wir Menschen erreichen, die keine einheimischen Paten, die keinen Anschluss an diese Gesellschaft haben?

Ich habe in den letzten Monaten Hunderte junger Afghanen kennengelernt, die traurig und motivationslos dahinleben, weil sie keine Aufenthaltsgenehmigung bekamen, nicht arbeiten dürfen, keine Perspektive haben und auf ihre Abschiebung warten. Die kann morgen kommen oder in einem Monat oder in zehn Jahren. Keiner weiß das genau. Bis dahin warten sie. Als hätten wir ausgeblendet, wie es in den letzten Jahrzehnten beispielsweise vielen Palästinensern ging, die nur einen Duldungsstatus bekamen und in der ständigen Ungewissheit lebten, was mit ihnen passieren würde: Sie sind nicht angekommen, weil sie die Chance dazu gar nicht bekommen haben, und viele haben sich radikalisiert. So kann man niemanden integrieren. Dadurch entsteht Schwarzarbeit, bei der Flüchtlinge teilweise extrem ausgebeutet werden. Ich kenne Flüchtlinge, die in Küchen helfen oder auf Baustellen arbeiten und für zehn Stunden Arbeit nicht einmal 25 Euro bekommen. Durch die ständige Ungewissheit schafft man auch ein Gewaltpotential, das gefährlich ist und sein wird und unendlich viele Probleme mehr. Verstehen Sie mich nicht falsch, wir können nicht allen helfen. Wir können nicht jeden aufnehmen, auch wenn ich persönlich dankbar bin, niemals in die Lage zu kommen, einer Familie, einem jungen Mann oder einer jungen Frau sagen zu müssen: »Sie müssen Deutschland verlassen, weil Sie aus dem falschen Land stammen.« Realpolitik ist immer voller Kompromisse und nicht immer befriedigend. Aber wenn schon Abschiebung, dann bitte menschlich und sachlich. Darüber dürfen nicht die Piloten entscheiden, die die Menschen letztlich in ihre Heimatländer zurückfliegen und als Verantwortliche für die Beförderung den Mitflug verweigern können. Das sind Menschen! Sie dürfen nicht jahrelang zwischen hier und nirgendwo verbringen. Das geht so nicht.

Ich habe manchmal das Gefühl, es geht in der Politik darum, die Dinge einfach laufen zu lassen, in der Annahme, dass sich Probleme irgendwann von alleine lösen. Die Leute werden schon irgendwie in dieser Gesellschaft ankommen, sich irgendwie in diese Gesellschaft integrieren. Hauptsache, sie werden nicht kriminell. Und die Kriminellen, die müssen wir abschieben.

Wenn ich mit Politikern unterwegs bin, merke ich, dass sie denken, die Leute müssten erst mal ankommen und die Sprache lernen. Was bedeutet aber »erst mal«? Zwei Monate? Zwei Jahre? Zwei Jahrzehnte? Sie sagen: »Das, was sie fordern, Herr Mansour, dass sich die Menschen hier richtig integrieren, das kommt erst sehr, sehr viel später.« Das ist falsch! Das kommt vielleicht nie, vor allem wenn es keine umfassenden, konkreten Pläne und Maßnahmen in allen Bereichen der Gesellschaft – vor allem in Bildungseinrichtungen – gibt.

Im Koalitionsvertrag steht: »Wir bekennen uns zur Integration für diejenigen mit dauerhafter Bleibeperspektive. Dazu gehören Sprache und Arbeit.« Daneben geht es darum, die Repräsentanz von Menschen mit Migrationshintergrund auf allen Ebenen zu verbessern, die Gesundheitsversorgung zu verbessern, die Chancen der Digitalisierung zu nutzen und digitale Angebote bei Orientierungs- und Integrationskursen zu ermöglichen, und schließlich noch darum, Verbesserungen und Vereinfachungen für den Aufenthalt und bei der Ausbildung und Arbeitsmarktintegration zu erarbeiten. »Damit wollen wir auch Klarheit für die Betroffenen hinsichtlich ihrer Zukunft in Deutschland schaffen.« Immerhin.

Es steht dort auch weiter etwas von »vielfältigen Integrationsmaßnahmen«. Welche das genau sind, bleibt unklar.

Zentral ist: Es fehlt ein langfristiges Konzept, wie sich Schulen auf diese Menschen vorbereiten können oder sollen oder wie Integrationskurse verbessert werden können – zum Beispiel dadurch, dass man darin Demokratie lebendig vermittelt und eine Streitkultur etabliert, in der Diskussionen auf Augenhöhe über Werte, Ängste, Vorurteile und andere zwischenmenschliche Themen stattfinden. Dass man allen Zugewanderten wie Einheimischen klar vermittelt, was die Gesellschaft von ihnen erwartet, was in Deutschland geht – und was nicht, was Gleichberechtigung und Meinungsfreiheit bedeuten. Dass man die Geschichte dieses Landes und vor allem auch die Geschichte der Aufklärung vermittelt und nicht nur, wie man Müll richtig trennt. Es fehlt auch ein Konzept, wie die Menschen betreut werden sollen, wie wir ihnen Zugänge zur Mehrheitsgesellschaft ermöglichen können und wie wir mit all diesen Herausforderungen umgehen sollen.

Was ist mit den inneren und äußeren Konflikten, die diese Menschen mitbringen? Wie gehen wir mit Traumata um? Wie erreichen wir Menschen, die, seitdem sie in Deutschland sind, nur Beamte vor sich gehabt haben, aber keinen, der mit ihnen über ihre Ängste gesprochen hat? Wir haben immer noch nicht genug Psychologen, die sie betreuen. Wir haben kaum Patensysteme. Wir haben keine Konzepte, Werte zu vermitteln. Und wir haben auch keine Konzepte, diese Menschen, die zu uns kommen, als Chance zu sehen.

Tatsache ist beispielsweise, dass Menschen, die nach Deutschland kommen, oft unglaubliche Angst davor haben, dass ihre Kinder »anders« und »fremd« werden und eine andere Identität als sie bekommen. Diese Angst kann lähmend sein, vor allem wenn sie einem keiner nimmt.

Fremd-Wahrnehmung

In vielen Fortbildungen versuche ich, die Teilnehmer – ob Muslime oder Deutsche – mit neuen Perspektiven zu konfrontieren: »Jetzt lassen Sie uns kurz in Schubladen denken. Seien Sie voll und ganz vorurteilhaft, aber nur ganz kurz, bitte. Teilen Sie die

Welt in muslimisch und westlich ein. Sie dürfen natürlich nicht vergessen, dass weder Muslime noch die im Westen Lebenden eine homogene Gruppe sind, aber jetzt geht es um Schubladendenken.« Dann stelle ich die Frage: »Welche positiven Aspekte fallen Ihnen zu muslimischen und zu westlichen Kulturen ein?« Dann bitte ich diese Menschen, die genannten Eigenschaften ins Negative zu überspitzen. Die Antworten sind – egal welcher Herkunft – oftmals die gleichen. Angelehnt an das Werte- und Entwicklungsquadrat von Friedemann Schulz von Thun ist durch die vielen Antworten, die ich in den letzten Jahren auf diese Frage bekommen habe, folgendes Schaubild entstanden:

Positive Aspekte muslimischer Kulturen:	**Positive Aspekte westlicher Kulturen:**
Zusammenhalt	Individualität
Respekt vor Älteren	Freiheit
Wärme	Platz für Selbstentfaltung
Starke soziale Kontakte	Förderung, Dinge selbst entscheiden zu können
Kinderfreundlichkeit	Vielfalt
Starke Bindung an die Familie	
Diese Eigenschaften überspitzt ins Negative:	**Diese Eigenschaften überspitzt ins Negative:**
Kontrolle	Depressionen
Zwänge	Grenzenlosigkeit
Kollektivismus	Einsamkeit
Gehorsamkeit	Egoismus
Gewalt	Alkoholismus
Hierarchie	

Die erste Frage, nachdem die Teilnehmer jetzt die positiven und negativen Aspekte erwähnt haben, ist: »Seien Sie jetzt ehrlich, in welchem Quadrat sehen wir die andere Kultur?« Fast beschämend antworten die meisten: »In den unteren.« Und ja: Die Probleme existieren, deshalb werde ich ja auch oft zu solchen Fortbildungen eingeladen. Aber die Kulturen haben auch etwas Positives, das dürfen wir bei einem Dialog nicht vergessen. Es geht nicht darum, die Menschen dazu zu bewegen ihre Kultur zu verlassen, sondern bestimmte negative Aspekte zu hinterfragen.

Nimmt man nun die positiven Eigenschaften einer Kultur, können damit zwei Dinge passieren. Stellen Sie sich eine Muslima vor, der der Zusammenhalt in der Familie sehr wichtig ist. Jeder soll für jeden da sein. Bedingungslos. Nun kommt sie nach Deutschland und ist überfordert mit der Gesellschaft, die so anders zu sein scheint als die ihre. Sie fürchtet sich, will ihre Kinder davor bewahren, und mit der Zeit entwickelt sie aus dem Charakteristikum Zusammenhalt einen Kontrollzwang und einen Anspruch auf Gehorsam innerhalb der Familie. Wenn ich die deutsche Kultur also negativ wahrnehme, weil sie fremd ist und Angst macht, kann es sein, dass ich die positiven Aspekte meiner Kultur so sehr überspitze, dass sie sich ins Negative entwickeln.

Die gleiche Muslima könnte natürlich auch ihren Wunsch nach Zusammenhalt und andere Eigenschaften in Deutschland weiter in ausschließlich positiver Art entfalten, ohne dass sich diese ins Negative verkehren. Dann allerdings könnte das zweite Phänomen eintreten, dass diese positiven Eigenschaften der muslimischen Community (Zusammenhalt, Respekt vor Älteren, Wärme, starke soziale Kontakte, Kinderfreundlichkeit, starke Bindung an die Familie) von der Mehrheitsgesellschaft als die negative Überspitzung (Kontrolle, Zwänge, Kollektivismus, Gehorsamkeit, Gewalt, Hierarchie) wahrgenommen werden. Die Folge dort: Ablehnung und Angst.

Das Gleiche könnte sich natürlich auch andersherum abspielen: Wenn ich aus einem muslimisch geprägten Umfeld komme und die positiven Eigenschaften der deutschen Mehrheitsgesellschaft (Individualität, Freiheit, Platz für Selbstentfaltung, Förderung, Dinge selbst entscheiden zu können, Vielfalt) überspitzt begreife und wahrnehme (Depressionen, Grenzenlosigkeit, Einsamkeit, Egoismus, Alkoholismus), dann sind die Folgen ebenfalls Ablehnung und Angst.

Vor ein paar Jahren besuchten mich meine Eltern das erste Mal in Deutschland. Das erste Mal in einem Flugzeug, das erste Mal in Europa. Zehn Tage lang beobachtete mein Vater alles: Er war begeistert von den schönen Gebäuden, von den Zügen, der Geschichte Berlins, dem Hafen von Hamburg, den Autobahnen, davon, dass ich mit einer elektronischen Karte Autos auf der Straße aufmachen, damit fahren und sie dann, wo immer ich möchte, wieder abstellen kann. Er beobachtete auch, wie ich mit meiner Frau umging, wie ich mit meinen Nachbarn kaum redete, wie die Gesellschaft funktionierte, wie der Alltag aussah. Er war sehr neugierig zu verstehen, wie das alles funktioniert. Auf dem Weg zurück zum Flughafen sagte er schließlich mit Tränen in den Augen zu mir: »Ich glaube, diese Gesellschaft ist sehr gefährlich.« Er hatte das Gefühl, dass hier jeder auf sich selbst gestellt sei, dass es keinen Zusammenhalt gebe. »Hier können Menschen in ihrer Wohnung sterben, ohne dass es jemand merkt, Ahmad«, sagte er, »weil sich keiner um den anderen kümmert. Und die Frauen sind nur auf Karriere aus.« Für ihn war Deutschland eine Bedrohung. Die Freiheit, die Zwanglosigkeit in diesem Land hatte ihm Angst gemacht. Das beobachte ich auch bei vielen anderen.

Wenn aber alle Angst voreinander haben und Begegnungen überhaupt nicht stattfinden, wie sollen diese Ängste abgebaut werden? Wie soll ein gelungenes Zusammenleben funktionieren?

Beides – ob nun eine selbst herbeigeführte oder eine fremdwahrgenommene Überspitzung – ist ungesund für ein Zusammenleben unterschiedlicher Kulturen.

Wir müssen uns also fragen, wie wir all diesen Ängsten begegnen. Wie und mit wem reden wir darüber? Wie schaffen wir Dialogplattformen, so dass Migranten für sich und ihre Familien die Grundwerte dieser Gesellschaft, die Verfassung, die Meinungsfreiheit und vor allem auch die Gleichberechtigung als individuellen Gewinn für sich sehen? Wie schaffen wir es auch, dass die Mehrheitsgesellschaft Vorurteile abbaut, Barrieren überwindet und Migranten als Gewinn begreift? Das sind Schlüsselfragen unserer Gesellschaft.

Meine Botschaft: Jede Kultur hat positive Aspekte, von denen man im besten Fall etwas lernen kann. Lassen Sie uns den Blick zuerst darauf werfen, wenn wir anderen, Fremden begegnen, und nicht auf das Negative. Und lassen Sie uns Gemeinsamkeiten erkennen statt Unterschiede!

Wir haben hier stattdessen Debatten, die sehr emotional geführt werden und vor allem polarisieren. Die einen sagen: »Alle weg.« Die anderen sagen: »Keiner ist illegal, und jeder, der hier ist, darf bleiben. Abschiebung ist keine Lösung.« Die Debatten werden in moralisch und unmoralisch aufgeteilt. Es gibt Hass und Gegenhass. Aber diejenigen, die Tag für Tag betroffen sind, die Lehrer, die Sozialarbeiter, die privaten und öffentlichen Träger, die richtig gute Arbeit machen wollen, und natürlich die Flüchtlinge selber, werden weder angehört noch angesprochen. Sie bleiben alleine.

Natürlich gibt es auf beiden Seiten Menschen, die kein Interesse an Integration haben, weil sie die anderen immer als fremd und minderwertig wahrnehmen wollen.

Und natürlich gibt es auch viele Migranten, die mit bestimmten Erwartungen hierherkommen, die einfach nicht erfüllbar sind. Schon in den Heimatländern oder auf dem Weg nach Deutschland wird ihnen erzählt: Jeder bekommt ein Auto, jeder bekommt ein Haus. Das Geld liegt auf der Straße. In Deutschland kann man alles schaffen. Viel zu spät wird ihnen vermittelt, dass man es hier zwar schaffen kann, dies aber mit bestimmten Leistungen verbunden ist. Und zwar mit mehr Leistungen, als viele annehmen. Wer denkt, gelungene Integration bedeute nur Arbeit plus Sprache minus Kriminalität, dem sage ich: Das greift zu kurz. Nach diesen Kriterien wäre auch Mohammed Atta, einer der Todespiloten vom 11. September 2001, der in Hamburg lebte und studierte, sehr gut integriert gewesen.

Eine gelungene Integration in eine Demokratie fordert vor allem auch das Anerkennen und Praktizieren von Gleichberechtigung, von Meinungsfreiheit, der Trennung von Religion und Staat und die Verinnerlichung der deutschen Geschichte, das Anerkennen der historischen Verantwortung Deutschlands und somit auch die Ablehnung von Antisemitismus.

8

Schwerpunkte der Integration

Gegen das Patriarchat

Ein Handyvideo aus dem Internet, in Deutschland aufgenommen: Ein Mann, die Hände voller Blut, neben ihm sein kleiner Sohn, filmt sich selbst, spricht auf Arabisch in die Kamera: »Gerade bin ich zu meiner Frau gegangen, um mit ihr zu sprechen und alle Probleme zu klären, um unsere Beziehung wieder zu bessern. Aber sie hat mich rausgeschmissen, woraufhin ich sie mit dem Messer erstochen habe. Ich weiß nicht, ob sie noch lebt oder gestorben ist. Ich habe immer gesagt, sie solle mir nur das Kind geben, damit ich mit ihm leben kann, was sie immer ablehnte. Sogar mein Sohn sagte ihr, er wolle bei seinem Vater leben. Ihr könnt ihn fragen, aber sie hat das nie akzeptiert. Jetzt wird die Polizei kommen und mich verhaften.« Und weiter: »Ich bin nicht kriminell, aber wenn dir jemand dein Leben verbietet, musst du ihn stoppen. Das ist eine Nachricht an alle Frauen, die das mit ihren Männern machen.«

Mehr als eine Viertelstunde filmt sich der Syrer, steht in einer Garage, läuft dann eine Straße entlang, redet über die Gründe seiner Tat, schimpft über seine Frau, mit der er zwei Kinder hat, immer wieder: »Als wir in Griechenland waren, hat sie mir gesagt, dass sie jemanden anderen heiratet und mit ihm reisen möchte. Sie hat mich verrückt gemacht.«

Irgendwann richtet er sich an seinen Sohn: »Sag, dass sie eine Schlampe ist.«

Der Mann wird später verhaftet, da ist seine Frau längst tot.

Ein anderes Handyvideo, drei Tage vorher, nur 150 Kilometer entfernt aufgenommen: Eine schwangere Frau liegt auf einem Bett. Ihr Mund ist blutverschmiert, von Rasierklingen verletzt. Ihr ist mehrfach in die Brust gestochen worden. Man hört sie auf Arabisch sagen: »Lass mich leben. Bitte. Unseres Sohnes wegen.« Dann sieht man einen Mann, ihren Bruder, der in die Kamera schaut und sagt: »Schau, wo ich stehe. Ich genieße es, ihr beim Sterben zuzusehen, und rauche dabei noch eine Zigarette.«

Das Mädchen ist eine 17-jährige Palästinenserin, die ihr Bruder und ihr Ehemann, ein 34-jähriger Syrer, mit dem sie zwei Jahren zuvor verheiratet worden ist, töten wollen. Sie liebt einen anderen Mann, ist schwanger von ihm und will sich trennen. Eine Schande in den Augen der beiden Männer, so groß, dass sie dafür sterben soll. Der Bruder schickt das Video als Drohung an den neuen Freund und sagt: »Du Hurensohn bist auch noch dran!«

Die Männer werden verhaftet, das Mädchen überlebt.

Im Frühling 2018 gehörten diese beiden extremen Fälle zu den meistdiskutierten Themen unter Flüchtlingen in Deutschland – sie werfen sozusagen ein Licht auf die weniger spektakuläre, aber weitverbreitete Frauendiskriminierung innerhalb der Community. In den sozialen Medien gab es unzählige Kommentare dazu. Manche verurteilten die Täter, manche rechtfertigten, was sie getan hatten, und manche feierten sie sogar für ihre Rache an den »ehrlosen« Frauen. Wie kann so etwas sein?

Abstand zur Mehrheitsgesellschaft

Wenn man sich anschaut, welche Themen in der Integrationslandschaft in den letzten Jahren vorwiegend präsent waren, wird deutlich: Patriarchalismus gehörte nicht dazu. Es ging in der Integration im Allgemeinen und in Integrationskursen im Speziellen vor allem um Spracherwerb, Einkaufen, Wohnen, Gesundheit, Arbeit und Beruf. Keine Frage, diese Themen sind wichtig. Aber sie spielen – abgesehen von der Sprache – bei der emotionalen Integration eine eher untergeordnete Rolle. Doch genau diese ist zentral: Neuankömmlinge müssen emotional ankommen und das Grundgesetz und die Demokratie als Chance und Gewinn für sich sehen, um ein Teil dieser Gesellschaft zu werden.

Dabei sind patriarchale Strukturen eine Herausforderung, die uns schon seit Jahrzehnten begleitet. Sie stellen eines der dringendsten Probleme dar, die wir beim Thema Integration haben. Warum? Weil diese Strukturen und vieles, was aus ihnen erwächst, mit den Grundsätzen einer aufgeklärten Demokratie nicht vereinbar sind: Ob es die Geschlechtertrennung ist oder das Tragen eines Kopftuchs bei Kindern, ob es die fehlende Gleichberechtigung ist oder Gewalt in der Erziehung und im alltäglichen Miteinander. Ob es Zwangsheiraten, die Ehre, die fehlende Mündigkeit und Verantwortung oder gar Kontrollen und Zwänge sind. Patriarchalismus und religiöse Zwänge – die ich später im Buch noch beschreiben werde – sind die Themen, die den größten Abstand zur Mehrheitsgesellschaft erzeugen – und er wird größer, denn durch sie wird

- die Entmündigung der Menschen vorangetrieben
- kritisches Denken verhindert
- Gehorsamkeit gefordert
- Kontrolle ausgeübt
- Gewalt ausgeübt
- Individualität als Risiko gesehen
- Angst vor Freiheit geschürt
- Sexualität tabuisiert
- die Gleichberechtigung unterdrückt
- die Geschlechtertrennung gefördert

- auf andere Menschen und ihre Werte herabgeblickt
- das Zusammenleben durch Angst und Strafen geprägt.

Nur wenn wir den Menschen näherbringen, welche Geschenke Freiheit und Demokratie sind, wird eine (emotionale) Integration überhaupt möglich – auch wenn diese Geschenke im ersten Moment vielleicht bedrohlich wirken, weil diese Menschen beispielsweise Angst vor Sexualität oder unabhängigen Frauen haben. Oder weil sie die Art und Weise, wie Menschen hier in Europa leben, so sehr abwerten, dass jede gedankliche oder emotionale Annäherung als Verrat an der eigenen Identität, Kultur, Religion, Familie und den eigenen Werten gilt – und das Leben in einer freiheitlichen, demokratischen Gesellschaft natürlich auch ein Umdenken erfordert.

Die patriarchale Gesellschaft als Pyramide

Patriarchale Strukturen sind vor allem durch zwei Dinge geprägt: die Macht der Älteren über die Jüngeren und die Macht der Männer über die Frauen. Die Macht der Männer über die Frauen kennen wir auch aus Deutschland. Die gab es früher hier auch (manch einer sagt sogar, das sei auch heute noch so). Aber mit patriarchalen Strukturen, wie sie vor allem in muslimischen oder orientalischen Kulturkreisen zu finden sind, kann man dies keinesfalls vergleichen.

Die Macht der Älteren über die Jüngeren bedeutet, dass man sich nach oben hin duckt und nach unten hin tritt. In diesem System, das man sich wie eine Pyramide vorstellen kann, steht das Familienoberhaupt, also der Vater oder Großvater, ganz oben. Alle darunter müssen ihm gehorchen. Ihm folgen erst die Männer, dann die Frauen und dann die Kinder. Wer in diesem System aufwächst, muss sehr früh seine Position erkennen und danach handeln. Abweichung ist nicht erlaubt. Alle über einem selbst verdienen Respekt. Jungen sind privilegierter als Mädchen durch ihr Geschlecht und steigen schneller in der Pyramide auf – vorausgesetzt, sie spielen nach den Spielregeln des Patriarchats.

Für das Individuum gibt es wenig bis keine Möglichkeiten zur Selbstentfaltung. Ein kritisches Hinterfragen seiner eigenen und der Positionen derer, die über ihm stehen, ist nicht erlaubt. Beziehungsstrukturen zielen darauf ab, den Positionen über einem zu gehorchen und sie zu respektieren. Sie in Frage zu stellen wird sofort bestraft. Das ist tabu.

Wenn man in diese Pyramide die Religion einbezieht, was sehr oft geschieht, steht Allah ganz oben, dann kommen der Koran und die Gelehrten, dann das Familienoberhaupt und dann der Rest wie oben beschrieben. Die Mechanismen bleiben gleich.

Es gibt in diesem System also beispielsweise junge Männer, die zu Hause von ihren Vätern niedergemacht werden, weil diese über ihnen stehen, und sich dann jemanden suchen, bei dem sie wiederum ihre Macht ausspielen können (häufig sind das die eigenen Schwestern).

Ein weiteres Problem: Ältere Menschen aus der eigenen Community werden von Kindern und Jugendlichen als absolute Autoritäten anerkannt, in ihren deutschen Schullehrern und vor allem -lehrerinnen hingegen sehen sie nichts als Bedeutungslosigkeit. Warum? Ich zeige Lehrern oft die gerade beschriebene Pyramide und frage sie: »Wo, glauben Sie, stehen Sie in dieser Pyramide?« Dann überlegen sie und sagen meistens: »Ganz unten wahrscheinlich?« Ich antworte: »Nein. Sie stehen weder über noch unter den Eltern oder Imamen. Sie haben mit diesem System nichts zu tun. Sie stehen daneben. Sie werden ignoriert.« Weibliche Lehrkräfte werden manchmal sogar verachtet: »Von einer Frau lasse ich mir doch nichts sagen.« Und so gelten deutsche Lehrer weder als Respektspersonen, noch werden sie als adäquate Wissensvermittler anerkannt. Sie und der Rest der Gesellschaft bleiben außen vor oder werden geringgeschätzt, weil sie keine Rolle spielen und auch nicht wie das System agieren: Weder bestrafen sie, wie es dort geschieht, noch verlangen sie strikten Gehorsam. In Deutschland funktioniert Schule anders. Das ist zwar gut so, aber die Kinder merken sehr schnell, dass es »draußen« weicher zugeht als zu Hause, und fangen an, das auszunutzen. Viele Probleme in Schulen, vor allem das respektlose Verhalten, sind darauf zurückzuführen.

Ich möchte an dieser Stelle noch einmal betonen, dass nicht alle Migranten in patriarchalen Systemen aufgewachsen sind. Und auch nicht alle, die in einem solchen System groß geworden sind, sind von allen negativen Auswirkungen betroffen. Es gibt allerdings Merkmale, vor denen wir die Augen nicht verschließen sollten, weil sie hinderlich für ein Ankommen in einer Demokratie und letztlich für ein friedliches Zusammenleben sind. Und das betrifft Flüchtlinge genauso wie Menschen, die seit Generationen in diesem Land leben und auch in der vierten Generation noch immer nicht bereit sind, diese patriarchalen Strukturen aufzugeben. Männer etwa, die lieber eine Frau aus der Türkei holen, weil sie »sauberer« ist und einfacher zu kontrollieren. Türkische oder arabische Frauen, die hier in Deutschland geboren und aufgewachsen sind, beäugt man hingegen skeptisch, weil sie von dieser Gesellschaft beeinflusst wurden: Vielleicht waren sie verliebt, vielleicht sind sie unabhängig geworden oder haben sogar schon einmal Sex gehabt. Bei diesen Männern gilt das als »unsauber«, als Gefahr.

Schwächling Staat

Köln, Silvester 2015: In der Nacht zum 1. Januar 2016 kam es im Bereich um den Kölner Dom zu Hunderten von Sexualdelikten und anderen Straftaten wie Körperverletzung und Diebstahl. Die Polizei war unterbesetzt und deshalb nicht in der Lage, die Situation in den Griff zu bekommen. Bis heute sind aus dieser Nacht fast 1200 Strafanzeigen bei Behörden eingegangen.

Die meisten Täter sind zwar nie gefasst worden, waren aber laut einem Gutachten, das später für den parlamentarischen Untersuchungsausschuss im Landtag von Nordrhein-Westfalen erstellt wurde, dem äußeren Erscheinungsbild nach »weit überwiegend dem nordafrikanischen / arabischen Raum zuzuordnen«. Sie sollen sich vorher durch Mundpropaganda oder in sozialen Medien verabredet haben, nicht aber, um vorsätzlich Straftaten zu begehen – zumindest scheint dies unwahrscheinlich, so das Gutachten. Erst nachdem sie merkten, dass die Polizei das Geschehen nicht unter Kontrolle hatte, kam es in dem unübersichtlichen Umfeld, das ihnen zudem ein hohes Maß an Anonymität verlieh, zu den Übergriffen.

Was mich an der Silvesternacht am meisten schockiert hat, war, dass diese Männer Frauen belästigt und angefasst haben, als hätten sie jede Berechtigung dazu (darum wird es später in diesem Kapitel noch einmal gehen). Doch auch die Art und Weise, wie Männer, die teilweise noch nicht einmal ein paar Monate in Deutschland waren, sich den Polizisten gegenüber verhielten, machte mich fassungslos. Es war ein Symptom für die Hilflosigkeit der Polizisten und dafür, dass sie und die gesamte Gesellschaft nicht nur als schwach, sondern auch als inkonsequent wahrgenommen werden, als dächten diese Männer: Du Polizist, du kannst mir nichts. Ich habe eine Aufenthaltsbescheinigung. Und wenn du sie mir wegnimmst, dann kriege ich morgen eine neue.

Besonders dann, wenn ein Land als schwach empfunden wird, weil es als Demokratie sehr großen Wert darauf legt, Menschen gerecht und gleichberechtigt zu behandeln, kann das zu Konflikten führen. Denn in patriarchalen Strukturen gewinnt der Mächtigere, nicht der Gerechtere.

Was passiert also mit Menschen, die aus Staaten kommen, in denen die Polizei autoritär funktioniert und auftritt und Gewalt dazu benutzt, den Bürgern Angst zu machen? Staaten, in denen die Polizei jeden verhaften kann, ohne es begründen zu müssen, ohne dafür zur Verantwortung gezogen zu werden? Wie reagieren diese Menschen, wenn sie plötzlich in ein Land wie Deutschland kommen, das demokratisch funktioniert, in dem Menschen auch eine zweite und dritte Chance bekommen – was ja an sich gut ist? Es kann vorkommen, dass dieses positive Merkmal als Schwäche wahrgenommen wird, nach der Devise: Die Polizei kann mir nichts, die Gesellschaft kann mir nichts. Auch wenn ich bei irgendetwas erwischt werde, passiert nicht viel.

Wer die Chancen, die er bekommt, dann nicht im Sinne einer Chance versteht, sich zu verändern, sondern als Chance, so weiterzumachen wie bisher, wer dieses Land verachtet, schwach findet oder für moralisch minderwertig hält, dem wird es unmöglich sein, sich in eine Demokratie zu integrieren.

Die Lösung für dieses Problem ist sicher nicht, dass wir Polizisten mit Schlagstöcken auf die Straße schicken, damit sie ihre Autorität zurückholen. Dafür hat diese Gesellschaft zu lange dafür gekämpft, genau solche Zustände abzuschaffen. Ich möchte als Bürger einer Demokratie in der Lage sein, mit Polizisten zu diskutieren, ihnen meinen Standpunkt zu schildern und sie im Zweifelsfall auch anklagen zu können, wenn sie ihren Dienst nicht rechtmäßig ausüben.

Doch gleichzeitig brauchen Polizisten auch mehr Rückhalt in der Politik, der Gesellschaft und vor allem in der Justiz und mehr Unterstützung – insbesondere personell. Denn hier liegt ein weiterer Knackpunkt: In Deutschland müssen Polizisten für alles Rechenschaft ablegen. Für jede Kleinigkeit, die sie tun, müssen sie einen Bericht schreiben und sich vor ihren Vorgesetzten und anderen Stellen rechtfertigen. Da ist es kein Wunder, dass Polizisten bei allem, was sie tun, immer diese Gedanken in sich tragen: Was passiert, wenn ich nicht alles richtig gemacht habe? Was ist, wenn ich eine Anzeige bekomme, obwohl ich alles richtig gemacht habe? Was ist, wenn ich, weil ich ein Verfahren am Hals habe, keine Beförderung bekomme oder suspendiert werde?

Eigentlich reicht es, einem Polizisten Rassismus vorzuwerfen, um alle nervös zu machen. Keiner will als Rassist gelten, und das wird von manchen Menschen ausgenutzt nach dem Motto: Wenn ich nicht weiter weiß, wenn ich keine Verantwortung tragen will, rufe ich laut »Rassismus!«. Das verunsichert sofort, Polizeibeamte genauso wie Lehrer, Erzieher oder Nachbarn.

Wenn die meisten Polizisten Beleidigungen gegen sich als Teil ihrer Arbeit wahrnehmen und sie nicht einmal irgendwo melden, weil sie denken, sie bekommen sowieso keine Unterstützung, dann ist da eine gewaltige Schieflage vorhanden. Das in Kombination mit andauernder Unterbesetzung führt zu falscher Zurückhaltung und Frust.

Für die Verbesserung der Situation brauchen wir also keine neuen Gesetze. Die haben wir. Wir brauchen Polizisten, Staatsanwälte und Richter – und zwar von allen viel mehr. Die meisten Intensivtäter können Dutzende von Straftaten begehen, bis sie überhaupt einmal belangt werden. Viele Polizisten erzählen mir, dass sie Menschen verhaften, die ihnen ins Gesicht grinsen und sagen: »Wir sehen uns hier morgen sowieso wieder.«

Verhaftungen und Anzeigen müssen Konsequenzen mit sich bringen – und zwar nicht für die Polizisten. Das ist im Moment ganz oft nicht der Fall. Das merke ich auch persönlich. Ich mache fast jede Woche eine Anzeige bei der Polizei, weil mir jemand massiv droht. Zwei, drei Monate später bekomme ich dann immer ein kleines Schreiben vom Staatsanwalt: »Wir haben den Täter nicht ermittelt.« Tschüss, alles Gute.

Diejenigen, die in dieses Land kommen und kriminell werden, brauchen ganz klare Botschaften von der Gesellschaft. Man darf Gewalt und Kriminalität nicht immer mit einer Traumatisierung durch Flucht – die es zweifelsohne gibt – rechtfertigen.

Das ist der falsche Weg. Es muss sich lohnen, gar nicht erst kriminell zu werden – oder es nicht mehr zu sein. Dafür brauchen wir eine Nulltoleranzstrategie. Wer Mist baut, muss dafür geradestehen, und zwar vom ersten Moment an. Auch wenn er nur vermeintlich kleine Straftaten begeht wie etwa einen Taschendiebstahl oder Drogenhandel.

Wie kann ein Staat mit seinen demokratischen Möglichkeiten außerdem Stärke vermitteln? Wie kann er den Menschen klarmachen, dass das Leben in Deutschland für sie auch bedeutet, dass es unbequem werden kann? Dass sie nicht kriminell werden dürfen, wenn sie ihren Aufenthalt nicht gefährden wollen? Dass sie ihre mitgebrachten Werte hinterfragen müssen – vor allem in Bezug auf die Freiheit, die sie durch ihre Migration ja selber gesucht haben. Dass Frauen zum Beispiel ihre eigenen Entscheidungen treffen und ihre Sexualität selbstbestimmt ausleben können. Und dass Frauen hier auch das Recht haben, sich scheiden zu lassen. Mit endloser Toleranz kann man Intoleranz jedenfalls nicht bekämpfen. Der Staat muss die gesetzlichen Rahmenbedingungen ausschöpfen und starke Botschaften aussenden. Er braucht außerdem eine starke Justiz und eine starke Polizei – die sich auch für Frauen- und Mädchenrechte einsetzt.

Missverständnisse überall

Die Kölner Silvesternacht ist auch und vor allem ein Beispiel für die Rolle der Frau in patriarchalen Gemeinschaften. Natürlich ist nicht jeder Mann, der in einer solchen Gesellschaft aufgewachsen ist, ein potentieller Vergewaltiger oder Belästiger, und nicht jeder von ihnen würde bei so etwas mitmachen. Aber die meisten Männer, die in dieser Nacht übergriffig wurden, kamen aus ebenjenen Ländern und Gesellschaften, in denen Sexualität tabuisiert wird und Frauen, die nachts noch auf der Straße sind, als Frauen angesehen werden, die es wollen, die angefasst werden dürfen, verfügbar und unrein sind. Denn reine Frauen trinken dort keinen Alkohol, sie feiern Silvester nicht auf der Straße, sie ziehen sich nicht sexy an. Es sind auch Gesellschaften, in denen Männer zudem viel privilegierter sind als Frauen, die Kontrolle über sie und die weibliche Sexualität haben und jede mögliche Änderung als Angriff auf sich selber und auf ihre Männlichkeit begreifen. Gesellschaften, in denen Männer Angst vor Machtverlust haben – vor allem wenn sie plötzlich in einem Land sind, in dem mit Sexualität viel offener und entspannter umgegangen wird, als sie es tun.

Man darf das im Diskurs über Köln nicht ausblenden, denn dieses archaische Frauenbild ist in jener Nacht zu einer explosiven Mischung geworden.

Ich möchte die Geschehnisse in Köln keineswegs kleinreden, aber sie wundern mich nicht. Probleme sind vorprogrammiert, wenn Menschen – hier insbesondere Männer – mit einer tabuisierten Sexualität aufwachsen und keinen normalen, gesunden Umgang zwischen den Geschlechtern kennen und dann hormonüberladen in dieser Gesellschaft ankommen. Diese Probleme werden uns weiter begleiten, wenn wir die Menschen nicht erreichen und ihnen nicht klarmachen, dass Frauen hier selber entscheiden dürfen, was sie tragen, ob sie ausgehen, wann sie ausgehen, mit wem sie ausgehen und von wem sie angefasst werden möchten oder nicht.

Ich bin immer wieder erschüttert, wie viele Frauen auf der Flucht oder in Asylunterkünften sexuell belästigt oder sogar vergewaltigt werden und wie viele Flüchtlinge wegen Sexualdelikten inhaftiert sind. Ich will das nicht relativieren, aber sie wissen oft gar nicht, was sie da falsch gemacht haben, weil es Alltag in ihren Heimatländern ist.

Ich erinnere mich an einen Integrationskurs, den ich vor ein paar Jahren besuchte. In der Runde saßen Menschen zwischen 17 und 70 Jahren, Frauen wie Männer. Die Gruppe schien etwas gelangweilt: der Integrationskurs als Pflichtprogramm, bei dem man eben mitmachen musste. Jeder wusste, was er sagen durfte und was nicht, und alle würden am Ende des Kurses glücklich sein, wieder gehen zu dürfen. Die Lehrerin war blond und klein. Sie hatte sich gut vorbereitet, präsentierte Plakate, auf denen Sätze aus dem Grundgesetz auf Deutsch, Arabisch und Englisch standen. Heute ging es um Gleichberechtigung. Auf einem Bild, das die Lehrerin jetzt zeigte, waren ein Mann und eine Frau gezeichnet. Sie waren beide gleich groß und standen jeweils auf einer Schale einer Waage, die dadurch perfekt ausbalanciert war: Mann und Frau als gleichgewichtig, ausgewogen.

Die Lehrerin sagte: »In Deutschland herrscht Gleichberechtigung.« Da entgegnete ihr ein junger Syrer: »Bei uns auch. Unsere Religion garantiert das.« Die Lehrerin lächelte und nickte. Alle waren zufrieden.

Als der Kurs zu Ende war, ging der Syrer nach draußen und zündete sich eine Zigarette an. Ich stellte mich zum ihm, und wir redeten ein bisschen über ihn und sein Leben in Syrien und jetzt hier in Deutschland. Es war ein nettes Gespräch. Schließlich sprach ich ihn auf die Gleichberechtigung an, um die es im Kurs gegangen war, und fragte ihn, ob seine Schwester denn Sex vor der Ehe haben dürfe. Da veränderte sich das Gesicht des Mannes schlagartig. Er wurde wütend, ballte die Fäuste und sah aus, als wolle er gleich auf mich losgehen. Er schrie fast: »Nein. Natürlich nicht!« Ich sagte ihm, das gehöre aber zur Gleichberechtigung dazu. Immer noch wütend sagte er mir, dass es bei der Gleichberechtigung darum gehe, dass der Mann mit im Haushalt hilft, mit abwäscht, die Wohnung sauber hält, aber nicht darum, ob eine Frau Sex vor der Ehe haben darf. Ich fragte ihn, ob er Sex vor der Ehe haben dürfe. Darauf bekam ich keine Antwort.

In vielen Integrationskursen in Deutschland wird über Gleichberechtigung gesprochen. Man sagt, hier herrsche Gleichberechtigung, Mann und Frau seien gleich. Was das aber konkret und vor allem emotional bedeutet, darüber wird nicht gesprochen. Und somit erreicht es die Menschen nicht.

Gleichberechtigung im Kopf

Als ich meinem Friseur erzählte, dass ich ein Buch über Integration schreibe, sagte er zu mir: »Schreib, dass Deutschland die Familien kaputtmacht.« Ich fragte ihn, wie er darauf komme. Da erzählte er mir die Geschichte von einem seiner Freunde: Ein Mann aus Syrien, der sein ganzes Hab und Gut aufgegeben hatte, um sich und seiner Familie die Reise nach Deutschland zu finanzieren. Für eine bessere Zukunft vertrauten sie sich Schleusern an, schwammen durchs Meer, riskierten ihr Leben. Nachdem sie zwei Monate in Deutschland waren, sagte seine Frau zu ihm, sie wolle sich von ihm trennen. Wie konnte sie es wagen? War ihr die Freiheit zu Kopf gestiegen? Hatte sie ihn ausgenutzt, um nach Deutschland zu kommen? War das ihr Dank?

Nein, es war ihr gutes Recht!

Ich verstehe den Schmerz dieses Mannes. Es ist nie schön, verlassen zu werden. Und für Männer wie ihn ist eine Trennung wahrscheinlich besonders tragisch, weil so ihre Minderwertigkeitskomplexe und die Unfähigkeit, Versagen zuzugeben, offensichtlich werden. Sie haben in ihrem Leben kein Selbstwertgefühl entwickelt. Wie auch? Sie sind ja immer wieder durch Strafen, Angst und Gehorsam niedergemacht worden. Das muss man wissen, um ihre Angst vor dem Verlassenwerden, ihren Kontrollzwang und die Angst vor Deutschland zu verstehen.

Doch wer wie er Freiheit in einem demokratischen Land sucht, der muss das Gesamtpaket nehmen und darf sich nicht hinterher die Rosinen rauspicken. Was dieser Mann möchte: eine Freiheit, in der er seine Lebensweise und Haltung genauso weiterleben kann, wie er es gewohnt ist. Was er ablehnt: eine Freiheit, in der er seine Lebensweise und Haltung überprüfen und hinterfragen muss, weil sie nicht zu der Gesellschaft passt, die ihm diese Freiheit gewährt. Die Freiheit, die vielleicht auch Angst macht, weil sie mit so vielen unbekannten Einstellungen, Ansichten, Werten und Verhaltensweisen verbunden ist.

Ich kenne viele Frauen, die, nachdem sie endlich in einem Land lebten, das ihnen die Möglichkeit gab, nein zu sagen – was sie auch getan haben –, von ihren Familien und anderen Migranten im Stich gelassen worden sind, weil sie angeblich ihre Tradition verraten haben. Viele haben sogar ihr Leben verloren, weil sie sich emanzipieren wollten. Und was passiert? Recht wenig. Sie werden von der Politik im Stich gelassen, weil es angeblich so schwierig ist, sprachlich und emotional in diese Strukturen und Communitys hineinzukommen.

Das darf kein Grund sein. Wir müssen Frauen, die mit Deutschland Gleichberechtigung und Emanzipation verbinden, befähigen und unterstützen, ein gleichberechtigtes Leben zu führen, wenn sie das wünschen. Wir dürfen sie nicht hängenlassen, nur weil wir Angst haben, uns könne deshalb Eurozentrismus oder Wertekolonialismus vorgeworfen werden. Frauen sind nicht der Besitz von Männern – genauso wenig wie Kinder der Besitz von Eltern sind, doch dazu später mehr.

Ich möchte die Geschichte von zwei Frauen erzählen, die beide fast das gleiche Schicksal hinter sich hatten und irgendwann beschlossen, zur Polizei zu gehen, um eine Aussage zu machen. Beide konnten mit Hilfe der Polizei in ein Frauenhaus gehen. Beiden wurde angeboten, eine neue Identität anzunehmen und in eine andere Stadt zu ziehen. Trotzdem: Ihre Geschichten nahmen ein Ende, wie es unterschiedlicher nicht sein könnte.

Die eine Frau heißt Samira. Sie war Anfang 20, als sie bei der Polizei erschien. Ihre Eltern und ihr ältester Bruder sind in Ägypten geboren. Sie und ihre drei anderen Geschwister, zwei Mädchen und ein Junge, in Deutschland. Ihr Bruder hatte mit den Jahren die Rolle des Familienoberhaupts übernommen. Samira konnte nicht mehr sagen, wie es dazu gekommen war, dass ihr Vater immer weniger zu sagen hatte und ihr Bruder immer mehr. »Er ist eben sehr aggressiv«, sagte sie, »und wenn er etwas will, dann macht er alles, damit es passiert.« Samira drohte er: »Ich bring dich um, wenn du nicht machst, was ich sage.« Körperliche Übergriffe waren normal. Er schlug sie und ihre Geschwister fast jeden Tag. Die Gründe dafür waren unterschiedlich: Mal fand er Unterwäsche von Samira, die ihm zu sexy war. Mal las er eine SMS, in der Samira von einem Mitschüler zum Geburtstag eingeladen worden war. Dass dieser die gesamte Klasse eingeladen hatte und sie gar nicht vorhatte, dorthin zu gehen, interessierte Samiras Bruder nicht. Manchmal gab es auch Wochen, in denen er ruhig war. Doch die waren selten, und man wusste nie, wann er wieder anfängt. Samira, die älteste Schwester, bekam am meisten ab: blaue Augen, Blutergüsse an den Armen, Wunden am Kopf. Ein paar Monate lang versteckte sie sich in ihrem Zimmer und verließ es nur dann, wenn ihr Bruder aus der Wohnung ging.

Er hatte ihr befohlen, in der Öffentlichkeit ein Kopftuch zu tragen. Samira hasste es. Auch deshalb blieb sie lieber zu Hause. Dort musste sie es nicht tragen.

Ihre Eltern hatten sich dem Sohn gebeugt. Wenn Samira sie um Hilfe bat, schwiegen sie oder sagten: »Allah wird es richten.« Als sie eines Tages fliehen wollte – sie wusste nicht einmal, wohin, Hauptsache weg – und es ihrer Mutter erzählte, antwortete diese: »Wenn du das tust, bringe ich mich um.« Ihre Schwestern fragten sie, ob sie spinne, als sie versuchte, von ihnen Unterstützung zu bekommen. Ihre Ausbildung als Tierarzthelferin brach Samira ab, weil sie sich nicht mehr richtig konzentrieren konnte, weil sie nirgends Platz hatte, um in Ruhe für Prüfungen zu lernen, und weil der Bruder ihr ständig auf dem Nachhauseweg auflauerte und ihr befahl, sofort nach Hause zu gehen, sonst …

Das alles erzählte sie, als sie schließlich mit einem blauen Auge und einer geschwollenen, aufgeplatzten Lippe bei der Polizei saß: »Ich weiß nicht, wohin ich gehen kann. Ich kann da nicht wieder zurück. Der bringt mich um.«

Die andere Frau heißt Zahra. Sie war Mitte 20, als die Polizei ihr Protokoll aufnahm. Sie hat zwei Brüder, keine Schwestern. Auch sie wurde von ihrem älteren Bruder massiv bedroht, auch sie beschloss irgendwann zu gehen. Zahras Mutter hatte sie zur Polizei begleitet. Sie hielten einander die Hand, als die Tochter erzählte.

Seit ihrer frühesten Kindheit konnte Zahra keine selbständigen Entscheidungen treffen. Sie stand ständig unter der Kontrolle männlicher Familienmitglieder. Nicht einmal auf die Toilette oder ins Badezimmer durfte sie, ohne die Tür unverschlossen zu halten. Für alles, was sie tat oder wollte, musste sie einen der Männer um Erlaubnis fragen. Wenn sie die Wohnung verließ, musste sie ein Handy mitnehmen und ununterbrochen mitteilen, was sie tat, mit wem sie sich traf und wo sie sich aufhielt.

Wenn sie und ihre Mutter zu Hause waren und männlicher Besuch kam, mussten die Frauen das Wohnzimmer verlassen und durften sich nur noch in der Küche aufhalten. Auch Zahras Mutter litt unter der Situation. Ihr als Mutter wurde aber mehr Respekt entgegengebracht als Zahra. Alle männlichen Familienmitglieder übten Druck auf die junge Frau aus. Vor allem ihr ältester Bruder: »Er hat gesagt, er bringt mich um oder lässt mich umbringen, wenn er mich draußen erwischt und ich mich nicht an unsere Regeln halte.« Das passierte, als sie an einem Abend um 18:10 Uhr nach Hause kam. Ausgemacht war 18 Uhr gewesen. Seine Drohung sprach der Bruder aus, während er ihr ein Küchenmesser an den Hals hielt. Er sagte, es mache ihm auch nichts aus, wenn er dafür fünf Jahre ins Gefängnis käme.

Zu drohen, zu demütigen, zu kontrollieren: Das ist die einzige Macht, die manche Männer kennen – und sie üben sie aus, um sich selber zu erhöhen. Koste es, was es wolle. Wie klein diese Männer tatsächlich sind, sieht man daran, dass ihre Ehre, wie sie sie verstehen, ihr Ansehen, ihr Ruf und ihre Männlichkeit vom Verhalten ihrer Schwestern abhängt. Tun diese irgendetwas, das den krankhaften Regeln widerspricht, wird dadurch der Ruf der ganzen Familie ruiniert.

Nach diesem Ereignis – an Zahras Hals war immer noch eine kleine Schnittwunde zu sehen – entschieden sie und ihre Mutter, zur Polizei zu gehen. Zahra möchte leben. Und sie lebt. Mit ihrer Mutter ist sie in eine andere Stadt gezogen, hat jetzt einen anderen Namen und lebt ein selbstbestimmtes Leben. Die Angst vor ihrer Familie begleitet sie zwar bis heute, aber sie sagt: »Hier lebe ich. Dort wäre ich tot.«

Samira lebt auch – wieder zu Hause. Keine 24 Stunden nachdem sie im Frauenhaus angekommen war, bekam sie einen Anruf: »Dein Vater liegt mit einem Herzinfarkt im Krankenhaus, weil du uns verlassen hast.« Samira machte sich Vorwürfe und Sorgen, fragte sich, ob sie ein schlechter Mensch sei. Sie hielt noch drei Wochen im Frauenhaus aus – ständig bekam sie Anrufe und Nachrichten, auch mitten in der Nacht –, dann legte sie ihr Kopftuch wieder an und kehrte zurück. Für sie war die Vorstellung, ganz alleine in eine unbekannte Stadt mit unbekannter Zukunft zu gehen, schlimmer als das, was ihr angetan worden war.

Samira lebt auch – irgendwie.

Gleichberechtigung auf dem Kopf

Frauen – das muss jeder begreifen – dürfen ebenso wie Männer selber entscheiden, wie sie leben, wen sie lieben, wen sie heiraten, ob sie studieren, welchen Beruf sie ausüben und was sie tragen. Das ist Demokratie! Wer denkt, man dürfe Menschen moralische Zwänge auferlegen – egal ob kulturelle oder religiöse; wer denkt, man dürfe kollektiv Kontrolle auf einen Menschen ausüben; wer denkt, dass Zwangsheiraten, Kinderehen oder Polygamie normal sind, oder auch nur, dass es gut ist, einen Handschlag des anderen Geschlechts abzulehnen, weil Frauen als etwas wahrgenommen werden, das nicht berührt werden darf, und so eine alltägliche Situation hochsexualisiert wird, der hat das Grundgesetz nicht im Ansatz verstanden.

Mir ist bewusst, dass eine Gesellschaft wie unsere auf Menschen bedrohlich wirken kann, die mit Patriarchalismus aufgewachsen sind, weil hier die Freiheit, die Individualität und die Selbstbestimmtheit einen hohen Stellenwert haben. Genau aus diesem Grund halten diese Menschen mitunter noch stärker an ihren Traditionen fest. Es entsteht ein Teufelskreis, aus dem ein Ausbruch schwierig wird und der einer erfolgreichen Integration entgegensteht.

Doch ich komme erst an, wenn ich es als Gewinn ansehe, dass wir in einem Land leben, in dem es möglich ist, dass die Menschen frei leben. Deshalb muss dieser Teufelskreis durchbrochen werden. Das bedeutet, die Pluralität der Gesellschaft zu akzeptieren, zu respektieren und wertzuschätzen – auch wenn sie bis in die eigene Familie reicht. Wer keine Miniröcke oder weibliche Haut sehen will oder ein Problem mit Homosexualität hat und sie als sünden- und ekelhaft bezeichnet, kann gerne in Saudi-Arabien leben. In Europa sind Pluralität und Diversität ein Geschenk.

Das heißt auch, es zu akzeptieren, wenn eine Frau kein Kopftuch tragen möchte – ein Stück Stoff, das die fehlende Gleichberechtigung von Mann und Frau in muslimischen Gesellschaften in besonderem Maße zeigt. Was bemerkenswert dabei ist: Manchen linksliberalen Kreisen in Deutschland scheint bei diesem Thema der Kompass völlig abhandengekommen zu sein. Da gibt es Feministinnen, die auf die Barrikaden gehen, wenn man einen Text nicht gendert, aber ein Kopftuch mit Emanzipation gleichsetzen oder gar das Tragen einer Burka als freie Entscheidung betrachten. Das hat mit Freiheit nichts zu tun. Wer das nicht sieht, hat nichts verstanden. Es gibt Millionen Gründe, warum muslimische Frauen ein Kopftuch tragen. Und es steht außer Frage, dass viele von ihnen es freiwillig tun. Die Frau meines Bruders zum Beispiel hat früher nie Kopftuch getragen. Ich habe sie im Minirock kennengelernt. Irgendwann setzte sie es auf, und ich fragte sie: »Warum trägst du es auf einmal?« Sie antwortete: »Jetzt habe ich einen Mann, drei Kinder, jetzt habe ich eine Arbeit und ein Haus. Jetzt möchte ich Gott dafür danken.« Es gibt auch Frauen, die sagen: »Ich möchte selbst entscheiden, was andere von mir sehen.« Wieder andere sehen das Kopftuch als etwas, das zu ihrer Identität gehört.

Ich akzeptiere das – bei erwachsenen Frauen. Bei Kindern und Heranwachsenden sehe ich das Kopftuch allerdings als sehr problematisch an. Davon später mehr.

Trotzdem ist das Kopftuch immer ein Ausdruck von Geschlechterungleichheit, Patriarchat und Unterdrückung: Die Frau muss sich bedecken, um das sexuelle Verlangen von Männern nicht zu wecken, um ihre eigene Schönheit zu verstecken und um kein natürliches Verhältnis zu ihrer eigenen Sexualität zu entwickeln.

Dazu kommt, dass das Kopftuch in den letzten Jahren auch zum Symbol eines rückschrittlichen Islams geworden ist, der Pluralität nicht mehr duldet, autoritär, einseitig, mit dem Drang, die Sexualität seinen Anhänger zu kontrollieren. Das war nicht immer so: Wer beispielsweise Bilder aus den frühen 1970er-Jahren aus dem Iran, Syrien, der Türkei oder sogar Afghanistan betrachtet, sieht, wie offen die Frauen damals waren, was sie trugen und wie emanzipiert sie waren. Mit dem politischen Islam verschwand das alles. Geblieben sind Gesellschaften, die zwanghaft damit beschäftigt sind, Weiblichkeit zu verstecken. Sogar meine Mutter trug damals kurze Röcke. Heute wäre das in meinem Dorf unmöglich.

Die Frau wird als Dauerobjekt der Begierde gesehen, der Mann als Wesen ohne Selbstkontrolle. Zusätzlich hat das Tragen eines Kopftuchs auch immer eine religiöse Komponente. Wer nun behauptet, Frauen, die es freiwillig aufsetzen, seien besonders emanzipiert, frei oder unabhängig und das müsse man unterstützen, wenn man Diskriminierung und Rassismus ablehnt – was bei der Verteidigung des Kopftuchs hierzulande ja oft als Argument vorgebracht wird –, dem muss man Folgendes entgegensetzen: Jede Religion, in der an einen patriarchalen, strafenden Gott geglaubt wird, ist dogmatisch und somit eher das Gegenteil von (feministischer) Emanzipation, Freiheit oder Unabhängigkeit.

Natürlich unterstützt nicht jede dieser Frauen automatisch all die negativen Aspekte, für die ein Kopftuch steht. Trotzdem basiert ihre Entscheidung immer auf Argumenten, die weder für Gleichberechtigung noch für Selbstbestimmtheit oder Liberalität stehen.

Noch mal: Das Kopftuch ist kein Ausdruck von Emanzipation, Freiheit oder Individualität. Es ist ein Ausdruck von Geschlechtertrennung, Fremdbestimmung, von der Tabuisierung des Frauenkörpers und der Einteilung in moralisch und unmoralisch, rein und unrein. Wer das in Deutschland nicht sieht, bestätigt patriarchale Strukturen.

Ich finde es gut, dass Frauen in ihren Bemühungen, von der Mehrheitsgesellschaft als gleichberechtigt akzeptiert zu werden, unterstützt werden. Dieses berechtigte Anliegen aber durch ein Symbol der Geschlechtertrennung, der Ungleichheit und Unterdrückung zu glorifizieren und damit zu meinen, für Freiheit, Pluralismus und Diversität einzustehen, halte ich für falsch. Und wenn jemand absichtlich Frauen mit Kopftuch anstellt, um zu demonstrieren, wie vorbildlich er ist, dann frage ich mich, was für ein Vorbild das sein soll, bei dem die Haare nicht gezeigt werden dürfen.

Was hat das mit Emanzipation und Freiheit zu tun? Und wie ist es beispielsweise zu erklären, dass Frauen im Iran in Haft sitzen, weil sie ihr Kopftuch abgelegt haben, es hierzulande aber mit Emanzipation verbunden wird, eines zu tragen? Dabei ist das religiöse Kopftuchgebot selbst bei Muslimen bis heute umstritten. Weltweit leben Millionen von gläubigen Muslimas ohne es. Also: Wo ist die Unterstützung in Deutschland, wenn Frauen selbstbestimmt ihr Kopftuch ablegen – oder erst gar nicht aufsetzen wollen? Warum erhalten sie so wenig Rückendeckung von der Gesellschaft und vom Staat, wenn ihre Väter, Mütter oder Geschwister sie dazu zwingen, ein Kopftuch zu tragen, oder der soziale Druck von Mitschülern, der Community oder der Moscheen für sie erdrückend wird? Nicht zu vergessen: der Druck des patriarchalen Gottes, der einer guten Frau angeblich das Kopftuch befiehlt, mit der Hölle droht oder die Regel aufstellt, sie sei nicht vollständig in ihrem islamischen Glauben, wenn sie sich für offenes Haar entscheidet.

Trotz all meiner Kritik unterstütze ich erwachsene Frauen in ihrem Recht und ihrer privaten Entscheidung, ein Kopftuch tragen zu dürfen, wenn sie es wollen. Es sollte in einer pluralistischen Gesellschaft kein Problem darstellen, wenn Frauen mit Kopftuch in Banken oder an der Uni arbeiten, Führungspositionen haben oder Beamte werden. Von mir aus kann eine Frau mit Kopftuch auch im Bundestag sitzen. Das ist nicht meine Art, Religiosität zu leben, weil ich mit dem Symbol große Probleme habe, aber ich akzeptiere es.

Es gibt jedoch Grenzen des Kopftuchs in einem säkularen Staat. Diese gibt es in zwei Bereichen:

Bei Kindern, weil man sie dadurch sexualisiert und eigentlich missbraucht.

Und wenn Neutralität erforderlich ist, sprich: bei Pädagogen, bei der Polizei und in der Justiz.

Deshalb plädiere ich auch für ein Neutralitätsgesetz, das im

Übrigen weder rassistisch noch diskriminierend ist, wie manche behaupten, die denken, sie seien mit ihrer Ablehnung des Gesetzes moralischer und toleranter als andere. Im Gegenteil. Das Gesetz ist sehr demokratisch, denn es betrifft alle Religionen. Wo Neutralität erforderlich ist, sollte kein religiöses Symbol vorhanden sein. Wenn zum Beispiel eine Muslima ein Kopftuch trägt, tut sie dies, weil sie an eine Ideologie glaubt. Diese Ideologie wiederum zwingt sie, gewisse Regeln zu befolgen. Wer so handelt, stellt die eigene Religion über das Grundgesetz oder bringt zumindest nicht die erforderliche Flexibilität mit, um einen so wichtigen Job wie beispielsweise den einer Richterin auszuüben. Denn werde ich gleich behandelt, wenn ich vor einer Richterin mit Kopftuch stehe und gegen bestimmte religiöse Zwänge im Islam klage? Ich bin mir da nicht sicher.

Wer zudem den Alltag in den Schulen heutzutage und die Herausforderungen dort kennt und sieht, wie respektlos manche Schüler mit ihren Lehrern und vor allem Lehrerinnen umgehen, wie Schüler andere Schüler mobben, weil sie den angeblich falschen Glauben haben, und wie manche Mädchen unterdrückt werden, weil sie einen Freund haben oder kein Kopftuch tragen, der weiß, dass Neutralität an Schulen gerade jetzt ein hohes Gut ist – unverzichtbar für die Vermittlung von Gleichberechtigung und Emanzipation. Auch der Schwimmunterricht oder Klassenfahrten, von denen viele muslimische Kinder ferngehalten werden, gehören zu den gravierenden Problemen im Schulalltag, die ihren Ursprung in der Angst vor der Sexualität der Frauen haben. Deshalb ist es fatal, Lehrerinnen das Kopftuchtragen zu erlauben. Denn mit ihrem Kopftuch kommunizieren sie wortlos bestimmte Werte, die den Kindern gewiss nicht dabei helfen werden, sich vom Patriarchat zu lösen. Aus all diesen Gründen sollte es auch Mädchen wenigstens bis zu einem gewissen Alter verboten werden, ein Kopftuch in der Schule zu tragen.

Gleichberechtigung von Kindern

Man kann nicht sagen, dass das Kopftuch bei jungen Mädchen in Deutschland sehr verbreitet ist, obwohl die Zahl zunimmt, wie viele Lehrer immer wieder betonen. Trotzdem wird bei der Diskussion um die Relevanz des Themas zuweilen mit der geringen Anzahl der Kinderkopftuchträgerinnen argumentiert. Ich finde nicht, dass es darauf ankommt. Denn jedes Kind, das man durch ein Kopftuch stigmatisiert und dem man einredet, das Haar sei »sündig« und es gelte, es zu bedecken, ist eines zu viel. Diese Mädchen werden ihrer Kindheit beraubt. Das ist kein Symbol von Religionsfreiheit, das ist Missbrauch.

Diejenigen, die das Tragen eines Kopftuchs schon von ihren sehr jungen Töchtern verlangen, gehörten meist Familien an, die ihre Religion fundamentalistisch ausleben und ihre Ansichten den Mädchen aufzwingen. Als Grund wird oft genannt, dass die Mädchen sich daran gewöhnen sollen, damit es später nicht zu Schwierigkeiten kommt und sie das Kopftuch womöglich ablehnen, wenn sie ihren Körper und ihre Schönheit entdecken. So viel zum Thema Freiwilligkeit. Was für eine Logik! Was für eine Bevormundung! Und was für eine Unterdrückung der eigenen Entscheidungen!

Junge Mädchen sollten kein Kopftuch tragen dürfen – zumindest nicht in der Schule. Dort sollte es gesetzlich verboten werden. Dabei geht es nicht darum, sie zu bevormunden, sondern vor allem um den Schutz der Kinder vor Mobbing und Ausgrenzung.

Durch ein Verbot in der Schule werden Mädchen, die das Kopftuch sonst tragen müssen, die Möglichkeit haben, sich vielleicht nicht immer, aber zumindest mehrere Stunden pro Tag frei zu bewegen und eine andere Lebensart zu erfahren. Dadurch können sie sich selbständiger mit diesem Thema auseinandersetzen und erfahren, wie sich das Leben mit und wie es sich ohne Kopftuch anfühlt. Vielleicht veranlasst das Verbot ja auch einige

Eltern dazu, die Entscheidung für oder gegen ein Kopftuch ihren Töchtern selbst in die Hände zu legen und auf einen Zeitpunkt zu vertagen, an dem diese eine mündige und reflektierte Entscheidung treffen können. Denn natürlich werden kleine Mädchen schnell sagen, sie hätten sich selbst dazu entschieden, doch der intensive Prozess der Identitätsfindung beginnt erst in der Pubertät. Auch dann wird die Entscheidung zwar niemals frei vom kollektiven Druck der Community oder dem Gedanken an einen belohnenden oder bestrafenden Gott fallen, doch wenn ein Mädchen mit acht, neun Jahren ein Kopftuch anlegt, ist das auf keinen Fall auf ihren freien Willen zurückzuführen. Es ist entweder dazu animiert oder gezwungen, in jedem Falle aber stark manipuliert worden.

Wer nun argumentiert, dass doch auch christliche Kinder ihren Glauben bereits im jungen Alter ausüben, getauft werden und zur Kommunion und Konfirmation gehen, sollte sich darüber im Klaren sein, was für ein entscheidender Einschnitt das Anlegen eines Kopftuchs im Leben einer Muslima ist. Es wieder abzulegen ist fast nicht möglich. Zudem ist ein Kopftuch bei Kindern etwas anderes als ein Kreuz am Hals oder an der Wand. Ein Kreuz an der Wand betrifft nicht ein einzelnes Kind, das sein Haar verstecken muss. Deshalb sollte der Schritt, ein Kopftuch anzulegen, eine reflektierte und mündige Entscheidung sein.

Generell wäre ich für eine säkulare, Schule, in der es überhaupt keine religiösen Symbole gibt, weder Kreuze noch Kippas oder Frauen mit Kopftüchern. Und in einer Gesellschaft, die das Wohl des Kindes hochhält und in der die Selbstbestimmung eines jeden Menschen ein Grundrecht ist, egal welchem Geschlecht oder welcher Religion er angehört, muss auch eine Debatte darüber geführt werden. Es geht um ganz klare Botschaften und um eine Abwägung zwischen dem Erziehungsrecht, der Religionsfreiheit und dem Kindeswohl. Da sind Staat und Gesellschaft unbedingt verpflichtet, dem Kindeswohl den Vorrang zu geben – übrigens auch bei so scheinbar kleinen Angelegenheiten wie dem Schwimmunterricht.

Bei den klaren Botschaften könnte man sich ein Beispiel an folgendem Vorgehen nehmen: Kurz vor den Pfingstferien 2018 kontrollierte die bayerische Polizei an verschiedenen Flughäfen des Bundeslandes, ob zu normalen Schulzeiten Eltern mit schulpflichtigen Kindern unterwegs waren. Dabei erwischte sie mehr als 20 Familien, die schon vor Ferienbeginn in den Urlaub fliegen wollten. Gegen die Eltern wurde daraufhin Anzeige bei den zuständigen Landratsämtern erstattet. Es sollte ein Warnsignal für Eltern sein, weil falsche Krankmeldungen kurz vor und nach den Ferien in den vergangenen Jahren zugenommen hatten. Nun hielten manche – unter anderem die Gewerkschaft Erziehung und Wissenschaft – diese Aktion für überzogen. Nein. Diese Aktion war richtig. Schulpflicht ist Schulpflicht und muss von allen akzeptiert wird. Deshalb: Jetzt bitte mit der gleichen Entschlossenheit auch gegen Eltern, die ihre Töchter nicht zur Klassenfahrt oder zum Schwimmunterricht schicken wollen.

Mädchen werden benachteiligt, Mütter machen mit

Ich erinnere mich an eine Frau, die nach einem Vortrag auf mich zukam und zu mir auf Arabisch sagte: »Herr Mansour, endlich leben wir in Freiheit. Hier in Deutschland herrscht Freiheit. Und ich verstehe Freiheit so, dass ich meine Tochter nicht am Schwimmunterricht teilnehmen lasse.«

Ich fragte die Frau, ob sie einen Sohn habe und ob der am Schwimmunterricht teilnehmen dürfe. Sie antwortete: »Ja.«

»Und warum Ihre Tochter nicht?«

»Weil es eine Sünde ist.«

»Was genau ist die Sünde?«

»Na ja, Haut zu zeigen, ihren Körper fast nackt zu zeigen.«

»Wer sagt das?«

»Allah.«

An dieser Stelle war das Gespräch vorbei. Allahs Weisungen sind ein Totschlagargument.

Die Antwort der Mutter war eine, die ich oft zu hören bekomme. Entweder Allah hat etwas entschieden oder sonst jemand, der in der Hierarchie weiter oben steht. Das Tabu: Beim Schwimmunterricht müssen Mädchen nur leichtbekleidet gemeinsam mit ebenfalls nur leichtbekleideten Jungen ins Wasser steigen. Zu viel Körper, zu viel Haut, zu viel Kontakt – sagt irgendjemand. Eigene Verantwortung oder eigene Reflexion der Mutter: Fehlanzeige. Kein Gedanke daran, was es für das Mädchen einerseits bedeutet, dass ihr Körper tabuisiert wird, dass sie dadurch kaum lernen kann, mit ihrem eigenen Körper umzugehen, und höchstwahrscheinlich ein sehr starkes Schamgefühl und einen ungesunden Bezug zu sich selbst entwickelt. Und was es andererseits bedeutet, ausgeschlossen zu werden und weniger zu lernen als ihre Mitschüler. Für Kinder in diesem Alter ist es elementar, am Klassengeschehen teilzuhaben. Zudem ist es neben dem pädagogischen Verlust auch absolut fahrlässig und gefährlich, sein Kind nicht schwimmen lernen zu lassen.

Leider wird der Ausschluss muslimischer Mädchen vom Schwimmunterricht von Lehrern und Schulleitern oft einfach so hingenommen: Das sei ja die Erziehungs- und Religionsfreiheit der Eltern. Das ist falsch. Wenn jemand der Meinung ist, dass seine Tochter nicht am Schwimmunterricht teilnehmen darf, dann müssen Schule und Politik aufstehen und sagen, dass genau hier die Religionsfreiheit aufhört. Wer in Kauf nimmt, dass ein muslimisches Mädchen in einer deutschen Schule weniger lernt als ein nichtmuslimisches Mädchen, betreibt keine kultursensible Arbeit, er betreibt Rassismus. Nichts anderes.

Das Beispiel dieser Mutter macht noch ein weiteres Problem deutlich: Denn auch wenn man meint, in einem Patriarchat würden ausschließlich Männer die bestehenden Strukturen aufrechterhalten, weil sie ja ganz oben stehen, der irrt. Frauen machen hier aus den verschiedensten Gründen mit.

Das fängt bei der Erziehung an: Es sind auch Frauen, die ihre Kinder bei Ungehorsam bestrafen und mit der Hölle drohen; die ihren Töchtern als Vorbild dienen, wenn es darum geht, ein Kopftuch zu tragen, keusch und zurückhaltend zu sein; die ihre Söhne wie Prinzen erziehen, ihre Töchter aber nicht wie Prinzessinnen.

Wenn zum Beispiel Jungen schon im jungen Alter zum Aufpasser ihrer Schwestern erzogen und losgeschickt werden, um sie zu überwachen und nach Hause zu bringen, und diese Schwestern sich nicht trauen, sich zu widersetzen, weil sie weder bei ihrer Mutter noch bei anderen weiblichen Familienmitgliedern Hilfe erwarten können (so wie es bei Samira der Fall war), dann ist es kein Wunder, wenn sich patriarchale Strukturen fortsetzen. Genauso ist es, wenn Mädchen Kopftücher tragen, obwohl sie das nicht wollen und unglücklich damit sind, aber keinen Ärger mit ihren Eltern und ihrem weiteren Umfeld haben wollen.

Frauen, insbesondere Mütter, sind eine wichtige Stütze in den männlichen Unterdrückungsstrukturen. Dieser Kreislauf kann erst dann durchbrochen werden, wenn die jüngeren Frauen lernen, sich zu verweigern. Doch diese Frauen haben Angst, weil ihre Erziehung durch Kontrolle und oftmals auch durch Gewalt geprägt war oder noch ist. Dazu kommen die Unterdrückung von Sexualität und kritischem Denken, die Ungleichbehandlung von Mädchen und Jungen, kein Platz für Selbstentfaltung, das Verbot der Hinterfragung von Autoritäten, das unbedingte Einhalten der strengen Regeln.

Wir müssen den Mädchen – und natürlich auch den Jungen, die von diesen Denk- und Handlungsmustern genauso betroffen sind – dabei helfen und sie befähigen, ein selbstbestimmtes Leben zu führen, denn jeder der genannten Punkte verhindert eine unbeschwerte Kindheit und die freie Selbstentfaltung, auf die jedes Kind ein Anrecht haben sollte. Was mit einer angstvollen Erziehung beginnt, mündet in einer verkorksten Körperlichkeit und in verklemmter Sexualität – und wird vermutlich an die nächste Generation weitergegeben. Wir dürfen diese Kinder nicht alleinlassen. Es sind deutsche Kinder, sie gehören zu dieser Gesellschaft und sind unsere Zukunft. So und nicht anders sollten wir sie wahrnehmen.

Angst vor Machtverlust

Viele Menschen verwechseln Respekt mit Gehorsam. So sind das Beamtentum, die Polizei, die Politik und auch die Familien in patriarchalen Gesellschaften aufgebaut. Wenn nun Familien in Gesellschaften kommen, in denen das alles völlig anders erscheint, ist das Einfordern dieses Gehorsams – oft durch Bestrafung – manchmal die letzte Autorität der Eltern, insbesondere der Väter.

Eine Lehrerin erzählte mir vor kurzem von muslimischen Flüchtlingen in ihrer Klasse, die immer wieder andere Kinder niedermachten. Als sie mit den Kindern darüber reden wollte, sagte eines: »Sie müssen uns schlagen.« Die Lehrerin dachte im ersten Moment, die Kinder wollten sie provozieren. Da wiederholte das Kind, als sei es das Normalste auf der Welt: »Sie müssen uns schlagen, wenn wir uns falsch verhalten.«

Die Eltern sehen, dass ihre Kinder viel schneller in dieser Gesellschaft Fuß fassen, zum Beispiel die Sprache mit Leichtigkeit lernen und sich bald viel besser mit allem auskennen. Vielleicht sind die Eltern arbeitslos, weil es mit der Sprache nicht so klappt. Wahrscheinlich kommen sie ohne ihre Kinder irgendwann nicht mehr aus, weil diese für sie übersetzen müssen. Was passiert? Sie fühlen sich klein.

Der Verlust von Autorität – eine der wichtigsten Säulen ihres Selbstverständnisses – kann für ihre Psyche dramatische Folgen haben und zu großer Hilflosigkeit und Angst führen. Zudem geht die psychische Belastung, die Flüchtlinge durch den Krieg, die Flucht, das neue Land und vieles mehr erleben, natürlich auch auf ihre Kinder über. Und so schwingt bei vielen Furcht und Ablehnung mit, weil sie sich von dieser Gesellschaft nicht verstanden oder in eine Ecke gedrängt fühlen – auch und vor allem, wenn es um ihre Kinder geht.

Auf Facebook gibt es einige «Stars» (ich nenne sie vorsichtig so, weil sie so viele Follower haben) aus der deutschen Flüchtlingsgemeinde. Einer von ihnen veröffentlichte vor ein paar Monaten, noch aufgebracht von den Ereignissen, folgende Geschichte: Er war gerade mit einer syrischen Familie in einem Restaurant irgendwo in Deutschland essen gewesen. Alles war gut, bis eines der Kinder seine Cola verschüttete und der Vater so wütend wurde, dass er ihm eine Ohrfeige gab.

So etwas passiert in jedem Restaurant in jedem arabischen Land an jedem Tag. Ich selbst bin damit groß geworden und habe viele solcher Situationen schon selbst beobachtet.

In diesem Fall war es aber ein Restaurant in Deutschland, und die Ohrfeige war so heftig, dass eine Frau die Polizei rief. Diese kam und verhörte die anwesenden Menschen. Am Ende entschieden die Polizisten, das Kind mitzunehmen. Der Vater wollte es natürlich nicht hergeben, und so kam es zu einer unschönen Auseinandersetzung.

Das Resümee des »Facebook-Stars« war: »Deutschland ist schlimm und gefährlich. Passt auf eure Kinder auf. Das Kind muss heute woanders schlafen und bekommt dort vielleicht Schweinefleisch zu essen. Ihr wisst, Deutschland braucht Kinder, und wer weiß, ob dieser Mann sein Kind je wiedersieht. Passt auf, was ihr in der Öffentlichkeit mit euren Kindern macht, sonst nehmen sie sie euch weg.«

Es ging ihm nicht eine Sekunde darum, was der Mann mit seinem Kind getan hatte, dass er es verletzt hatte, sondern darum, dass seine Follower aufpassen sollen, was sie in der Öffentlichkeit in Deutschland mit ihren Kindern machen. Als wäre es o. k., seine Kinder zu Hause zu schlagen. Der Täter, der Vater, wird hier zum Opfer der deutschen Gesellschaft, seiner Migration, seines Unwissens über Deutschland. Das Unwissen darüber, was er seinem Kind damit antut, spielt ganz offensichtlich keine Rolle.

Mir haben schon viele arabische Väter sehr aufgebracht berichtet, dass ihre Kinder in der Schule beigebracht bekämen, beim Jugendamt anzurufen, wenn sie zu Hause geschlagen würden. Das lässt die Eltern absolut hilflos zurück. Sie werden wütend, und die Angst, ihre Autorität zu verlieren, wird immer größer. Dieser Angst muss konstruktiv begegnet werden, und zwar mit realen Menschen, nicht mit Bildern und Posts aus dem Internet, die die Angst noch mehr schüren, so wie ein Video aus Schweden, das vor ein paar Monaten weltweit vor allem in arabischen Communitys die Runde machte. Darin wird ein kleines Kind aus einem Haus und zu einem Auto getragen. Die Situation ist nicht eindeutig, aber man hört viele Schreie von einem Mann und einer Frau. Die Frau, wahrscheinlich die Mutter des Kindes, läuft dem Kind hinterher, wird von einer Polizistin gestoppt und zunächst festgehalten. Dann gehen die beiden langsam zu dem Auto, in dem das Kind sitzt, die Mutter schreit und weint weiter und wird schließlich von der Polizistin zurückgehalten, damit das Auto losfahren kann.

Dieses Video wurde als »Beweismittel« eingesetzt, um zu bekräftigen, mit welcher Willkür und Herzlosigkeit europäische Staaten gegen Flüchtlinge vorgingen und ihnen die Kinder einfach wegnähmen. Ich kenne die Hintergründe zu diesem Video nicht, aber ich weiß aus meiner täglichen Arbeit, dass viel passiert sein muss, bis ein Kind aus seiner Familie geholt wird. Viele Jugendamtsmitarbeiter geben in meinen Seminaren sogar klar zu, dass sie bei Migranten öfter wegschauen oder die Dinge länger laufen lassen als bei deutschen Familien. Sie sind verunsichert, wollen nicht als Rassisten gelten.

Das ist fatal und grauenvoll, denn diese Kinder werden im Stich gelassen. Jedes Kind hat das Recht darauf, gewaltfrei aufzuwachsen. Das muss ein Staat garantieren. Das tut er aber nicht, denn auch die Jugendamtsmitarbeiter werden im Stich gelassen, weil sie völlig überlastet sind oder auch (erfolgreich) von Clans bedroht werden. Das darf nicht sein.

Zurück zum Video aus Schweden: Seine große Verbreitung innerhalb von Flüchtlings-Communitys und besonders der häufig unkritische Umgang damit zeigen nach meiner Auffassung eine der Kernursachen, wieso bei manchen Menschen keinerlei Bemühungen zur Integration Früchte tragen. Warum? Eine der Folgen der patriarchalen Erziehung, die Unfähigkeit zum kritischen Denken und Hinterfragen, ermöglicht es diesen Menschen nicht, ihr eigenes Wertegerüst und Handeln zu verändern. Die immer gleichen Opfer- und Feindbilder werden bedient. In diesem Fall wurden Polizei und Jugendamt verteufelt, zum Feind erklärt und als Hunde bezeichnet. Die Botschaft ist: Das syrische Volk ist Opfer. Der böse Westen ist Täter.

Zum Glück – und das macht mir Mut – habe ich in den letzten Monaten und Jahren auch Flüchtlinge getroffen, die diese Opfer- und Feindbilder hinterfragen und auf dem Recht körperlicher Unversehrtheit von Kindern beharren und dieses auch verteidigen.

Nichtsdestotrotz erlebe ich immer wieder eine enorme Ablehnung gegenüber dem Jugendamt und anderen Behörden. Viele Mütter sagen, ihre Kinder seine kriminell geworden, weil sie ihre Kinder nicht richtig erziehen konnten. »Warum konnten sie sie nicht richtig erziehen?«, frage ich. Die Antwort: »Na ja, wenn wir unsere Kinder schlagen, kommt sofort die Polizei oder das Jugendamt.«

Für sie sind Menschen vom Jugendamt schlicht diejenigen,

die Kinder wegnehmen, obwohl das Jugendamt Hilfestellungen leisten und Eltern unterstützen möchte. Das sehen sie nur nicht, denn in ihren Ländern gibt es keine Jugendämter oder etwas Vergleichbares.

Wenn wir es aber akzeptieren, dass Menschen ihre Kinder schlagen, dann haben wir bald nicht neue Bürger in diesem Land, sondern psychisch gestörte Menschen. Wir dürfen dieser Einstellung nicht folgen. Wir dürfen unsere Werte im Zusammenleben nicht relativieren. Aber wir müssen Räume schaffen, in denen wir mit den Menschen auf emotionaler Ebene über ihre Themen reden und ihnen zuhören, nur nicht von oben herab. Und wenn man sie dann nach Argumenten fragt, werden sie ganz schnell merken, dass sie eigentlich keine haben.

Wir müssen schauen und gut überlegen, wie wir Aufklärungsarbeit machen, die Eltern dazu bringt, ihre Erziehungsmethoden in Frage zu stellen, und ihnen erklären, warum Dinge wie Schwimmunterricht und Klassenfahrten sinnvoll und ein Geschenk für ihre Kinder sind. Weiter müssen wir uns fragen: Wie können wir diese Kinder stärken? Wie können wir es verhindern, dass manche Mitarbeiter des Jugendamts ganz anders, viel zurückhaltender, mit muslimischen Eltern umgehen als mit deutschen, obwohl die Sachverhalte vielleicht die gleichen sind? Wie können wir den Eltern klarmachen, dass zur Erziehung auch dazugehört, dass sie ihr Kind auf das Leben draußen vorbereiten? Wenn ein Kind zu Hause patriarchal erzogen wird, dann wird es irgendwann überfordert sein, weil draußen die Demokratie ist und drinnen das Patriarchat.

Wenn wir die ganze Problematik der Gleichberechtigung übertreiben und polemisch darstellen, dann sollten auf Flüchtlingsrouten Riesenplakate aufgestellt werden, auf denen steht: »Achtung, Sie betreten jetzt Europa. Herzlich willkommen. Sie sind endlich in Sicherheit. Aber: Hier werden Frauen und Männer gleichberechtigt. Hier herrscht Meinungsfreiheit. Hier führen Menschen ein selbstbestimmtes Leben. Und hier wird Ihre Tochter mit 18 Jahren Sex haben dürfen, wenn sie das möchte.«

Vielleicht würden die Menschen dann begreifen, was Freiheit und Demokratie bedeuten.

Wenn die Religion im Wege steht

Meine Eltern schauen sehr oft arabische Sender. Vor einigen Jahren war ich bei ihnen zu Besuch, der Fernseher lief. Nichts Ungewöhnliches, doch etwas ließ mich aufhorchen: ein Mann, der sagte, er sei aus Berlin. Er hatte in einer Sendung angerufen, in der ein großer Gelehrter, quasi der Gelehrte der Gelehrten in der sunnitischen Welt, einmal in der Woche eine Stunde lang Fragen beantwortet – und zwar zu jedem Thema: zum Dschihad in Syrien genauso wie zum Fasten, zur Ehe oder zum Oralsex. Von privat bis politisch wird dort alles von ihm beantwortet. Er gilt als der Experte für alles, etwas, das ihm eine enorme Macht verleiht.

Es rief also dieser Mann aus Berlin an und fragte, ob er seinen deutschen Nachbarn zu Weihnachten beglückwünschen dürfe. Die Antwort des Gelehrten: »Nein. Das darfst du nicht. Wenn du ihn beglückwünschst unterstützt du ihn in einem falschen Glauben.«

Da rief also ein Mann aus Berlin in einer Sendung im Nahen Osten an, um einen ägyptischen Imam zu fragen, ob er sich seinem Nachbarn gegenüber herzlich benehmen dürfe. Das muss man sich mal überlegen. Was für eine Unmündigkeit. Und was für ein Religionsverständnis, das für so ein Handeln eine Erlaubnis braucht.

Als ich selber nach Deutschland kam, hatte ich das Bedürfnis zu beten – auch wenn ich in den letzten Jahren davor meine Religion kaum praktiziert hatte. Ich wollte zu Gott sprechen und in die Moschee gehen, um Orientierung, Halt und Stärke zu bekommen, um das Unbekannte, das unmöglich Erscheinende, diese riesige Aufgabe der Migration zu bewältigen.

Man darf nicht vergessen: Es gibt bei vielen Menschen eine Religiosität, die eine Inspiration ist, die eine spirituelle Dimension hat und ihnen Stärke gibt. Diese hat eine absolute Berechtigung. Das möchte ich ausdrücklich betonen. Man darf sie nicht abwerten oder versuchen, sie auszulöschen.

Zum Problem wird Religion aber immer dann, wenn sie Menschen unterdrückt, instrumentalisiert, unmündig macht oder wenn sie eine politische Dimension hat. Sie wird auch dann zum Problem, wenn sie den Menschen Angst vor dieser Gesellschaft macht und die Art und Weise, wie die Menschen hier leben, abwertet oder dieses religiöse Verständnis zu einer Integrationsverweigerung oder -unfähigkeit führt.

Integration und Verantwortung

Eine arabische Familie beim Abendessen: Es gibt Lammspieße, Reis und Tabouleh. Der sechsjährige Sohn bittet um mehr von allem und sagt dann: »Baba, weißt du was? Der Anton, der hat heute Schweinefleisch auf seinem Brot gehabt. Ihh, wie eklig, oder?« Der Vater lacht und sagt: »Ja, das ist eklig. So was essen wir nicht. Das machen nur Kuffar. Wehe, du hast das auch gemacht!« Da ruft der Sohn: »Nein! Wer ein Schwein isst, ist ein Schwein. Wer ein Schwein isst, ist ein Schwein.« Alle lachen – und essen weiter.

Wie der Sohn einen gesunden Kontakt zur Mehrheitsgesellschaft aufbauen soll, wenn sein Vater Menschen, die Schweinefleisch essen, als Kuffar, also Ungläubige, bezeichnet und damit abwertet, ist mir ein Rätsel. Die Eltern des Jungen hätten daran aber auch gar kein Interesse, denn wer seine Religiosität so versteht, dass die Art und Weise, wie andere leben, eine Gefahr darstellt, der entlässt seine Kinder nicht in diese Gesellschaft.

Wer seine Religiosität außerdem als einzig sinnstiftendes Merkmal im Leben empfindet und versucht, seine Identität zu bewahren, indem er ausschließlich denkt »Ich besitze die Wahrheit, die anderen liegen falsch«, dem wird es ebenso schwerfallen, in anderen Gesellschaften Fuß zu fassen. Wenn ich meinem Kind also sage, dass diejenigen, die Salami oder Schweinefleisch essen, keine guten Menschen sind und deshalb in der Hölle landen werden, kann ich nicht erwarten, dass mein Kind liberal und offen mit dieser Gesellschaft umgeht. Dann ist es kein Wunder, dass es zu Konflikten kommt, weil Kinder anfangen, andere abzuwerten und in extremen Fällen zu mobben oder auch Gewalt anzuwenden. Oder wie lässt es sich erklären, dass Zweitklässler andere Kinder niedermachen, weil diese nicht an den »richtigen« Gott glauben.

Wenn man diese Einstellungen nun auf die Spitze treibt, wenn man sie festschraubt in ein geschlossenes Weltbild, so wie es nicht nur der Gelehrte bei Al-Jazeera macht, dann bleiben nur noch gut und böse, *halal* und *haram*, schwarz und weiß übrig. Nichts dazwischen. Solche Haltungen und Positionen werden Kindern und Jugendlichen oft die ganze Sozialisation über subtil oder direkt vermittelt, teils in der Erziehung, teils in religiösen Erzählungen. Dazu kommen: das Zelebrieren der eigenen Opferrolle, bei dem unreflektiert alle Konflikte, alle Diskussionen, alle Kritik am Islam oder an Muslimen immer als Angriff auf sich selbst gesehen werden: die Muslime als Opfer, die anderen als Täter; der Buchstabenglaube, der keine Abweichung vom geschriebenen Wort erlaubt und bei dem es immer einen Gelehrten braucht, der einem sagt, was moralisch und unmoralisch ist; die Angstpädagogik und Lebensfeindlichkeit, bei der dieses Leben nur als Überbrückung gesehen wird und alles, was unerlaubt ist, direkt in die Hölle führen kann; und schließlich die Sexualfeindlichkeit, die einen normalen Umgang mit sich selbst, seiner Sexualität, seinem Körper oder dem anderen Geschlecht verbietet und verhindert, ein Selbstbewusstsein zu entwickeln.

Das alles sind Aspekte, die zu einem Denken führen, bei dem Autoritäten blind akzeptiert und die eigene Verantwortung und Individualität gescheut, ja sogar verabscheut werden. Untermauert wird diese Haltung durch die patriarchalen Strukturen, die aufgebaut sind wie eine Pyramide und die ich bereits im vorigen Kapitel beschrieben habe.

Ein offenes Zugehen auf Menschen, die anders sind, wird so verhindert. Dann wirkt zum Beispiel die Kita und alles, was dort gegessen, gespielt oder gelehrt wird, ebenso bedrohlich wie später die Schule, wo die Kinder auch noch Schwimm- und Sexualkundeunterricht haben werden und mit auf Schulausflüge gehen sollen. Die Folge: Als jemand, der mit diesen Werten groß geworden ist, habe ich Angst um meine Kinder, verbiete ihnen den Umgang mit ihren Mitschülern, die mit dieser anderen Lebensweise aufgewachsen sind, lasse sie unter ihresgleichen bleiben und vermeide so den Kontakt zur Mehrheitsgesellschaft. Wie soll da Integration möglich sein? Wie soll man es so schaffen, die Vorurteile abzubauen, die in den Köpfen vieler Muslime vorhanden sind? Vorurteile, bei denen ich manchmal das Gefühl habe, sie kämen direkt von Hasspredigern oder aus dem Mittagsprogramm von RTL II.

Unmündigkeit bis ins letzte Detail

Aus einem Brief an mich:

»Sehr geehrter Herr Mansour,
ich hoffe, ich darf Ihnen wegen einer sehr privaten Angelegenheit schreiben. Ich bin 45 Jahre alt, Deutsche und war nie besonders gläubig. Seit einiger Zeit bin ich mit einem gläubigen Muslim zusammen, der drei Jahre älter ist als ich. Wir sind nicht verheiratet. Ich liebe ihn sehr, aber in einigen Punkten sind wir sehr unterschiedlicher

Meinung. Es geht um das Beten und ob man es verschieben darf, um meinen Umgang mit meinen männlichen (aber natürlich rein platonischen) Freunden und vor allem darum, ob Sex vor der Ehe wirklich nicht erlaubt ist. Mein Lebensgefährte sagt, Allah würde das verbieten. Stimmt das? Ist es wirklich nicht erlaubt? Ich würde mich über eine Antwort sehr freuen.«

Das waren eine 45-jährige Frau und ein 48-jähriger Mann. Mündige Menschen, möchte man meinen. Warum kann der Mann nicht selber sagen, was er will? Warum muss ihm die Religion sagen und vorschreiben, was er machen darf und was nicht, wie er zu leben und wie er seine Beziehung zu führen hat? Und warum macht seine Lebensgefährtin bei alldem auch noch mit?

Da ist sie wieder: die Unmündigkeit, bei der die Verantwortung immer nach oben abgegeben wird. Die da oben – in diesem Fall Gott, sein Prophet, die heiligen Texte oder die Stellvertreter Gottes auf Erden, also die Gelehrten – bestimmen alles; die da unten müssen keine Verantwortung übernehmen, Aussagen hinterfragen oder kritisch denken. Nein, sie dürfen es erst gar nicht. Das ist der Schwerpunkt dieses Religionsverständnisses.

Dazu kommt, dass der Koran auch nicht als historisch und lokal entstanden gesehen wird, sondern als von Allah diktiert. Würde ich beispielsweise am Polarkreis leben und der Ramadan fiele auf den Sommer: Ich hätte ein ernsthaftes Problem, wenn ich von der Morgendämmerung bis zum Sonnenuntergang fasten müsste, denn an manchen Tagen gibt es weder das eine noch das andere. Wäre Verhungern in Allahs Sinn? Wahrscheinlich nicht. Aus Furcht vor der Hölle stellen viele Muslime aber nichts von dem, was sie – angeblich vom Koran vorgeschrieben – tun müssen, in Frage.

Es wird mit Angstpädagogik gearbeitet. Und besonders verdammt wird eine selbstbestimmte Sexualität. Die Lust am eigenen Körper, die Lust an Verliebtheit und Liebe sind tabu und werden als Gefahr gesehen. Alles, was dahingehend außerhalb der Ehe passiert, führt direkt in die Hölle. Deshalb sind ein Zusammenkommen oder Freundschaften zwischen Männern und Frauen auch nicht erlaubt. Das Motto: Sexualität muss unterdrückt oder gar bekämpft werden, denn sie ist Satans Werk, um uns Menschen zu manipulieren. Dahinter steckt das Dogma, dass mein eigenes, intimes Lebendigsein nicht mir gehört, sondern der Familie, dem Clan, der Gruppe und der Religion. Man stelle sich nun jemanden vor, der so denkt und in Deutschland lebt. Wie soll er überhaupt entspannt auf die Straße gehen, Arbeit finden, seine Nachbarin begrüßen oder der Lehrerin die Hand geben, wenn all das eine Gefahr für ein frommes Leben darstellt?

Doch solange wir nicht mündig werden und in der Lage sind, mit Gott zu streiten, kommen wir nicht weiter und werden immer ein Problem haben. Religiös kann und darf jeder sein. Aber man darf seine Verantwortung für sein Leben nicht mit der Begründung abgeben, man sei gläubig.

So passiert es übrigens auch jedes Jahr im Neuköllner Bezirksamt, wenn irgendwelche Imame zusammengebracht werden, die dann eine Erklärung schreiben, dass Kinder im Grundschulalter im Ramadan nicht fasten sollten. Müssten Eltern nicht selber erkennen und entscheiden, dass kleine Kinder nicht fasten sollten, weil es ihre Körper überfordert? Hier entscheidet wieder eine höhere Instanz darüber, was erlaubt ist und was verboten.

Das tut auch der Zentralrat der Muslime, wenn er Antisemitismus als Sünde beschreibt. Hört sich doch eigentlich gut an: Der Zentralrat der Muslime spricht sich gegen Antisemitismus aus. Wenn man Muslime nun aber fragt, was eine Sünde sei, bekommt man fast immer diese Antwort: etwas, das Allah verboten hat. Und wenn man es doch tut, bestraft er einen, meistens mit der Hölle.

Wie autoritär ist dieses Denken? Antisemitismus ist doch kein Problem, weil es eine Sünde ist, die mit der Hölle bestraft wird, sondern weil sie ein menschenverachtendes Gedankengut zur Grundlage hat. Weil jeder, der in Deutschland lebt und die Geschichte dieses Landes kennt, wissen sollte, welche Konsequenzen solch eine unmoralische, unmenschliche Weltanschauung haben kann. Dazu brauchen wir nur einen gesunden Menschenverstand und keine Imame, die uns mitteilen, dass es verboten ist.

Wie soll es bei alldem zu einer Liebe zu Demokratie, Aufklärung und Unabhängigkeit kommen, zu Toleranz, Akzeptanz und Respekt, zum Bejahen von Gleichberechtigung und Kritikfähigkeit, von Rechtsstaat und Säkularismus? Integration bedeutet auch, sozial und mental hier angekommen zu sein, sich nicht als Fremdkörper in dieser Gesellschaft zu fühlen. Das erfordert vielleicht auch, sich von den Religionsverständnissen, Lebensmodellen, Denkwelten oder Verhaltensweisen seiner Eltern, Großeltern, Tanten und Onkeln zu lösen und sich mutig die Freiheit herauszunehmen, den für sich geeigneten Lebensweg zu suchen und einzuschlagen, mündig zu werden und auch mit Gott und dem Propheten streiten zu dürfen.

Integrationskurse sollten deshalb zum Beispiel weniger darauf setzen, dass man lernt, wo genau im Harz der Brocken liegt, als darauf, Dialog und Diskussion zu schätzen und neugierig zu sein. Das gilt in besonderem Maß auch für die neu angekommenen Flüchtlinge. Man stelle sich eine vierköpfige Familie aus Syrien vor, die jetzt in Deutschland lebt: Wie werden die Eltern in zehn Jahren mit ihren Teenagern am Esstisch sitzen? Wie werden die Kinder mit ihnen sprechen? Über was werden sie sprechen? Wahrscheinlich werden sie sich kaum noch an syrische Lieder oder Geschichten erinnern, mit denen ihre Eltern groß geworden sind. Wahrscheinlich werden sie eine neue Identität entwickelt haben, eine Melange aus hier und dort. Das ist gut so! Der Gedanke daran macht den Eltern aber auch Angst. Und wir müssen sie jetzt erreichen, während sie den Weg ihrer Kinder begleiten und prägen. Denn wenn jemand dieses Land verachtet, für moralisch minderwertig hält oder einfach nur Angst vor ihm hat: Warum sollte er dann hier leben wollen? Warum sollte er wollen, dass seine Kinder wie die Kinder hier denken, fühlen und werden?

Generation Allah und ihre Folgen

Die Ablehnung der Mehrheitsgesellschaft erfolgt auch, wenn ich ein Lebenskonzept habe, das sich am Jenseits orientiert und dieses Leben abwertet. Denn viele Dinge, die für eine Integration wichtig und entscheidend sind, stellen einen Risikofaktor dar, in der Hölle zu landen: in diesem Leben anzukommen, zu feiern, Spaß zu haben, ein selbstbestimmtes Leben zu führen, mit seiner Sexualität frei umzugehen, sich einzulassen auf diese Gesellschaft – all das wird vermieden aus Angst vor Allahs Strafe.

Das trifft natürlich keinesfalls auf alle Muslime zu, aber viele Moscheen in Deutschland predigen über die Gefahren, die dieses Leben mit sich bringt, weil es nur eine Prüfung ist. Man soll es nicht genießen, sondern als Tunnel betrachten, um ins Paradies zu kommen. Das, was zählt, ist, was nach dem Tod kommt. Dann wird entschieden, ob jemand in den Himmel kommt oder nicht. Und dort bekommt man alles, was einem in diesem Leben verwehrt worden ist: Wein, Sex, Spaß, man kann frei leben, ohne älter zu werden, ohne krank zu sein, ohne Neid, ohne Depression. Dazu muss man sich nur an die Regeln Allahs in diesem Leben halten. Das bedeutet vor allem zu beten, sich den richtigen Gruppen anzuschließen und sich von Partys, Alkohol und fremden Frauen beziehungsweise Männern fernzuhalten.

Ich habe in meinem Leben schon viele Menschen getroffen und begleitet, die den Anschluss ans Leben verloren hatten, die durch Krisen gegangen sind, geliebte Menschen verloren hatten oder geschieden wurden und sich erst in diesen Momenten ernsthaft der Religion zuwandten, weil sie krank oder depressiv geworden waren. Diese Menschen orientierten sich am Jenseits und bekamen Hoffnung nach dem Motto: Wenn es hier nicht klappt, dann bestimmt dort. An sich ist das eine Bewältigungsstrategie, die man diesen Menschen lassen sollte.

Problematisch wird sie erst, wenn Menschen das Diesseits als verloren betrachten und nicht bis zum Ende ihres Lebens warten wollen. Diese Menschen suchen nach einem Ausweg, schnell ins Jenseits zu kommen. Terror etwa bietet diesen Menschen einen ganz leichten Ausweg: Komm zu uns, kämpfe, lass dich in die Luft jagen, und du bist in null Komma nichts bei Allah im Paradies. Das trifft natürlich nur auf eine sehr, sehr kleine Anzahl von Menschen zu. Diese ist aber umso gefährlicher. Und deshalb beginnt der Dschihad nicht erst beim IS, sondern bei den Eltern und den Imamen, die mit Angstpädagogik arbeiten, denn sie ebnen mit solchen Islamverständnissen den Weg in die Radikalisierung.

Ich erinnere mich an einen Mann, der mir auf die Frage, warum er sich dem IS angeschlossen habe, antwortete: »Mein Ziel war, innerhalb von sechs Monaten zu sterben und zu Allah zu gehen.«

Viele der muslimischen Jugendlichen in Deutschland, die mit den gerade beschriebenen Werten und Vorstellungen aufwachsen, fangen an – bewusst oder unbewusst unterstützt durch die Eltern, die Moscheen, die Communitys und auch das Internet –, ihre Religion als ausschließliche Ideologie zu verstehen und alles andere abzuwerten. Ich nenne diese Jugendlichen die »Generation Allah«. Damit meine ich nicht die kleine Gruppe von Radikalen, Salafisten oder anderen, die vom Verfassungsschutz beobachtet werden sollten.

Das Problem fängt viel früher an. Es geht um normale Jugendliche, die (noch) nicht radikal sind, aber ihre Religion auf diese sehr problematische Art und Weise verstehen und leben möchten. Eine Art und Weise, die viele Moscheen und islamische Verbände predigen und die es ihnen nicht ermöglicht, emotional in dieser Gesellschaft anzukommen. Deshalb können sie auch nicht als integriert bezeichnet werden, selbst wenn sie Deutsch als Muttersprache sprechen, ein abgeschlossenes Studium haben, irgendwann eine Führungsposition in einer Firma übernehmen oder einen anderen tollen Job haben.

Mir scheint, dass unseren Politikern die Generation Allah und der Zusammenhang zwischen ihr und einer Radikalisierung weder bekannt noch klar ist. Anders kann ich es mir nicht erklären, warum Moscheen und Vereine, die genau das gleiche Islamverständnis wie die Generation Allah haben und verbreiten, Partner im Kampf gegen Islamismus geworden sind. Warum finanziert unser Staat seine Gegner? Geht es den Politikern nur um die Verhinderung des nächsten Anschlags? Oder sollte es nicht eigentlich um Demokratieförderung gehen, die immer noch die beste Methode gegen Islamisten ist?

Darmstadt, Ende 2016: Der Fußballprofi Änis Ben-Hatira gerät in die Kritik, weil er mit dem Verein Ansaar International zusammengearbeitet und ihm Geld gespendet hatte. Laut Verfassungsschutzbericht des Landes Nordrhein-Westfalen 2015 ist dieser Verein jedoch »fest mit der deutschen Salafisten-Szene verwoben«. Weiter heißt es dort: »Auch wenn im Zuge kritischer Berichterstattung in den Medien eine Verbindung zum extremistisch-salafistischen Spektrum vermieden werden sollte, wurden bei Spendensammlungen international bekannte und angesehene salafistische Prediger als besondere Attraktionen eingebunden. Auch das Streben nach Anerkennung als gemeinnützige Organisation ist als Teil eines vordergründigen Legalisierungskurses zu verstehen. Im Internet finden sich hingegen keinerlei Distanzierungen zu extremistisch-salafistischen Predigern oder den Inhalten ihrer Predigten. Vielmehr haben entsprechende Veranstaltungen und Kontakte auch im Jahr

2015 stattgefunden. Somit ist Ansaar Düsseldorf e. V. weiterhin als Bestandteil der extremistisch-salafistischen Szene zu werten.«

Ben-Hatiras Verein, der SV Darmstadt 98, trennt sich daraufhin von dem Fußballer. Der Vereinspräsident Rüdiger Fritsch sagt: »Der SV 98 beurteilt Ben-Hatiras privates humanitäres Hilfsengagement wegen der Organisation, der er sich dabei bedient, als falsch.« Nach Analyse der Gesamtsituation mache eine weitere Zusammenarbeit für beide Seiten keinen Sinn mehr. Auf sein Engagement für Ansaar International und seine Vorbildfunktion als Profifußballer angesprochen, verteidigt Ben-Hatira sein Handeln weiter und bezeichnet das Vorgehen gegen ihn als »Verleumdungskampagne«.

Deutsche Rapper wie Bushido, Ali Bumaye, PA Sports, Dú Maroc und Massiv solidarisieren sich daraufhin mit dem Fußballspieler und mit ihnen viele Jugendliche, die sagen, Ben-Hatira habe nur helfen und sich sozial engagieren wollen. Dies sei mal wieder »Islam-Bashing« und letztlich nur ein weiterer Kampf gegen den Islam. Dass die Organisation, die Ben-Hatira unterstützte, problematisch ist, scheint niemanden seiner Unterstützer zu interessieren.

Ich möchte nicht sagen, dass Ben-Hatira radikal war oder ist. Aber diese Einstellungen führen weder bei Profifußballern (die für viele Jugendliche Leitfiguren sind) noch bei normalen Heranwachsenden dazu, Demokraten zu werden. Das wiederum macht es Radikalen leicht, diese Menschen für sich zu gewinnen, denn sie bauen in ihrer Rhetorik und ihren Handlungen einfach auf den schon vorhandenen Einstellungen auf und überspitzen sie nur.

Viele Muslime – Jugendliche genauso wie Eltern oder die muslimischen Verbände – schließen vor diesen Tatsachen die Augen und sind nicht bereit, über die Folgen von Angstpädagogik, Schwarzweißdenken, dem Beharren auf der Opferrolle, Entmündigung oder der Tabuisierung von Sexualität nachzudenken.

Sie behaupten lieber, Islamismus hätte nichts mit dem Islam zu tun, oder betreiben Whataboutism, wie beispielsweise die Komikerin Enissa Amani in der Sendung »Hart aber fair«, bei der sie im Frühling 2018 zum Thema »Islam ausgrenzen, Muslime integrieren – kann das funktionieren?« eingeladen war. Dort verglich sie muslimische Ehrenmorde mit den Morden der Mafia, den IS mit den christlichen Kreuzzügen und kritisierte, dass der deutsche Selbstmordattentäter, der kurz zuvor in Münster mit einem Kleinbus in eine Menschenmenge gefahren war, vier Menschen dabei getötet und sich schließlich selbst erschossen hatte, als »psychisch krank« in den Medien beschrieben worden war, ein muslimischer Selbstmordattentäter aber immer ausschließlich mit seiner Religion in Verbindung gebracht würde.

Sollen wir die Probleme, die es in unserer Religion gibt, wirklich damit abtun, dass es auch Kreuzzüge gab? Oder sollten wir uns nicht lieber mit ihnen auseinandersetzen, die Ursachen dafür finden und versuchen, sie zu lösen? Wir müssen aufhören, ständig unsere »perfekte« Religion schützen zu wollen, und anfangen, sie kritisch zu betrachten, denn nichts ist perfekt.

Stattdessen hört man ständig, dieses und jenes habe nichts mit dem Islam zu tun. Dieses und jenes seien Einzelfälle, die man nicht pauschalisieren und deretwegen eine ganze Religionsgruppe verdammen dürfe. So ähnlich klang das teilweise auch bei Anis Amri, obwohl sich der Selbstmordattentäter in einem Video zum Islam, zu Allah, zum Propheten Mohammed und zum Dschihad bekannt hatte, dem Anführer des IS, Abu Bakr al-Baghdadi, Treue und Gefolgschaft geschworen und sich mit den Worten »Wir kommen zu euch, um euch zu schlachten, ihr Schweine« an die »Ungläubigen« und »Kreuzzügler« gewandt hatte. Er schwor, es werde Rache für das Blut von Muslimen geben, das vergossen worden ist. Wie Anis Amri die Tat, die er begehen würde, in diesem Video bewertete und legitimierte, war ein religiöses Narrativ, theologisch sauber gedeckt.

Es wundert mich, dass man ein Jahr später bei der Formulierung der Gedenkinschrift am Breitscheidplatz den eigentlich eindeutigen Bezug zum Islamismus ausgeklammert hat. Dort steht auf den Vorderseiten der Stufen zur Gedächtniskirche: »Zur Erinnerung an die Opfer des Terroranschlags auf dem Weihnachtsmarkt am 19. Dezember 2016. Für ein friedliches Miteinander aller Menschen. Es starben in dieser Nacht Anna und Georgiy Bagratuni, Sebastian Berlin, Nada Cizmár, Dalia Elyakim, Christoph Herrlich, Klaus Jacob, Angelika Klösters, Dorit Krebs, Fabrizia Di Lorenzo, Lukasz Urban und Peter Völker.« Wie soll man etwas bekämpfen können, wenn man nicht mal in der Lage ist, die Ursache dafür beim Namen zu nennen?

Anis Amri hat im Namen des Islams getötet, und ich schäme mich, mit Tätern wie ihm eine Sprache, eine Religion, ein Buch zu teilen. Ich schäme mich, dass das, was mich teilweise ausmacht, ein Ungeheuer schaffen konnte. Ich will mich entschuldigen – und trotzdem denke ich, es kann doch nicht sein, dass ich nur das tun kann. Deshalb sehe ich es persönlich als eine Pflicht an, mehr zu tun: aktiv aufzuklären, aktiv die Menschen zum Nachdenken zu bringen, mich für ein liberales, freiheitliches, friedliches Miteinander einzusetzen. Denn auch Geschichten wie die folgende werden kein Einzelfall bleiben.

Ludwigshafen im Dezember 2016: Ein 12-jähriger Junge ist auf dem Weg zum Weihnachtsmarkt. In der Hand hält er ein Einmachglas, das er mit brennbarem Pulver und Nägeln gefüllt hat. Auf dem Weg filmt er sich selbst und sagt, er werde sich gleich als Selbstmordattentäter in die Luft sprengen – doch nichts passiert. Das Glas bleibt heil. Technische Mängel am selbstgebauten Sprengsatz. Weil es einen Hinweis zu dem geplanten Attentat gegeben hat, wird der Junge gefasst. Er kommt aber nicht ins Gefängnis, weil er per Gesetz noch strafunmündig ist. Trotzdem soll er irgendwie eingesperrt werden, weil er als gefährlich gilt. Und so wird er an einen geheimen

Ort gebracht und Tag und Nacht von einem Sicherheitsdienst bewacht.

Dieser Junge ist radikal und hat eine religiöse Motivation, keine Frage – und sie ist nicht über Nacht gekommen. Schon als Neunjähriger droht er in einer Videobotschaft mit einem Attentat. Über Jahre radikalisiert er sich, und zwar sichtbar. Das Jugendamt ist involviert, er fliegt von der Schule, Moscheen rufen bei der Polizei an und sagen: »Der ist uns zu radikal.« Er ist bekannt und nichts passiert – bis er versucht, einen Anschlag zu verüben.

Später wird der Junge sagen, sein eigentliches Ziel sei ein Bus gewesen, aber das Zünden habe dort nicht geklappt. Daraufhin habe er eine Kirche ausgewählt und dabei auch daran gedacht, dem Pfarrer nach dem Vorbild des IS die Kehle durchzuschneiden. Der Weihnachtsmarkt sei als Anschlagziel eigentlich nicht seine erste Wahl gewesen: »Da sind höchstens zehn, 20 Leute dort.« Er habe mehr Menschen treffen wollen.

Wie geht man nun mit einem radikalen Kind um, das man nicht ins Gefängnis stecken darf? Keiner weiß es. Die einen sagen, wir brauchen neue Gesetze. Die anderen sagen, wir brauchen mehr Betreuung. Das Jugendamt ist überfordert. Es gibt keine Konzepte.

Im Fall des 12-Jährigen führt dieses Chaos dazu, dass er einen Sozialarbeiter an die Seite gestellt bekommt, von dem man erst bei einer nachträglichen Sicherheitsüberprüfung herausfindet, er habe Kontakte zur salafistischen Szene. Ein Radikaler soll sich also um einen Radikalen kümmern. Das ist kein Witz. Leider. Das zeigt aber, wie naiv die zuständigen Personen und Behörden mit dieser Thematik umgehen, wie schlecht die Zusammenarbeit zwischen den unterschiedlichen Verantwortlichen funktioniert und wie überfordert wir als Gesellschaft bei so einem Fall sind. Nur: Kinder wie den 12-Jährigen wird es in Zukunft vermehrt geben, denkt man nur an diejenigen, die vom

IS zurückkehren werden. Wie werden sie betreut? Wie lange werden sie betreut? Wer wird sie betreuen? Wird die Betreuung bei jedem dieser Kinder Hunderttausende Euro pro Jahr kosten, wie es bei dem 12-Jährigen der Fall war? Es gibt kein Konzept, nur ein gigantisches Ausmaß an Überforderung.

Was klarwerden muss: Der IS existiert vor allem auch in den Köpfen als Ideologie. Und wir liegen falsch, wenn wir nur nach sichtbaren Verbindungsstrukturen suchen wie im Fall eines Mannes in Hamburg, der im Juli 2017 einen Mann erstach und fünf weitere Menschen in einem Supermarkt schwer verletzte. Er war den Sicherheitsbehörden bekannt. Es hatte Hinweise auf eine Radikalisierung gegeben, und er war vom Verfassungsschutz als Islamist, nicht aber als Dschihadist, in die entsprechenden Dateien aufgenommen worden. Man sei nicht zu der »Einschätzung einer unmittelbaren Gefährlichkeit« gelangt, hieß es dort. Warum? Weil man keine eindeutigen Verbindungen gefunden hatte.

Wenn wir weiterhin nur danach suchen, dann werden wir immer wieder versagen. Wir werden in Zukunft mehr Jugendliche haben, die individuell handeln, die die Ideologie des Islamismus in sich tragen, verinnerlicht haben, ohne jegliche Kontakte zu dieser oder anderen Terrororganisationen zu haben.

Wir werden in Zukunft nicht alles verhindern können, aber wir müssen noch viel mehr tun. Und so bedeutet Integrations- und Präventionsarbeit nicht nur, mehr Sozialarbeiter einzustellen, sondern vor allem mehr kompetente Sozialarbeiter einzustellen, die die Welten dieser Jugendlichen und ihre Bedürfnisse kennen. Denn was bringen Sozialarbeiter, die an ihnen vorbeireden? Und was bringen Sozialarbeiter, die in Jugendzentren sitzen und warten, dass jemand zu ihnen kommt, während die Jugendlichen mittlerweile stundenlang täglich online sind? Wir müssen sie hier und dort erreichen.

Grundwerte leben und vermitteln

Zurück zu Mustafa Normalmuslim: Auch ihn müssen wir erreichen – und er uns. Denn das Zusammenleben von Menschen verschiedener Herkunft, Religion und Kultur verlangt allen Beteiligten Anpassungsleistungen ab. Konflikte und Irritationen sind in einer offenen Gesellschaft eher die Regel als die Ausnahme. Entscheidend ist der zivilisierte Umgang damit. Jeder muss Verhaltensweisen aushalten können, die von seinen üblichen Sitten abweichen, solange sie auf einem respektvollen Umgang miteinander basieren. Andere Kleidung, anderes Essen oder andere Feiertage dürfen kein Problem darstellen. Verhaltensweisen aber, die mit demokratischen Grundwerten nicht vereinbar sind, sollten abgelehnt, wenn nicht sogar sanktioniert werden. Wenn wir erreichen wollen, dass problematische Haltungen und Verhaltensweisen hinterfragt werden, dann müssen wir unseren Standpunkt auch selbstbewusst begründen und ihn unseren Kindern in der Schule und im Alltag pädagogisch vermitteln. Dazu gehört auch, die Grenzen der Religionsfreiheit zu erklären, etwa wenn es um den Vorrang des staatlichen Bildungsauftrags und die Teilnahme aller Kinder am Schwimmunterricht geht.

Mit einem Blick in die Verfassung werden natürlich nicht alle moralischen Fragen automatisch beantwortet. Das Grundgesetz steht für uns jedoch über der Bibel, dem Koran oder anderen heiligen Büchern. Es ist die Grundlage für unser friedliches Zusammenleben und für ein besseres Leben als in den Ländern und Regionen, aus denen Menschen flüchten müssen. Allen Neuankömmlingen sollten wir deshalb ein Grundgesetz in ihrer Sprache schenken und ihnen den Inhalt lebensnah veranschaulichen. Das ist es, was uns vereint und was uns trennt: nicht die Hautfarbe, nicht die Herkunft, nicht die Religion, sondern die Haltung zum Grundgesetz. Und es gilt, dies zu erklären und den Menschen verständlich zu machen, wie wichtig und großartig das ist.

Dieses Grundgesetz sagt übrigens, dass alle Menschen gleich sind. Das muss man vielleicht öfter mal wiederholen, damit es auch in allen Köpfen ankommt.

Folgende Situation am Flughafen: Eine Frau will einchecken, geht durch die Sicherheitskontrolle. Sie hat einen Schal an, wird aufgefordert, ihn auszuziehen. Ihr folgt eine Frau, die ein Kopftuch trägt. Sie darf es ohne weiteres anlassen. Warum? Was ist an einem Schal gefährlicher als an einem Kopftuch? Wo ist hier die Gleichheit? Wenn der Staat beginnt, in seiner normativen Ordnung Ausnahmen zu machen, läuft die staatliche Ordnung dann nicht irgendwann Gefahr zusammenzubrechen?

Das klingt vielleicht sehr drastisch, aber ich kenne Menschen aus dem Libanon, wo genau das das Problem war: Es gibt dort 18 anerkannte Religionsgemeinschaften, die alle gleichberechtigt sind. Der Staat begann irgendwann, für jede Konfessionsgruppe eine Ausnahme zu machen. Ein Bekannter sagt immer: »Das Schönste daran ist, dass man so viele Feiertage im Libanon hat, dass man nicht zum Arbeiten kommt.« Irgendwann hörte der Spaß aber auf, weil die Religionsgemeinschaften anfingen, sich in ihren Ausnahmeforderungen zu überbieten. Eine wollte mehr als die andere. Die Folge: Der Staat geriet in eine anhaltende Krise.

Es geht mir nicht darum, eine Dystopie für Deutschland zu zeichnen. Es geht mir darum, auf Probleme hinzuweisen, die größer werden oder größer werden können. Es geht mir auch darum, deutlich zu machen, dass die Religionsfreiheit nur Teil des Grundgesetzes ist und nicht alle anderen Grundrechte überragt. Viele Muslime vergessen auch, dass die Religionsfreiheit nicht nur die sogenannte positive Religionsfreiheit umfasst, also das Recht, nach seiner religiösen Überzeugung zu leben, sondern auch die negative Religionsfreiheit, keinen Glauben zu haben und Religion kritisieren zu dürfen. Das gehört in einer Demokratie dazu. Religionsfreiheit ist also keine Einbahnstraße.

Wenn Migranten, die neu ins Land kommen, auf eine verunsicherte Gesellschaft treffen, wächst entweder ihre eigene Verunsicherung, oder sie lehnen diese Gesellschaft irgendwann ab. Oder aber sie lernen, die Verunsicherung für sich zu nutzen. Nichts davon ist erstrebenswert für eine Gemeinschaft.

Wo entstehen Alternativen?

Natürlich darf man nicht vergessen, dass viele unterschiedliche Menschen mit vielen unterschiedlichen Religionen und Glaubensausrichtungen nach Deutschland kommen. Ebenso sind viele von ihnen säkular und liberal oder praktizieren ihren Glauben friedlich, kaum oder gar nicht. Es wäre falsch, alle Migranten als homogene Gruppe zu sehen.

Im Fall der Muslime sollte man sich in diesem Zusammenhang aber unbedingt auch Folgendes vergegenwärtigen: In Deutschland leben Muslime aus fast allen Regionen der Welt, davon sind die meisten aus der Türkei. Wir haben Schiiten, Sunniten, Alawiten und viele mehr. Diese sind wiederum unterteilt in verschiedene Rechtsschulen oder verschiedene Unterkonfessionen. Deutschland ist ein Minikosmos der Welt des Islams, in dem wir nicht nur die unterschiedlichsten Sprachen auf engstem Raum haben, sondern auch die unterschiedlichsten Konfessionen – und die unterschiedlichsten kulturellen Werte. Wenn ich beispielsweise einen südostasiatischen Muslim mit einem aus dem Nahen Osten vergleiche, ist es so, als würde ich einen Katholiken aus Bayern mit einem Katholiken aus Äthiopien vergleichen wollen. Dogmatisch religiös glauben sie an dasselbe, doch ihre kulturellen Werte und Handlungen sind – wie gesagt – sehr verschieden. Selbst wer einen arabischen mit einem türkischen Muslim vergleichen will, also Menschen, die eine regionale Nähe zueinander haben, findet viele kulturelle Unterschiede vor und natürlich – ganz wichtig – auch historische Konflikte. Araber etwa, die nicht mit den Iranern können. Iraner, die nicht mit den Türken können, und so weiter.

Wer jetzt beispielsweise in Berlin lebt, ist konfrontiert mit anderen Anschauungen beziehungsweise anderen Entwicklungen des Islams. Das kann im besten Fall harmonisch werden, das kann aber auch zu Konflikten führen, denn häufig migrieren die gesellschaftlichen Konflikte der Heimatländer mit diesen Menschen mit.

So bringt ein Mensch, der aus Palästina nach Deutschland gekommen ist, höchstwahrscheinlich den Nahostkonflikt in all seiner Intensität mit. Eskaliert der Konflikt im Herkunftsort, erzeugt das sofort Reflexe auf die hier lebenden Menschen. Dann gehen sie im schlimmsten Fall aufeinander los, wie man 2014 während des Gaza-Kriegs oder 2018 während der türkischen Offensive gegen die Kurden beobachten konnte. So etwas passiert auch in Flüchtlingsunterkünften, wenn dort beispielsweise Assad-Anhänger und Rebellen aufeinandertreffen.

Das bedeutet, wir haben den Islam als Oberbegriff und darunter verschiedene Abspaltungen entlang von Sachthemen oder Konflikten, die im Laufe der Geschichte entstanden sind. Das gab es im Christentum auch. In jeder Religion gibt es machtpolitische Spaltungen, die stattgefunden haben, und es gibt theologische Begründungen dieser Spaltungen, die sich ableiten aus verschiedenen Elementen. Der Islam in Deutschland ist also eine sowohl ethnisch pluralistische als auch theologisch pluralistische Gruppe, die aber allzu oft als homogen betrachtet wird (so wie DIE Flüchtlinge, DIE Ausländer, DIE Deutschen auch). Das sollte man bedenken, wenn man sich mit DEM Islam beschäftigt.

Ins Extrem wird die Verallgemeinerung des Islams und der Muslime übrigens von Rechten und Rechtsradikalen genauso getrieben wie von Islamisten: Die einen verdammen Muslime ausnahmslos und sehen in ihnen ausschließlich Terroristen, die Deutschland schaden wollen und unintegrierbar sind. Die anderen reden von einer gemeinsamen Umma, der Gemeinschaft aller Muslime, die die beste Gemeinschaft ist, die je unter den Menschen hervorgebracht worden ist (Koran, Sure 3, 110) und bei der sich jedes Mitglied als Teil von etwas ganz Großem, Mächtigem fühlen kann (das empfinden viele, vor allem Jugendliche, als sehr attraktiv). Ich brauche nicht zu erwähnen, dass beide Sichtweisen in unterschiedlicher, aber substantieller Art negativ und abzulehnen sind, weil sie andere Menschen pauschal abwerten und das Individuum keine Rolle spielt, sondern das Kollektiv.

Im Fall der Letzteren, der Islamisten, zu denen beispielsweise die Salafisten oder auch die Muslimbruderschaft zählen, ist diese Tendenz auch in Deutschland zu beobachten: Bei ihren Mitgliedern, von denen viele der sogenannten dritten Generation der Muslime angehören, spielt die Nationalität auf einmal eine untergeordnete Rolle. Perser, Araber, Türken – und teilweise auch Deutsche – sind dort alle nur noch Muslime. So entsteht eine Gruppe, die gemeinsam eine neue Identität aufbaut.

Und eigentlich ist es genau das, was wir in Deutschland brauchen: Eine Neuorientierung, ein neues Islamverständnis, das es ermöglicht, versöhnlich zwischen Demokratie und Religion leben zu können, das es ermöglicht, aktiver Teil dieses Landes zu sein. Nur, wie soll das bei einer Gruppierung wie beispielsweise den Salafisten gelingen, von denen 12000 offiziell vom Verfassungsschutz beobachtet werden und zu denen ein Sympathisantenkreis von bis zu 40000 Menschen in Deutschland gehört? Eine Gruppierung, bei der eine Trennung von Religion und Staat überhaupt nicht vorgesehen ist, bei der ein demokratischer Staat von »Ungläubigen« nichts gilt, deren Mitglieder sagen: »Wieso soll ich von Menschen gemachten Gesetzen folgen, wenn ich von Gott diktierte Gesetze habe?«

Warum, frage ich mich, nehmen wir das Geschenk eines möglichen Wandels hin zu einer neuen, liberalen Strömung des Islams nicht selbst in die Hand? Warum bieten wir, die Demokraten, den jungen Menschen keine Alternative? Warum geben wir denjenigen, die beispielsweise in einer Krise stecken – sei es durch die Schule, die Freundin, das Elternhaus, weil sie im Gefängnis sitzen, Drogen nehmen, Schulden oder die falschen Freunde haben – nicht Struktur und Orientierung? Warum überlassen wir das den Extremen, die als Lichtgestalt das Leben der Krisengebeutelten in *halal* und *haram*, rein und unrein, und Menschen in Gläubige und Ungläubige einteilen. Die sagen: »So musst du essen, so sprechen, beten, arbeiten, handeln – das findet Allah gut, dann lieben dich die Brüder. Tust du das nicht, bist du schlecht, wirst verteufelt, als Feind gesehen. Aber: Bei uns kannst du neu anfangen. Bei uns bekommst du Orientierung und Halt, Anerkennung und Entlastung, weil du deine Verantwortung abgeben kannst. Wir sind die Guten. Wir sind die Elite.«

Warum?

Warum wird zum Beispiel jemand wie Seyran Ateş angefeindet – und zwar auch von muslimischen Verbänden, durch deren Kritik sich dann jene berechtigt fühlen, die sie zudem massiv bedrohen? Weil sie eine Moschee gegründet hat, in der Homosexuelle beten dürfen, in der Frauen und Männer zusammen beten, wo es keinen Kopftuchzwang gibt? Weil sie eigentlich das umgesetzt hat, was die meisten Muslime immer wieder sagen: der Islam sei Frieden und im Islam gebe es keinen Zwang?

Wir brauchen hier mehr Aufklärung – und mehr Rückendeckung von der Politik. Das Wissen über die islamische Religion und ein demokratisches Islamverständnis können ein wichtiger Baustein dafür sein. Deshalb begrüße ich die Einführung eines Religionsunterrichts, in dem alle Kinder gemeinsam lernen und nicht nach ihrer Religionszugehörigkeit getrennt werden – und zwar nicht auf Kosten des Ethikunterrichts, der verpflichtend für alle Kinder sein sollte. Die Religionskunde sollte sich wissenschaftlich und objektiv mit den Themen aller Glaubenslehren beschäftigen. Es wäre für alle ein Gewinn, mehr über andere Religionen zu erfahren. Es würde allen guttun, die Kinder nicht mehr zu trennen, sondern zusammenzubringen. Doch weder die Kirchen noch die islamischen Verbände sind dazu bereit, denn ihnen geht es kaum um die Kinder, sondern schlicht um ihren eigenen Machterhalt.

Als ich im Frühling 2018 in einer Fernsehsendung über die Islamdebatte in Deutschland saß, erzählte ein Journalist vom Beispiel Belgien: Dort werden liberale Moscheen vom Staat identifiziert und finanziell sehr großzügig unterstützt. Er fand, das sei eine gute Idee und einen Anreiz für liberale Muslime, sich auszubreiten. Ich finde das prinzipiell auch. Nur, meines Erachtens ist es unbedingt notwendig, dass der liberale Islam aus der muslimischen Community heraus entsteht, nicht nur aus dem Anreiz, Gelder zu erhalten.

Ich kann ein Lied davon singen, dass dies ein schwieriges Unterfangen ist. Als ich 2015 zusammen mit anderen das Muslimische Forum Deutschlands (MFD) gründen wollte, das den humanistisch orientierten Muslimen in Deutschland eine Stimme geben soll, bekamen wir kaum Unterstützung, weder finanziell noch moralisch. Auch den Verbänden schien das Forum ein Dorn im Auge zu sein. Wahrscheinlich befürchteten sie, wir könnten wieder eine Stimme in der Debatte werden.

Ich sage bewusst wieder, denn wir wurden bis vor einigen Jahren ja auch angehört. Vereinzelt jedenfalls – bis 2014 das Innenministerium beschloss, alle kritischen und unabhängigen Muslime und Einzelpersonen von der Islamkonferenz auszuladen. Elternverbände, Lehrer und Erzieher suchte man dort übrigens auch vergebens. Die Debatte um den Islam wurde nur mit den Verbänden geführt, aber man tat so, als redete man mit allen Muslimen. Damals ging es um die Themen Seelsorge und Wohlfahrt. Über das Thema Radikalisierung wurde nicht gesprochen, auch nicht über Integration, Säkularität und Antisemitismus.

Ich hielt das für einen fatalen Fehler, denn es war auch in den Jahren zuvor nicht darüber gesprochen worden. Damals ging es in den Diskussionen hauptsächlich um Definitionen: Dürfen wir von Islamismus sprechen? Dürfen wir von religiös begründetem Extremismus sprechen? Oder nur von Extremismus? Doch gerade in den Jahren zwischen 2014 und 2017 stieg beispielsweise die Zahl der Salafisten in Europa enorm an. Sie bauten ihre Strukturen unter anderem durch Missionierungsarbeit auf und aus. Doch statt sich mit Strategien auseinanderzusetzen, wie Muslime damit umgehen sollen, oder Konzepte dagegen zu entwickeln, überlegten die Vertreter der Verbände fast zwei Jahre lang, welche Begriffe man benutzen soll und darf.

Genauso fatal finde ich, dass Thomas de Maizière 2015 allen Ernstes der Meinung war, man müsse Moscheen finanziell unterstützen, um Integrationsarbeit für Flüchtlinge zu leisten. Er sagte damals: »Ich würde mir wünschen, dass die muslimischen Verbände Brückenbauer sind für diejenigen Flüchtlinge, die neu zu uns kommen. Sie können Vorbild sein.« Mit dem Geld sollten die Verbände Beratungen anbieten, Integrationskurse machen und Ansprechpartner sein.

Ich nannte das damals einen Jahrhundertfehler. Das tue ich heute noch, denn die islamischen Institutionen übernehmen diese Rolle natürlich gerne – nur mit einem anderen Ergebnis als dem gewünschten. Denn das sind keine Orte, an denen gesagt wird: Schickt eure Kinder zum Schwimmunterricht, oder integriert euch. Dort werden die Menschen nur religiös angesprochen, unter anderem von Menschen, die dafür verantwortlich sind, dass Parallelgesellschaften entstanden und gewachsen sind. Das geht auch auf das Konto der Politik. Und auf einmal wundert man sich, dass die Menschen andere Werte haben und sich nicht integrieren.

Wie konservative Verbände unterstützt werden

Eine mittelgroße Stadt in Nordrhein-Westfalen: Eine Gruppe von Ehrenamtlichen kümmert sich um syrische Flüchtlingskinder und bringt sie in Schulen unter. Einige von ihnen – in denen sie besonders viel Potential sehen – können sie in einer katholischen Schule unterbringen, die als Eliteschule gilt. Nach mehr oder weniger langem Hin und Her haben sie den Direktor von den Schülern überzeugt.

Zum Schulbeginn schickt der Direktor wie jedes Jahr Briefe an die Eltern, in dem er die Schüler und Eltern zu einem Gottesdienst und anschließendem Umtrunk einlädt.

Den Brief bekommen auch die Eltern der Flüchtlingskinder, die natürlich nicht verstehen, was darin steht. Ein syrischer Vater geht deshalb wie jeden Freitag in die Moschee und fragt einen Mitarbeiter, ob er ihm den Brief übersetzen könne. Dieser liest den Brief und sagt dem Vater, dass die Schule aus seinem Kind einen Christen machen wolle. Erst würden sie mit ihm in eine Kirche gehen und dort beten und sich anschließend betrinken. Daraufhin geht der Vater zur Schule und meldet sein Kind sofort wieder ab.

Wie so oft war eine Moschee hier kein Instrument der Integration, sondern ein Instrument der Segregation. Die Flüchtlinge waren in Deutschland angekommen und direkt von einer Struktur aufgegriffen worden, die sie in den konservativen Islam hineingetragen hat, in dem Kontakt zu Deutschen oft vermieden oder verhindert wird. Dieser Kontakt lässt sich vielerorts reduzieren auf die sogenannten interreligiösen Dialoge, was bedeutet, dass der islamische Verbands- oder Vereinsvorsitzende sich ab und zu mit einem Pastor trifft. Auf der Ebene der Gläubigen gibt es hingegen kaum Kontakt. Das ist so gewollt. Die Vertreter der Vereinigungen sind die alleinigen Mittler und nähren sich von der Distanz der Gläubigen zur Aufnahmegesellschaft, was natürlich viele Schwierigkeiten mit sich bringt.

Das Problem des alleinigen Mittlers gibt es auch auf höherer Ebene: bei den islamischen Verbänden DITIB, Islamrat, Zentralrat der Muslime und dem Verband der Islamischen Kulturzentren. Diese sind vor allem entstanden, weil die Deutschen gerne in Strukturen denken. Mit dem Islam wurden sie aber mit einer Religion konfrontiert, die keine Strukturen kennt – zumindest nicht gemäß der christlichen Struktur, also der kirchlichen Organisation. Im Islam gibt es keinen Papst oder obersten Kalifen, der verbindlich bestimmen kann, was genau der Islam ist. Es gibt keine Telefonnummer, die man anrufen kann, um über DEN Islam zu diskutieren. Es gibt, wie schon beschrieben, eine theologische Vielfalt und es gibt parallele Entscheidungen von islamischen Theologen. Theoretisch ist das eine Ressource, die man pluralistisch nutzen könnte, aber das ist im Westen nicht die Vorstellung von Religion, und viele Politiker haben das auch noch nicht richtig verstanden.

Nun kam die deutsche Politik irgendwann auf die Idee, die kirchliche Struktur auf den Islam anzuwenden – es gibt sogar Politiker, die sprechen von der islamischen Kirche. Dies mündete im Druck auf die muslimischen Gemeinden, sie müssten gemeinsame Vertreter produzieren, die für die Politik als Ansprechpartner zur Verfügung stehen.

Es bildeten sich also die oben genannten Verbände, und immer, wenn ein Politiker mit DEM Islam sprechen möchte, sucht er sich einen von ihnen aus, nach der Devise: Das sind ja eingetragene Vereine mit Mitgliedern, die haben schon irgendwie ihre Legitimation, dann reden wir eben mit denen. Das Problem ist, dass die Mehrheit der in Deutschland lebenden Muslime gar nicht von den Verbänden vertreten wird, auch wenn diese gerne so tun. Das Problem ist auch, für was diese Verbände eigentlich stehen und aus wem sie sich zusammensetzen.

Wer sich beispielsweise DITIB, einen der größten islamischen Verbände der Bundesrepublik, einmal genauer anschaut, sieht: Der Verband vertritt türkische Sunniten und untersteht der Aufsicht der staatlichen Religionsbehörde der Türkei. Sprich, DITIB ist im Prinzip nichts anderes als eine Außenstelle dieser Behörde, die wiederum dem Ministerpräsidentenamt angegliedert ist. Die Theologen und Imame des Verbandes werden direkt vom türkischen Staat entsandt und bezahlt. Das wusste man schon immer. Es war aber lange kein Problem für die deutsche Politik. DITIB bekam sogar Geld vom deutschen Staat, um Jugendarbeit und Projekte für Integration, gegen Islamismus und gegen Radikalisierung durchzuführen. Und das in Zeiten, als es eine große Ausreisewelle von mindestens 1000 jungen Menschen gab, die sich dem IS anschließen wollten und ungehindert von den türkischen Behörden nach Syrien einreisen konnten. Auf der einen Seite bekam DITIB also Gelder, um Präventions- und Integrationsarbeit zu leisten, auf der anderen Seite war die türkische Regierung mitverantwortlich dafür, dass so viele Europäer nach Syrien reisen konnten. Absurd!

Spätestens aber, als die Türkei sich von einem eher laizistischen Staat zu einem eher islamistischen wandelte, wurde das problematisch, denn dieser Wandel in der Türkei hatte natürlich auch Auswirkungen auf den Verband in Deutschland. Mit seinem Islamverständnis, das mit dem deutschen Grundgesetz nicht vereinbar ist, und seiner Erdoğan-Propaganda schafft der Verband die Basis für die Generation Allah und verhindert Integration, statt sie zu fördern.

Ein anderer islamischer Verband, der Islamrat, hat als einen der bekanntesten Mitgliedsvereine die türkische Gemeinschaft Milli Görüş, die in manchen Bundesländern vom Verfassungsschutz beobachtet worden ist. Sie gilt als Zweig der islamistischen Muslimbruderschaft.

Der dritte Verband, der Zentralrat der Muslime, ist der einzige, der nicht besonders türkisch geprägt ist, jedoch auch Organisationen und Moscheevereine vertritt, die laut Verfassungsschutz der Muslimbruderschaft nahestehen. Übrigens ist die Bezeichnung »Zentralrat« sehr interessant. Denn woran denkt man, wenn man Zentralrat hört? An den Zentralrat der Juden, den legitimen Vertreter der Juden in Deutschland. Die Menschen schalten geistig ab, wenn sie Zentralrat hören. Sie denken sofort, auch der Zentralrat der Muslime sei der legitime Vertreter aller Muslime in Deutschland. Der Chef des Zentralrats ist zudem so häufig neben deutschen Politikern zu sehen, dass die Menschen das auch aus diesen Bildern schließen. Der Zentralrat der Muslime vertritt aber – je nach Schätzung – insgesamt höchstens 20 000 Muslime, was nur 0,4 Prozent der Muslime in Deutschland ausmacht. Demokratisch legitimiert ist er außerdem nicht. Das Gravierendste an alldem ist jedoch, dass viele, die dem Zentralrat der Muslime angehören, Vertreter eines politischen Islams sind, die nicht wollen, dass ihre Mitglieder hier ankommen. Sie machen den Menschen Angst vor dieser Gesellschaft und vor dem in ihren Augen sündigen Lebensstil.

Wir müssen uns klar darüber werden, dass ein Engagement für diese Gesellschaft nicht mit irgendwelchen Aussagen, Presseerklärungen und Mahnwachen von Muslimen und muslimischen Verbänden erreicht wird. Wir können uns nicht damit zufriedengeben, dass sie sagen, sie seien für Demokratie und Menschenrechte. Das sind oft leere Worte.

Sehen unsere Politiker das nicht, oder wollen sie es nicht sehen? Das ist alles kein Geheimwissen.

Es ist doch absurd, dass die Leute, die die Probleme erst geschaffen haben, weil sie diesen Exklusivitätsanspruch haben und ihr Islamverständnis extrem eng definieren, Integrations- und pädagogische Aufklärungsarbeit leisten sollen. Was ist das für eine Naivität unserer Gesellschaft, dass die Verbände Imame in Schulen schicken dürfen, um Probleme bei der Wertevermittlung zu behandeln? Imame übrigens, die sagen, der Islam sei etwas Perfektes, Fehlerfreies, Friedvolles, und die einen Teufel tun würden zuzugeben, dass ihr Religionsverständnis auch Probleme mit sich bringt. Darüber müssen wir reden!

Sollen die muslimischen Dachverbände und Vereine und ihre Imame mitwirken am Kampf gegen Islamismus und Antisemitismus und bei der Integration, dann müssen sie in Wort und Tat ihre Positionen komplett überdenken und ändern und sich von den Stereotypen – den Opferrollen, dem Buchstabenglauben, der Angstpädagogik und der Sexual- und Lebensfeindlichkeit – glaubwürdig verabschieden.

Leider spricht im Moment nichts dafür, dass dies geschieht. Die zunehmende Radikalisierung in der Türkei, unter deren direktem Einfluss viele der Verbände und Vereine stehen, lässt hier im Moment auch nicht hoffen – und wir nehmen Sätze wie »Das hat mit dem Islam nichts zu tun« einfach weiter hin.

Umso klarer, unmissverständlicher und selbstbewusster müssen wir auf die Frage der Integration endlich Antworten finden. Die Politik muss Integrationsarbeit jenseits der Verbände organisieren. Gleichzeitig müssen klare Regeln auch und gerade für die Verbände aufgestellt werden.

Doch zuallererst müssen wir uns als Gesellschaft, jeder Einzelne von uns, unserer Werte sicher sein und diese in unseren alltäglichen Begegnungen – am Arbeitsplatz, in der U-Bahn, in der Schule, der Universität, beim Sport, schlicht überall – von allen Menschen, unabhängig von Religion, Herkunft oder Hautfarbe, abverlangen und auch für sie streiten.

Meinungsfreiheit

Hier einige Auszüge aus Nachrichten an mich:

»Islam ist Frieden, Du Opfer.«

Andere schreiben beispielsweise:

»Zu dem fällt mir nichts mehr ein. Deswegen greife ich bewusst in die unterste Schublade und bezeichne ihn als ›Dreckssau‹.«

»Ich müsste mich richtig zusammen reißen, um diesem Kafir nicht in sein verlogenes Gesicht zu Spucken!«

»Möge er mir NIEMALS begegnen!«

»Komm wir steigen in den Ring. Ich würde dir gerne beim Boxen die Fresse einschlagen können, damit ich dich ins Koma boxe!«

»Er ist kein Muslim. Ein Muslim redet nicht schlecht über den Islam.«

»Ahmad Mansour hetzt ständig gegen Muslime und den Islam. Dagegen schützt er ständig Juden und kritisiert nie das Judentum. Da frage ich mich ob es da finanzielle Interessen gibt. Das ist sehr auffällig dass er sich ständig meldet und gegen den Islam ist.«

»Ein OnkelTom-Kanacke!!«

»Mansour ist kein Muslime eher ein Hund einen palästinenser der pro israel ist der ist agent bei mossad da bin ich mir sicher ein jude getarnt als muslim ehrenloser Kalb wahat manyak«

»In shaa Allah wirst du geschnappt von Mujahidin.«

»Ich wünsche dir ein richtiges Misslungenes neues Jahr du Hurensohn! Du bist doch einer von den Terroristen die hier die Religion schlecht reden um andere aufeinander zu hetzen Ungläubiger internet Rambo hält dich für einen Philosophen du #KUUUFFFFAAARRR #Ehrenlos #nennmichnichtAhmedbinderAlex«

Das sind nur einige wenige Meinungen über mich. Gegen einzelne – diejenigen, die gegen das Gesetz verstoßen – bin ich juristisch vorgegangen. Andere lasse ich einfach so stehen. In Deutschland herrscht Meinungsfreiheit. Diese ist ein hohes Gut, von dem die Demokratie lebt, und jede demokratische Meinung hat ihre Berechtigung.

Andersherum lassen die Menschen, die diese Kommentare geschrieben haben, nicht zu, dass ich eine andere Meinung als sie vertrete. Warum sollten sie mich sonst als Verräter, Kafir, also Ungläubiger, oder gerne auch als Teufel, Feind, Troll, Amöbe, Hund oder Bastard bezeichnen? Wobei ich mir auch immer die Frage stelle, ob das wirklich ihre eigene Meinung ist oder die, die ihnen beigebracht worden ist. Denn sich eine wirklich eigene Meinung zu bilden, sie zu äußern und zu vertreten ist in vielen muslimischen Ländern und Communitys ein Tabu.

Es sind die autoritären, patriarchalischen Systeme – die ich bereits beschrieben habe –, in denen Menschen beigebracht und vermittelt bekommen, nichts zu hinterfragen und niemanden, der in der Hierarchie über ihnen steht, zu kritisieren. Es wird gehorcht. Die Menschen lernen nicht zu streiten, zu debattieren und die Meinungen von anderen auszuhalten, zu respektieren und zu akzeptieren. In vielen Schulen arabischer Länder lernen Kinder vor allem auswendig. Auch in den Moscheen geht es nicht darum, den Koran zu verstehen, sondern nur darum, seine Verse einzustudieren. Wer Verständnisfragen hat, richtet sich an einen Gelehrten. Dieser sagt einem dann, wie man über etwas zu denken hat. Weder der Staat, noch die Lehrer, die Imame oder die eigenen Väter sollen in Frage gestellt werden. Wer dies tut, muss mit Strafe rechnen.

Das führt zu einem Zustand ohne Streitkultur. Wer aufpassen muss, was er laut oder auf der Straße äußert, weil im schlimmsten Fall Gefängnis, Folter und Tod drohen, wie etwa in Syrien, im Irak, in Libyen, Saudi-Arabien oder Afghanistan, der hält irgendwann seinen Mund. Wer aufpassen muss, was er seinen Eltern gegenüber äußert, weil auch hier Gewalt oder Ausschluss aus der Gemeinschaft die Folge sein können, der hält auch irgendwann seinen Mund – und resigniert. In einem meiner Workshops brachte es ein Teilnehmer – ein junger Syrer, der eine blaue Hose trug – ganz gut auf den Punkt. Er sagte: »Schauen Sie mal meine Hose an. Wenn mein Vater sagen würde, diese Hose wäre gelb, dann wäre sie gelb.« Punkt. Dem zu widersprechen wäre respektlos.

Menschen, die in solchen Familien und Gesellschaften sozialisiert worden sind, leben mit Einstellungen und Tabus, die nicht kritisch betrachtet werden dürfen, sondern einfach hingenommen werden müssen. Ob das die Religion ist oder das eigene Land, ob das der eigene Vater ist oder banale Dinge wie die Lieblingsfußballmannschaft.

Diese Haltung führt dazu, dass einige Personen in Deutschland, die in der Öffentlichkeit stehen und den Islam kritisieren, mit massiven Bedrohungen rechnen und teilweise mit Polizeischutz leben müssen. Warum eigentlich? Der eine hat Karikaturen gezeichnet, die andere eine Moschee eröffnet, in der Männer und Frauen gleichberechtigt beten dürfen. Manche schreiben Bücher, veröffentlichen Artikel, setzen sich kritisch mit bestimmten Themen auseinander. Was bleibt eigentlich von einer Demokratie, wenn die Meinungsfreiheit so stark eingeschränkt ist, dass Menschen zweimal darüber nachdenken müssen, ob sie ihre Meinung öffentlich machen? Das ist unerträglich und sehr gefährlich, denn ohne Meinungsfreiheit stirbt unsere Demokratie.

Eine Religion geht doch nicht kaputt, wenn sie kritisch betrachtet wird. Im Gegenteil: Was ist das für ein Gott, für eine Religion, die sich mittels Beleidigungen und Gewalt meint schützen zu können? Was sind das für Prediger, die ihre Religion immer wieder als friedlich, liebevoll und ohne Zwang beschreiben, deren Kritiker aber Angst um ihr Leben haben müssen, wenn sie ihre Moscheen betreten?

Bei den Beleidigungen gegen mich (und andere) geht es übrigens nicht nur um religiöse Meinungen: Ich als Palästinenser darf natürlich nicht sagen, dass ich die Israelis verstehe, weil ich mich weigere, die Welt in Schwarz und Weiß einzuteilen und Israel für alles verantwortlich zu machen. Denn in dem Moment bin ich ein Verräter. Ich darf natürlich nicht sagen, dass ich kein Problem mit Alkohol habe. Denn in dem Moment bin ich kein richtiger Muslim mehr.

Es gibt Menschen, die sich mit ihrer Ablehnung so viel Mühe geben, dass sie ganze Plakate entwerfen: So tauchte 2017 zum Beispiel ein Bild im Internet auf, auf dem stand: »Das ist der Lohn der Feinde Allahs: das (Höllen)feuer, indem sie die ewige Wohnstätte haben, als Vergeltung dafür, dass sie unsere Zeichen zu verleugnen pflegten.« Darunter waren Bilder von Hamed Abdel-Samad, Mouhanad Khorchide und mir – Menschen also, die sich kritisch mit bestimmten Dogmen und Inhalten auseinandersetzen –, mit einem weißen Kreuz durchgestrichen. Auf dem Bild, das wie ein Filmplakat aussah, standen noch folgende Sätze:

»Allahs Fluch über die Ungläubigen!«

»… So liebt Allah die Ungläubigen nicht.«

»So versiegelt Allah die Herzen der Ungläubigen.«

»Das sind die wahren Ungläubigen.«

»Kuffar«

»Die Ungläubigen sind euch ja ein deutlicher Feind.«

»Und für die Ungläubigen wird es eine schmerzhafte Strafe geben.«

So etwas wird verbreitet, weil wir Kritik üben, weil wir eine andere Meinung haben.

Gesellschaftliche Prozesse

Oft erzählen mir Deutsche, Schweizer oder Österreicher nach Vorträgen oder Diskussionen, in denen es um Integration oder Radikalisierung geht: »Herr Mansour, ich bin so erzogen und groß geworden, dass ich nicht widersprechen durfte. Und ich bin nicht in Saudi-Arabien aufgewachsen.« Manche von ihnen sagen auch: »Ich dachte, wir hätten das hinter uns. Warum müssen wir uns schon wieder mit so etwas auseinandersetzen?« Sie wollen mir wahrscheinlich damit sagen, dass ich mir keine Sorgen machen soll, weil sich das in drei Generationen – so wie bei ihnen selbst – sowieso alles erledigt hat. Weil sich die Migranten dann bestimmt verändert, angepasst, irgendwie integriert haben. Ist das wirklich so? Nein. Diese Menschen verstehen die Mechanismen nicht, die dazu führen, dass Menschen unmündig im Namen von Religion, Erziehung oder Nationalismus gemacht werden. Und sie vergessen, was unsere Gesellschaft für eine Entwicklung durchgemacht hat. Sie blenden die Aufklärung, die Befreiung von Ideologien, die Säkularisierung, die Entstehung von Bürger- und Menschenrechten, die Kulturrevolution und die Studentenbewegungen einfach aus. Das waren viele Prozesse, die Muslime in ihren Kulturkreisen nicht erlebt haben. Von der Französischen Revolution haben sie noch nie gehört, von Kant, Rousseau, Hegel und Hobbes auch nicht, geschweige denn sie wissen, was diese Menschen bewirkt haben. Und wenn sie darüber etwas gelesen haben, dann meistens im Geschichtsunterricht: auswendig gelernte Fakten. Erlebt haben sie die gesellschaftliche Auseinandersetzung und ihre Folgen jedoch nicht. Sie haben weder die 1960er-Jahre durchlebt, noch sind sie bewusst aus ihren patriarchalischen Strukturen ausgebrochen. Sie haben nicht den Kontakt zu ihren Eltern abgebrochen, weil sie fundamental anderer Meinung waren als sie. Sie haben sich nicht emanzipiert. Als Gesellschaft aus bestimmten Dogmen auszubrechen braucht historische Dimensionen. Nur auf die Straße zu gehen und gegen eine Diktatur zu demonstrieren wie während des sogenannten Arabischen Frühlings reicht dafür nicht aus.

Es gibt in vielen muslimisch geprägten Ländern immer noch keine Trennung von Religion und Staat und gleichzeitig Verhältnisse, in denen die Religion das gesamte Leben bestimmt. Wir haben Regimes, die kein Interesse an Meinungsfreiheit und mündigen Menschen haben, sondern Regimes und Familien, die unterdrücken. Das bedeutet am Ende: Sowohl die Regierung und die Religion als auch die Familie und die soziale Gemeinschaft unterdrücken eigene Meinungen.

Jetzt, da die Menschen aber nicht mehr in ihren Heimatländern, sondern hier sind, können wir natürlich sagen, das wird schon, warten wir mal drei, vier Generationen. Aber warum warten? Weil es anstrengend ist, zu integrieren und Menschen eine andere Sicht auf die Dinge beizubringen? Ich glaube, dass Warten ein Irrtum ist. Denn viele dieser Menschen sind vor den patriarchalischen Systemen geflohen oder haben sie verlassen, weil sie Freiheit suchten. Gleichzeitig macht vielen, die hier ankommen, die Freiheit und die Art und Weise, wie die Menschen leben, aber auch Angst, weil sie das so nicht kennen. Sie schaffen es nicht, ihre Strukturen, ihre Sozialisation loszulassen, und kapseln sich mit der Zeit ab – wenn wir sie nicht für diese Gesellschaft gewinnen.

Die Reaktion auf ihre Angst darf also nicht sein, dass wir unsere Aufklärung aufgeben. Die Antwort muss natürlich sein, dass die, die hierherkommen, Zeit kriegen, die Aufklärung, die Entwicklung Europas zu begreifen und als Chance für sich zu verinnerlichen. Es ist übrigens auch eine Chance, dass gerade so viele Flüchtlinge in Deutschland sind, die allein gekommen sind, ohne ihre Familien. Natürlich ist es sehr belastend, hier zu sein und sich täglich um diejenigen Sorgen machen zu müssen, die man zurückgelassen hat. Wenn ich jedoch auf meine persönliche Geschichte schaue, kann ich sagen, dass ich den Zugang zu dieser Gesellschaft nur geschafft habe, weil ich in Deutschland alleine war, frei vom Druck meiner Familie und der Autorität meines Vaters. Ich konnte meine Meinung frei sagen, ohne dass mein Vater es gleich mitbekam und mich zurechtwies. Wir sollten versuchen, die Menschen zu erreichen und ihnen ermöglichen anzukommen – als Individuum, nicht als Gruppe, nicht als Syrer, nicht als Muslim, nicht als Flüchtling. Sie dürfen nicht alleingelassen werden. Besser wäre, sie an die Hand zu nehmen, mit ihnen zu sprechen, ihnen Demokratie beizubringen und ihnen klarzumachen, dass die Meinungsfreiheit bei uns heilig ist. Wer kritisiert, wer seine Meinung respektvoll äußert, darf nicht attackiert oder bedroht werden. Und das ist auch gut so.

Parallelgesellschaften werden sich sonst immer weiterentwickeln. Es wird eher zum Rück- als zum Fortschritt kommen. Religion wird immer radikaler ausgelebt werden, um sich von der Mehrheitsgesellschaft zu distanzieren und abzugrenzen, um zu zeigen: Wir sind euch egal? Wir wollen euch auch egal sein! Wir gehören gar nicht zu euch. Wir leben unser eigenes Leben, weil ihr uns nicht haben wollt. So intensiviert sich nicht nur das Gefühl »Wir gegen euch«, auch die Charakteristika ihrer Sozialisation – in diesem Fall die Ablehnung anderer Meinungen – prägen sich weiter aus.

Nehmen wir das Beispiel Kunst. Wie weit darf etwa Satire gehen, und wo liegen die Grenzen der Kunst- und Meinungsfreiheit? Dürfen Karikaturen des Propheten Mohammed veröffentlicht werden, so wie 2005, als die dänische Zeitung *Jyllands-Posten* solche abdruckte? Darf der Satiriker Jan Böhmermann ein Schmähgedicht auf den türkischen Präsidenten halten? Dürfen die Rapper Kollegah und Farid Bang gegen Frauen, Flüchtlinge, Homosexuelle und Juden hetzen?

Bei Kunst sind die Grenzen nicht immer eindeutig und nicht immer klar. Aber davon lebt diese Gesellschaft, dass darüber diskutiert wird, diskutiert werden darf, ohne dass der eine den anderen umbringen möchte, weil er eine andere Meinung hat.

Doch im Fall der oben genannten Beispiele passierte Folgendes: Nach den Karikaturen kam es zu Demonstrationen und gewalttätigen Ausschreitungen, bei denen sogar Menschen ums Leben kamen, weil im Islam bildliche Darstellungen Allahs und seines Propheten verboten sind. Es war von Beleidigung und Verspottung der Religion die Rede. Es gab Brandanschläge auf dänische Botschaften und Boykotte dänischer Firmen. Islamische Theologen riefen zu einem »Tag des Zorns« auf. Einige Zeichner stehen wegen Morddrohungen noch heute unter Personenschutz. Dass in arabischen Medien regelmäßig antisemitische Witze und Karikaturen des Papstes erscheinen, schien nebensächlich bis unbedeutend zu sein.

Im Fall Böhmermanns und der Rapper kenne ich muslimische Jugendliche, die sich hinterher furchtbar aufregten: »Klar, bei Böhmermann soll das Meinungsfreiheit sein und bei Kollegah und Farid Bang gleich Antisemitismus.« Dass es in beiden Fällen – in Böhmermanns Fall sogar weitaus mehr – eine riesige Debatte zum Thema Meinungsfreiheit gab, blenden sie aus. Dass gegen ihn ermittelt wurde, ebenso. Für sie ist alles wieder schwarz-weiß.

Denn gleichzeitig scheint es – abseits jeder Kunst – für sie in Ordnung zu sein, am Al-Kuds-Tag auf die Straße zu gehen und »Tod, Tod, Tod Israel« oder andere antisemitische Parolen zu rufen und sich dabei auf die Meinungsfreiheit zu berufen.

Unsere Gesellschaft braucht tatsächlich eine sachliche Debatte darüber, wo Meinungsfreiheit anfängt und wo sie endet. Lassen Sie uns diese Beispiele nutzen, um in Debattierclubs in jeder Schule, im Internet, in Volkshochschulen und in Integrationskursen darüber zu reden. Ich wünsche mir Pro und Contra, Diskussionen, in denen Menschen mit anderen Meinungen nicht gleich diffamiert oder gar bedroht werden. Wir müssen lernen zu argumentieren und vor allem auch, andere Meinung zuzulassen und auszuhalten, nach dem Motto: Für Demokratie und Meinungsfreiheit begeistern.

Was wollen wir als Gesellschaft? Gespalten sein? Auf Kriegsfuß mit dem Nachbarn? Oder wollen wir ein friedliches Zusammenleben aller Mitglieder? Dann ist es wichtig, den Menschen so schnell wie möglich klarzumachen, dass dieses friedliche Zusammenleben nur möglich ist, wenn unterschiedliche Meinungen – ob über Religion, Lebensstil, Kopftücher, Rocklängen, Alkohol oder sexuelle Neigungen – ausgehalten werden müssen und nicht gewaltsam unterdrückt werden dürfen. Zu dieser Einsicht müssen die Menschen gelangen. Dazu müssen sie befähigt werden. Sie müssen in die Lage gebracht werden, selber zu reflektieren, sich ihre wirklich eigene Meinung zu bilden, unabhängig vom Druck der sozialen Umgebung, jenseits von falsch verstandenem Gehorsam. Das passiert durch Überzeugungsarbeit, Argumente, Gegennarrative, indem man mit ihnen spricht, mit ihnen über kulturelle und religiöse Unterschiede diskutiert. Auf Augenhöhe, wie ich immer wieder betone. Es passiert vor allem auch dadurch, dass sie die Entwicklungen in Europa verstehen. Ihnen muss bewusst werden, warum sie ausgerechnet in Europa Schutz bekommen haben. Freiheit, Demokratie und Menschenrechte sind ein hohes Gut, das durch die Aufklärung entstanden ist. Das zu bewahren ist gut für uns alle, für die Einheimischen und für die Migranten.

Wir müssen Eltern klarmachen, dass ein Kind als Individuum viel mehr Chancen hat, indem wir ihnen Freiheit und Individualität besser vermitteln. Streitkultur, andere Meinungen zu akzeptieren und auszuhalten, egal ob es um Religion oder politische Themen geht, hat auch etwas mit Erziehung zu tun. Es ist die Aufgabe der Eltern, ihren Kindern diese Fähigkeit beizubringen und sie mit ihnen zu trainieren. Vor allem müssen Eltern dies auch vorleben und Kritik an sich selber erlauben. Die Kommunikation zwischen den Elternteilen muss ebenfalls respektvoll sein. Um das alles überhaupt zu ermöglichen, müssen Eltern psychische und physische Gewalt aufgeben und das Selbstwertgefühl ihrer Kinder stärken.

Gleichzeitig müssen wir auch mit den Kindern und Jugendlichen in Dialog treten. Ich wünsche mir, dass sie verstehen, dass Handys, Fernseher und Computer nicht entstanden sind, weil Leute das gemacht haben, was ihr Gott ihnen sagt und sich ihm ergeben haben. Gott hat mit einem Handy nichts zu tun. Sie sind entstanden, weil es Leute gab, die gegen den Strom geschwommen sind, die Fragen gestellt haben, die Dinge in Frage gestellt haben, die Regeln gebrochen haben, die neue Ideen hatten. Das sind nicht nur Technologien, das sind geistige Produkte. Produkte, die absurderweise jeden Tag dankbar genutzt werden, um irgendwelche Ideologien zu verbreiten, die eigentlich gegen jede Aufklärung sind.

Diese Produkte sind erst entstanden, als die Menschen frei denken durften. Doch bis wir da waren, wo wir heute sind, gab es viele Konflikte in Europa, die unzählige Menschenleben gekostet haben. Die Meinungsfreiheit ist deshalb etwas, das wir unbedingt schützen und weitervermitteln müssen. Ich finde es unerträglich, dass manche Menschen heute immer noch in Angst leben müssen, wenn sie ihre Meinung sagen – und zwar nicht nur in Syrien, im Irak oder in Afghanistan. Ich finde es unerträglich, dass Frauen in manchen Ländern wie Pakistan oder Afghanistan mit ihrem Leben spielen, wenn sie zur Schule gehen.

Wir müssen den Menschen klarmachen, dass sie hier frei leben dürfen, weil es in Europa Grundsätze gibt, die dies erlauben. Und wenn diese Leute hier auch in Freiheit leben wollen, wenn sie Teil dieser Gesellschaft sein wollen, dann müssen sie dies auch als Aufgabe sehen und verstehen und verinnerlichen, was zur Freiheit und zur Demokratie dazugehört, und es nicht als Risiko sehen, sondern als etwas, das sie weiterbringen kann.

Klar muss auch sein, dass Meinungsfreiheit nicht bedeutet, dass jede Meinung erlaubt ist. Sie muss mit den Grundrechten unserer offenen Gesellschaft vereinbar sein. Diese offene Gesellschaft gibt allen dieselben Rechte – auch die Religions- und Meinungsfreiheit –, bis zu dem Punkt, wo sie in andere Grundrechte eingreifen. Mit Gott, mit seinem Propheten, mit dem Vater, mit dem Imam zu streiten, eine andere Meinung als sie zu haben, heilige Texte neu zu interpretieren oder sogar abzulehnen ist erlaubt, gewünscht und Teil unseres Grundgesetzes. In einer Demokratie anzukommen ist sonst unmöglich.

Antisemitismus und die historische Verantwortung Deutschlands

August 2012: Der Berliner Rabbiner Daniel Alter ist mit seiner siebenjährigen Tochter im Stadtteil Friedenau unterwegs. Er trägt eine Kippa. Vier Jugendliche sprechen ihn an, fragen, ob er Jude sei. Als Daniel Alter die Frage bejaht, beleidigen ihn die Jungen und schlagen ihn so heftig, dass sein Jochbein bricht. Zu seiner Tochter sagt einer von ihnen: »Ich bring dich um.« Die Täter – Daniel Alter vermutet, dass sie arabischstämmig sind – werden nie gefasst.

April 2017: Ein 14-jähriger jüdischer Junge wird an einer Gemeinschaftsschule ebenfalls in Friedenau immer wieder von Mitschülern wegen seiner Religionszugehörigkeit gemobbt, beleidigt und angegriffen. Sätze wie dieser fallen: »Du bist ein cooler Typ, aber du bist Jude, und ich bin Muslim. Wir können nicht befreundet sein.« Die Begründung: Alle Juden seien Mörder. Außerdem wird der jüdische Junge an einer Bushaltestelle angegriffen und gewürgt, ein Mitschüler zielt auf ihn mit einer Spielzeugpistole, die wie eine echte Waffe aussieht. Die umstehenden Kinder lachen, der Junge zittert vor Angst. Am Ende verlässt er die Schule. Für immer.

Dezember 2017: Mehr als 1000 Menschen demonstrieren vor dem Brandenburger Tor gegen die Entscheidung des US-Präsidenten Donald Trump, Jerusalem offiziell als Hauptstadt Israels anzuerkennen und die Botschaft von Tel Aviv nach Jerusalem zu verlegen. Es werden Fahnen der Fatah und der Hamas geschwenkt, es wird »Al-mawt, al-mawt, al-mawt li Israil« (»Tod, Tod, Tod Israel«) und »Chaibar, Chaibar, ya yahud, dschaisch Mohammed saya'ud« (»Chaibar, Chaibar, o ihr Juden, Mohammeds Heer kommt bald wieder«) gerufen – eine Parole, die den Mord und die Vertreibung einer Gruppe von Juden durch Mohammed ehrt, auf die ich später noch eingehen werde. Schließlich wird eine Fahne, auf der ein Davidstern ist, verbrannt.

April 2018: Drei Männer beleidigen in Prenzlauer Berg zwei Männer, die offen eine Kippa tragen. Auf einem Video, das einer der beiden später auf Facebook teilt, ist zu sehen, wie einer der Angreifer schließlich mit einem Gürtel auf ihn einschlägt. Dabei ruft er mehrmals »Yahudi« (»Jude«).

Dies sind nur einige wenige Beispiele von Judenfeindlichkeit, die sich in den letzten Jahren alleine in Berlin ereignet haben und die alle eines gemeinsam haben: muslimischen Antisemitismus. Über ihn wird es in diesem Kapitel gehen. Doch zwei Dinge vorneweg: Natürlich dürfen wir erstens Muslime nicht als homogene Gruppe sehen. Nicht jeder Muslim hat antisemitische Einstellungen, und nicht jeder Antisemit ist Muslim. Trotzdem erlebe ich den Antisemitismus in muslimischen Milieus als sehr verbreitet und in einer großen Variationsbreite: Es gibt jene, die sich über eine extreme Israelkritik antisemitisch äußern und die pauschal Juden als Täter und Palästinenser als Opfer betrachten. Dazu gehören immer öfter auch Jugendliche, bei denen ich seit langem zunehmend antisemitische Tendenzen beobachte.

Dann gibt es den religiös motivierten Antisemitismus und Menschen, die offen »Tod den Juden« rufen und Juden an sich als Feinde der Muslime sehen – das hat sich unter anderem auch durch die Ausbreitung des Salafismus verschärft, wie ich noch erklären werde.

Schließlich gibt es noch den Antisemitismus, der durch Verschwörungstheorien verstärkt und verbreitet wird. Diesen Antisemitismus gibt es seit Generationen auch unter Migranten. Mit dem Hinzukommen der vielen Flüchtlinge in den letzten Jahren, die in ihren Heimatländern antisemitisch sozialisiert worden sind und die besondere Bedeutung dieses Themas in Deutschland nicht kennen, nehmen antisemitische Tendenzen in muslimischen Communitys umso stärker zu.

Gespräche mit Lehrern und Pädagogen während meiner täglichen Arbeit dokumentieren zudem: Die Polarisierung anhand religiöser Zugehörigkeiten im Klassenzimmer nimmt insgesamt zu. Dabei dienen aktuelle politische Ereignisse und Konflikte in den Heimatländern oft wie Spaltpilze und definieren die Lager innerhalb einer Klasse: Sunniten gegen Schiiten, Kurden gegen Türken, Sunniten gegen Aleviten, Muslime gegen Ungläubige – und Muslime gegen Juden. Zweitens muss gesagt werden, dass Antisemitismus ein herkunftsübergreifendes Phänomen ist. Man findet ihn rechts, links und in der Mitte der Gesellschaft. Er zieht sich durch alle Gesellschaftsschichten, Nationalitäten und Religionen. Da der muslimische Antisemitismus aber ganz spezifische Entstehungsgründe hat, muss ihm ebenso spezifisch begegnet werden. Trotzdem: Für keine Art von Antisemitismus von wem auch immer gibt es eine Entschuldigung. In einem demokratischen Land darf er nicht geduldet werden, ganz besonders nicht in Deutschland, denn dieses Land hat eine historische Verantwortung gegenüber den Juden. Diese ist entstanden durch die Taten im und vor dem Dritten Reich und den Holocaust, den Völkermord an sechs Millionen Juden.

Es ist elementar, dass die Menschen, die zu uns kommen, begreifen, dass in diesem Land keine Toleranz gegenüber Antisemitismus gezeigt wird. Es bedeutet, dass Antisemitismus ein Schwerpunktthema in Schulen, in Integrationskursen und im Alltag sein muss. Es bedeutet, dass die Menschen die Vorurteile, die sie möglicherweise mitbringen, aufgeben und umdenken müssen und dass sie die historische Verantwortung mittragen müssen, wenn sie hier leben wollen. Juden sind in Deutschland keine Feinde, sondern Teil der Gesellschaft. Antisemitismus wird hier nicht geduldet. Demonstrationen, auf denen zu Antisemitismus aufgerufen wird, dürfen nicht geduldet werden, ebenso wenig wie Vereinigungen oder Moscheen, in denen antisemitische Aussagen gemacht werden.

Muslimischer Rassismus und Antisemitismus sind nicht vergleichbar. Natürlich dürfen wir muslimischen Rassismus nicht akzeptieren, aber die Muslime sind nicht, wie sie manchmal meinen, die neuen Juden.

Dabei geht es nicht nur um die Flüchtlinge, die neu ins Land kommen, sondern auch um diejenigen, die schon seit Generationen hier leben und trotzdem antisemitische Ansichten haben.

Integration ist erst möglich und auch vollständig, wenn jemand diese historische Verantwortung begreift, mitträgt, eventuelle antisemitische Einstellung aufgibt und das Existenzrecht Israels nicht in Frage stellt.

Es ist unser aller Verantwortung, dies laut, deutlich und selbstbewusst zu kommunizieren – nach rechts außen und in Richtung AfD genauso wie nach links, in die Mitte und in Richtung der Muslime. Wer bei antisemitischen Entgleisungen nur in eine Richtung mahnend auftritt und in die andere nicht aus Angst vor Rassismusvorwürfen oder aus falsch verstandener Toleranz, betreibt Doppelmoral. Es gilt, die Hilflosigkeit und die Relativierungen in der deutschen Mehrheitsgesellschaft zu überwinden und durch eine kompromisslose Haltung zu ersetzen. Es gibt nichts, wofür man sich dabei entschuldigen müsste.

Antisemitismus beim Salafismus

Antisemitismus ist traurige Realität in Deutschland und in Europa. Leider. Auch wenn ihn manche immer noch für ein Gespenst der Vergangenheit halten.

Und auch wenn es immer noch Menschen gibt, die behaupten, Antisemitismus und Islam hätten nichts miteinander zu tun: Es gibt eindeutige Zusammenhänge, denen man allerdings nicht mit einer oberflächlichen Betrachtungsweise gerecht werden kann. Wirkungsvolle Gegenmaßnahmen brauchen deshalb ein tieferes Verständnis dessen, was antisemitische oder radikalreligiöse Ideologien so attraktiv macht. Es kommt nicht von ungefähr, dass unter muslimischen Jugendlichen das Wort »Jude« zum Schimpfwort und »die Juden« im Allgemeinen zu Protagonisten zahlreicher Verschwörungstheorien und damit zum Feindbild geworden sind. Will man eine wirksame Strategie gegen Antisemitismus unter Muslimen entwickeln, muss man sich die Zusammenhänge deutlich machen.

So steht die Erstarkung antisemitischer Tendenzen beispielsweise auch in Korrelation mit der Ausbreitung des Salafismus in ganz Europa. Wer sich mit dieser radikalen Variante des Islams auseinandersetzt, wird feststellen, dass die Salafisten aber keineswegs etwas Neues erfunden haben. Vielmehr bauen ihre Narrative auf bereits vorhandenem Gedankengut auf und überspitzen es. Ihr Erfolg vor allem bei Jugendlichen beruht darauf, dass sie bekannten Themen – in diesem Fall dem Antisemitismus – eine religiöse und radikale Dimension verleihen.

Durch diese Ausbreitung sind Juden nicht mehr nur Opfer islamistischer Propaganda, sondern auch von Terroranschlägen in halb Europa geworden: Im März 2012 gab es zum Beispiel in der Region um Toulouse eine Reihe islamistischer Anschläge. Unter anderem wurden dabei ein Rabbiner, dessen zwei eigene und noch ein drittes Kind in einer orthodoxen jüdischen Schule erschossen. In Brüssel brachte 2014 ein Rückkehrer aus dem IS-Gebiet bei einem Anschlag auf das Jüdische Museum vier Menschen mit einem Maschinengewehr um. Im nächsten Jahr, 2015, geschah der Anschlag auf die Pariser Redaktion von »Charlie Hebdo«. Zwei Tage später griff ein Terrorist den jüdischen Supermarkt »Hyper Cacher« an. Dabei tötete er vier Juden und nahm mehrere Geiseln. Kurz darauf ereignete sich ein islamistischer Terroranschlag in einem Kulturzentrum in Kopenhagen. Dabei wurden der Dokumentarfilmer Finn Nørgaard getötet und drei Polizeibeamte verletzt. Nach dem Anschlag floh der Täter und verübte einen weiteren Anschlag auf eine Synagoge, in der gerade eine Bar-Mitzwa-Feier stattfand. Dabei tötete er einen jüdischen Sicherheitsmann und verletzte zwei Polizisten.

Im November 2015 dann schließlich der Anschlag auf die Konzerthalle »Bataclan« und mehrere Cafés in Paris. Es starben 130 Menschen. Die Betreiber des »Bataclan« waren jüdischer Herkunft und galten als israelfreundlich, unter anderem, weil dort für den israelischen Grenzschutz Magav eine jährliche Spenden-Gala abgehalten wurde. Daher war das »Bataclan« kein zufällig von den Attentätern ausgewählter Ort. Zwischen 2007 und 2009 wurden die Betreiber schon mehrmals von islamistischen Gruppen wegen ihrer Israelfreundlichkeit bedroht. Im Jahr 2011 hatte ein Dschihadist sogar einen Anschlag auf den Veranstaltungsort geplant, wurde aber vorher gefasst. Diese Fälle zeigen deutlich, dass und wie jüdisches Leben in Europa bedroht wird.

Das Verhältnis der Glaubensgemeinschaften

Die Beziehung zwischen Juden und Muslimen ist seit jeher turbulent und durch konkrete Konflikte emotional aufgeladen. Dennoch befanden sie sich nicht immer im Kriegszustand. Phasen friedlicher Koexistenz, der bloßen Duldung und des Krieges wechselten sich im Laufe der gemeinsamen Geschichte immer wieder ab.

Ein mythischer Konflikt zwischen Juden und Muslimen aus der frühislamischen Zeit – im Koran dokumentiert, aber historisch nicht belegt – veranschaulicht diese ambivalente Beziehung sehr deutlich. Es handelt sich um den Streit zwischen den Bewohnern von Chaibar, einer damals von Juden besiedelten Oase nördlich von Medina, und dem Propheten Mohammed. Die ersten Koranverse über Chaibar sind sehr einladend: ein Versuch, die Juden zu gewinnen mit Versen der Versöhnung und des Lobes. Doch offenbar wird die Hoffnung Mohammeds, dass die Juden ihm und seiner neuen Religion anhängen würden, enttäuscht. Denn ein paar Jahre später, ab der Gründung des Islamischen Staates in Medina, verändert sich die Sprache stark: Verse der Verfluchung und der Drohung folgen. Es kommt zum Krieg, die Juden von Chaibar werden von den Muslimen besiegt und vertrieben.

Die islamistische Propaganda bezieht sich heute noch auf diesen Kampf und überträgt das Gefühl dieses Kriegszustandes in die Gegenwart. So hört man die Parole »Chaibar, Chaibar, ya yahud, dschaisch Mohammed saya'ud« nicht nur auf Demonstrationen wie der eingangs beschriebenen am Brandenburger Tor, man liest sie auch auf vielen bei muslimischen Jugendlichen beliebten Facebook-Seiten. Dort wird die Parole zwar meistens nach ein paar Tagen wieder gelöscht, ihre Wirkung hat sie jedoch auch in der kurzen Zeit nicht verfehlt.

Abgesehen von mythischen oder historischen Konflikten wird die fortwährende Anspannung vor allem durch den Nahostkonflikt zwischen Israel und Palästina aufrechterhalten. Besonders seit 1948 hat sich der jüdisch-muslimische Streit ausgeweitet, obwohl der Nahostkonflikt zunächst nicht religiöser, sondern nur geopolitischer Natur war. Nach dem Zerfall des Osmanischen Reiches 1916 teilten die Kolonialmächte Großbritannien und Frankreich den Nahen Osten unter sich auf – entgegen den Vereinbarungen mit ihren arabischen Mitstreitern. Bei der Grenzziehung wurde keinerlei Rücksicht auf die natürlichen und durch Ethnien, Gruppen oder Religionen bestimmten Gemeinschaften genommen, was den Nährboden für viele Konflikte in der Region bereitete. Insbesondere mit der Gründung des Staates Israel waren die meisten Muslime nicht einverstanden. Das Imstichgelassenwerden durch die Europäer und die Schaffung eines jüdischen Staates im Herzen der muslimisch-arabischen Welt – teilweise auf den Ruinen arabischer und palästinensischer Dörfer und Städte – wird bis heute als kollektives Trauma und Opfer von Muslimen kolportiert. Es wird als Entwurzelung verstanden, die seitdem als ein Grund für den Kampf gegen die Juden und Israel angeführt wird.

Eine stark religiöse Komponente hat der Konflikt bekommen, weil alle drei großen monotheistischen Religionen mit Orten in diesem Gebiet hochgradig verbunden sind und daher auch alle einen Anspruch darauf erheben. Durch die Eroberung der Al-Aksa-Moschee durch israelische Truppen im Sechstagekrieg 1967 wurde dies noch einmal verstärkt. Die Moschee gilt im Islam als heiliger Ort, übertroffen nur von Mekka und Medina. Dem israelischen Narrativ zufolge wird ihre Eroberung jedoch als Befreiung Jerusalems gefeiert, weil man fast 2000 Jahre nach der Einnahme der Stadt durch die Römer Jerusalem wieder für sich beanspruchen konnte.

Dazu kommt, dass die heutige Al-Aksa-Moschee am gleichen Ort gebaut wurde, an dem 2000 Jahre zuvor der jüdische Tempel gestanden hatte. Deshalb ist die Angst, Israel könnte die

Moschee eines Tages abreißen und den jüdischen Tempel neu erbauen, tief im muslimischen Bewusstsein verankert, obwohl Israel nie offiziell davon gesprochen hat. So gibt es immer wieder Unruhen und Auseinandersetzungen wegen der Moschee, was regelmäßig als Aufhänger für radikale Hetze benutzt wird. Der Konflikt spitzte sich zuletzt im Juli 2017 zu: Die israelische Seite führte nach der Ermordung mehrerer israelischer Polizisten verschärfte Zugangskontrollen ein, die in Mekka oder Medina seit Jahren übrigens als selbstverständlich gelten, weshalb auf palästinensischer Seite zu einem »Tag des Zorns« für die Moschee aufgerufen wurde.

Religion, die auf einfachen Narrativen beruht

Vielen Menschen ist eine historisch-kritische Auslegungsart ihres Glaubensbuchs heute fremd. Auch vielen Muslimen, selbst denjenigen, die in Moscheen predigen. Ereignisse und Aussagen, die mehr als 1500 Jahren alt sind, werden verallgemeinert und auf die heutige Zeit übertragen, ohne zu reflektieren, dass das Buch in seinem lokalen, historischen Kontext zu verstehen sein müsste, in einer Zeit also entstanden ist, die mit der von heute nur noch wenig zu tun hat. So werden auch subtile antisemitische Anschauungen ohne Reflexion einfach weitervermittelt.

Auch ich bin kein Theologe und kann über muslimische Schriften wie Koran und Hadith nur bedingt Aussagen treffen. Trotzdem ist festzuhalten, dass sich darin antisemitische Andeutungen finden. Ungeachtet der heterogenen Interpretationen dieser Schriften gibt es darin viele Geschichten über Juden, teils mit Vorwürfen, teils mit Aufforderungen an sie, dem Koran und dem Propheten Mohammed zu folgen.

So gelangten mit der Zeit Aussagen in die Alltagssprache wie »Juden sind Affen«, »Juden sind Schweine«, »Juden haben den Propheten umgebracht«, »Juden sind geldgierig und hinterhältig«. Sie werden meist unreflektiert und unkritisch verwendet.

Und solange keine aktive und religiöse Aufklärung über die Beziehung von Muslimen und Juden betrieben wird, werden diese Bilder und Meinungen bestehen bleiben und sich reproduzieren. Um das festzustellen, muss man kein Theologe sein. Man muss den Jugendlichen einfach nur zuhören, um zu begreifen, dass das Problem sehr verbreitet ist.

Denn genau dieses unreflektierte und unkritische Übernehmen von Ansichten, Meinungen und Aussagen ist sehr verbreitet, nicht nur innerhalb religiöser Gruppierungen. Ein gemeinsames Feindbild dient dabei der ideologischen und emotionalen Integration der eigenen Gruppe und stärkt den Zusammenhalt. Ein simples Gegensatz-Schema in Form von »Wir gegen die anderen« ist hier hoch effektiv. Indem man solche Gegensätze auf die Spitze treibt, nutzt man die vorhandenen Ideen und Gefühle als Basis zur Erzeugung von Opferbewusstsein, Pflichtgefühl und Intoleranz. Diese Methode funktioniert hervorragend auch bei der Instrumentalisierung des Antisemitismus. Wer nicht mitmacht, wer das kritisch betrachtet, wird ausgestoßen aus der Familie oder der religiösen Gruppe.

Heraus kommt ein dichotomes Weltbild, das bestimmt ist durch Fehlinformationen und Verschwörungstheorien. Der politische Konflikt wird so zum Existenzkampf zwischen Muslimen und Juden stilisiert. Das radikale Weltbild einiger Fundamentalisten klingt dann so: Ein guter Jude ist ein Jude, der entweder schon im Zweiten Weltkrieg gestorben ist oder der Israel sehr kritisch gegenübersteht.

Übrigens: Mit antisemitischer Kritik lässt sich bei manchen Jugendlichen offenbar sehr viel mehr Aktions- und Protestbereitschaft wecken als mit der Kritik am sogenannten Islamischen Staat. Während Aufrufe, gegen den Terror auf die Straße zu gehen, meist ins Leere laufen, wird es beim Thema Nahostkonflikt stets laut. In der Zeit des Gaza-Kriegs 2014 waren beispielsweise Tausende auf den Straßen. In Berlin riefen manche: »Jude, Jude, feiges Schwein, komm heraus und kämpf allein«, oder »Hamas, Hamas, Juden ins Gas«. In Wuppertal gab es einen Brandanschlag auf die Synagoge. Ein Gericht entschied später, dies sei kein antisemitischer Akt gewesen, sondern nur als Kritik an Israel zu werten.

Propaganda trifft auf mangelhaftes Faktenwissen

Verstärkt wird der Effekt dieser Propaganda, wenn bei den Empfängern der Botschaften kein oder kaum Faktenwissen zu den entsprechenden Themen vorhanden ist. Insbesondere im Internet fehlt es bislang an Gegennarrativen, und die dortige Verbreitung von Verschwörungstheorien, insbesondere unter Jugendlichen, ist ein weiterer Ausdruck dieses Missverhältnisses von Wissen und Überzeugung. Nicht nur unter Muslimen, sondern unter Jugendlichen insgesamt gehören sie mittlerweile zum Alltag und bleiben viel zu oft unkommentiert.

Es macht mich jeden Tag fassungslos zu sehen, wie viel hasserfüllte und falsche Agitation und wie viele antisemitische Bilder besonders in den sozialen Medien im Umlauf sind. Wenn ich heute im Netz Informationen über den Nahen Osten, den Islam oder Juden suche, lande ich mit viel höherer Wahrscheinlichkeit auf radikalen antisemitischen Seiten als auf demokratisch aufklärenden.

Dadurch bilden sich Parallelwelten, die von außen kaum greifbar sind. Hunderttausende von Jugendlichen bewegen sich täglich auf Facebook-Seiten wie »Killuminati« – von knapp 600 000 Menschen abonniert –, auf denen Verschwörungstheorien verbreitet werden wie die über eine angebliche Inszenierung des Anschlages am 11. September 2001: Laut »Killuminati« hat es sich bei den Ereignissen um eine gezielte Sprengung der eingestürzten Gebäude durch amerikanische und israelische Geheimdienste gehandelt statt um einen echten Terrorakt. Ein Ausgangspunkt dieser Theorie ist beispielsweise das Gerücht, dass angeblich 4000 jüdische Mitarbeiter an diesem Tag nicht im Büro gewesen seien, da man sie vorher gewarnt hatte. Tatsächlich aber wurde niemand gewarnt, und bei dem Anschlag starben schätzungsweise 400 Menschen jüdischer Herkunft. Die Falschmeldung, die über soziale Medien verbreitet worden ist, entstand, weil eine israelische Zeitung über den unklaren Verbleib der bis zu 4000 in der Umgebung des Anschlagsortes lebenden Juden berichtete.

Viele Jugendliche sind außerdem überzeugt davon, dass Juden keine Steuern zahlen müssen oder dass Handelsketten und Konzerne wie Aldi, Lidl, Saturn oder Media Markt allein im Besitz von Juden sind. Die jüdische Weltmacht, in deren Händen die Allmacht über Finanzen, Medien und Weltgeschehen liege, wird in sozialen Medien mit eigenen Begriffen wie »Illuminati«, »Freimaurer« oder »RothschildFamilie« propagiert. Gerade ältere Kinder und Jugendliche sind diesen Inhalten oft ausgesetzt – ohne jegliche Einordnungen oder Gegennarrative. Ein Beispiel hierfür ist deutscher Rap, der voll von solchen Gedanken ist. Ob es Kollegah und Farid Bang sind oder Haftbefehl. Rapper wie Massiv oder Ali Bumaye betonen in ihren Texten auch immer wieder die Opferrolle der Palästinenser.

Und so muss man sich nicht wundern, wenn Jugendliche, die sich dort informiert haben, außerdem glauben, die Juden hätten die Palästinenser kolonialisiert, ausgerottet und ihnen ihr Land weggenommen – während sie übrigens gleichzeitig den Genozid in Armenien für eine glatte Lüge halten. Im Fall Palästina betonen sie die so gerne angenommene Opferrolle der Muslime, während sie es im Fall Armenien als Angriff auf ihre Identität verstehen und deshalb zum Teil massiv ablehnen, wenn die Türkei als Täter genannt wird.

Ich frage mich ernsthaft, wo hier zum Beispiel die Bundeszentrale für politische Bildung ist, die ihrem Namen alle Ehre macht? Wo sind die Landeszentralen? Wieso sind wir im Internet nicht deutlich aktiver? Wieso schaffen wir keine Gegennarrative in den sozialen Medien, die die Zielgruppe auch tatsächlich erreichen? In einer modernen, an der Jugendkultur orientierten Aufmachung mit authentischen Vorbildern, die glaubwürdig und mutig eine klare Haltung gegen Antisemitismus vertreten und dabei nicht um das Thema herumreden. Und wo sind schärfere Gesetze, die es nicht erlauben, sich hinter einer digitalen Identität zu verstecken? Solche Gesetze haben auch symbolischen Wert. Sie manifestieren, was in diesem Land nicht geduldet wird.

Es fällt jungen Menschen schon schwer genug, in der Flut von Auseinandersetzungen in der jüngeren Vergangenheit den Überblick zu behalten – sei es der Bürgerkrieg zwischen muslimischen Gruppen in Syrien, sei es die angespannte Lage zwischen den Golfstaaten oder der in vielen Ländern herrschende Konflikt zwischen Sunniten und Schiiten. Wenn diese Themen nicht im Schulunterricht vorkommen und auch nicht auf den Kanälen, aus denen sie sonst ihre Informationen beziehen, sind unangemessene Urteile kein Wunder.

Und auch hier kommt der Aspekt der Simplifizierung wieder zum Tragen, wenn in Anbetracht der inneren Spaltung des Islams das Judentum als willkommenes äußeres Feindbild zum Zusammenhalt verpflichtet. Sunniten und Schiiten können ihren Streit beiseitelegen und sich vereinen, um ihren gemeinsamen Feind zu bekämpfen und innere Konflikte zu vergessen. Auch hier gilt wieder die Schwarzweißlogik mit den Muslimen als Opfer und den Juden als Täter.

Da Juden (wie auch Christen) selbst in der Perspektive des Mainstream-Islams per se der falschen Religion angehören, eignen sie sich wunderbar als Feind und Sündenbock und lassen sich für die eigenen Zwecke instrumentalisieren.

Das hat zum Beispiel Osama Bin Laden so gemacht, der in seinen Reden immer wieder Palästina als einen Grund für seinen

Terror gegen die USA und den Westen erwähnte. Die gleiche Rhetorik verwenden auch bekannte Hassprediger wie der radikale Muslimbruder Jusuf al-Qaradawi und der IS, auch wenn dieser seinen Terror vor allem gegen politische und religiöse Gruppen sowie Zivilisten in Syrien und im Irak richtet.

Nicht zuletzt sollte im Zusammenhang mit Antisemitismus in Deutschland auch der türkische Präsident Recep Tayyip Erdoğan erwähnt werden. Die türkische Politik verbreitet mal mehr, mal weniger subtil antisemitische Bilder. Sie wirft Israel Barbarei gegen die Palästinenser vor und stellt sich schützend hinter die islamistische Terrororganisation Hamas. Die Beziehungen zwischen der Türkei und Israel, die einst befreundete Staaten waren, verschlechtern sich zunehmend durch Vorfälle und Aussagen wie die folgenden:

2010: Ein internationaler Konvoi von sechs Schiffen, beladen mit Hilfsgütern, wird von verschiedenen Organisationen – darunter die türkische IHH, die Verbindungen zu diversen islamistischen Organisationen haben soll – entsandt, um die israelische Seeblockade des Gazastreifens zu durchbrechen und Hilfe nach Gaza zu transportieren. Die israelische Marine kündigt an, den Konvoi daran zu hindern, und entert die Schiffe. Die Marine geht zu diesem Zeitpunkt von Friedensaktivisten aus. Auf einem der Schiffe, der Mavi Marmara, warten laut israelischer Darstellung jedoch mit Messern, Flaschen und Metallstangen bewaffnete Menschen auf die israelischen Soldaten. Bei den darauffolgenden gewaltsamen Auseinandersetzungen auf dem Schiff werden neun Aktivisten getötet.

2014: Während des Gaza-Kriegs äußert sich Erdoğan folgendermaßen über Israelis: »Sie haben kein Gewissen, keine Ehre, keinen Stolz. Jene, die Hitler Tag und Nacht verurteilen, haben Hitler in Sachen Barbarei übertroffen.«

2016: In einem Interview mit dem Zweiten Israelischen Fernsehen sagt Erdoğan: »Ich bin nicht einverstanden damit, was Hitler getan hat, und ich bin nicht einverstanden damit, was Israel in Gaza getan hat. Es ist nicht angebracht zu vergleichen, was barbarischer war.«

2018: Bei einem Sondergipfel der Organisation für islamische Zusammenarbeit, den Erdoğan einberufen hat, um gegen die Verlegung der US-Botschaft nach Jerusalem zu protestieren, sagt er: »Zwischen der Grausamkeit, die vor 75 Jahren in Europa an den Juden begangen wurde, und der Brutalität, der unsere Brüder aus Gaza heute ausgesetzt sind, besteht überhaupt kein Unterschied. [...] Die Kinder der Menschen, die im Zweiten Weltkrieg in Konzentrationslagern auf jede erdenkliche Weise gefoltert wurden, greifen heute leider mit Methoden, die denen der Nazis quasi in nichts nachstehen, unschuldige Palästinenser an.« Dabei ruft Erdoğan die Muslime zur Einheit auf. Es sei Zeit, die internen Differenzen zu überwinden und eine »starke Haltung gegen Israels Tyrannei« zu zeigen.

Damit nicht genug: Immer wieder betont Erdoğan, er sehe die radikal-islamische Hamas nicht als Terrororganisation, sondern als politische Bewegung. Ohne Beteiligung der Hamas sei eine Friedensregelung in der Region nicht möglich. Diese Annäherung an die arabischen Länder ist von der türkischen Regierung beabsichtigt, damit Erdoğan als der Beschützer der Muslime dasteht, der Palästina oder Gaza zu seinem Herzensthema gemacht hat. Die türkische Regierung macht mit ihrer Einstellung Politik – und zwar globale Politik, die auch in Deutschland nicht ohne Folgen bleibt, denn sie bestärkt nicht nur die Jugendlichen in Deutschland in ihrem Antisemitismus und in der einseitigen Betrachtung des Nahostkonflikts, sondern auch Erwachsene.

Ansätze gegen den Antisemitismus

Wie kann nun eine Antwort auf das Problem des Antisemitismus aussehen? Wie können in Deutschland und Europa lebende Muslime dazu bewogen werden, sich an den Grundrechten der

Rechtsstaaten, der Meinungs- und Religionsfreiheit zu orientieren, ohne bevormundet zu werden? Wie können insbesondere Jugendliche durch präventives pädagogisches Handeln stark gemacht werden, so dass sie unempfänglich werden für radikale Ideologien?

Ein kurzer Blick darauf, wie es nicht geht: Nach den am Anfang des Kapitels beschriebenen Ereignissen gab es immer mal wieder einige Mahnwachen hier, viel Entsetzen dort und natürlich auch einige öffentliche Debatten. Und ja, die Bundesregierung, einige Minister und sogar Bundespräsident Frank-Walter Steinmeier verurteilten die Gewalt und die Hetze öffentlich. Ob solche Schritte allerdings für eine ernsthafte Bekämpfung des Antisemitismus in den betroffenen Communitys ausreichend sind, wage ich zu bezweifeln. Ein paar Wochen später kehrt nämlich wieder Ruhe ein. Die Stimmen auf der Straße und in der Schule bekommen keine Beachtung mehr, Lehrer, Sozialarbeiter und auch Juden werden alleingelassen, die Medien berichten über andere Themen – in den Köpfen aber bleiben die gleichen Vorurteile. Und auch die Ängste der jüdischen Bürger verschwinden nicht einfach so. Mit ein paar Worten wird der Kampf also bestimmt nicht zu gewinnen sein. Dafür ist der Gegner zu groß, zu alt, zu tief verwurzelt.

Es geht auch nicht, indem man sich als Politiker, wie Sigmar Gabriel es getan hat, mit muslimischen Vertretern bei der Kreuzberger Initiative gegen Antisemitismus (KIgA) trifft, um nach antisemitischen Vorfällen in Berlin über das Thema zu sprechen und dabei von seinem Besuch in Hebron in den besetzten Gebieten vor einigen Jahren zu erzählen und dabei zu sagen, das ihn das, was er dort gesehen habe, an Apartheid erinnert hat. Hätte er das losgelöst von einer Antisemitismusdebatte gesagt, hätte ich diese Aussage vielleicht akzeptiert, obwohl sie nicht meine Meinung ist. Doch eine solche Aussage bei einem Treffen zu machen, bei dem es um Antisemitismus geht, ist nicht mehr nur naiv, sondern eigentlich schon bösartig. Mehr noch: Bei diesem Treffen war auch Taha Sabri von der NBS eingeladen, der bereits Thema im Kapitel 3 war und der auch schon als Redner bei der »Palästinensischen Gemeinschaft Deutschlands« (PGD) aufgetreten ist, die laut dem nordrhein-westfälischen Verfassungsschutz die deutsche Vertretung der Terrororganisation Hamas und mitverantwortlich für Teile der antisemitischen Demos in Deutschland ist. Er ist sicherlich kein Experte in der Bekämpfung von Antisemitismus – im Gegenteil.

Auch die von der Berliner Staatssekretärin Sawsan Chebli ausgegebene Parole, Solidarität unter gleichermaßen diskriminierten Minderheiten (gemeint sind Juden und Muslime) zu zeigen – sozusagen von Opfer zu Opfer –, verdeutlicht nur die Undifferenziertheit bei diesem Thema. Soll etwa Antisemitismus mit Islamfeindlichkeit gleichgesetzt werden? Als hätte es einen millionenfachen Mord an Muslimen in diesem Land gegeben? So schnell werden aus Muslimen schon wieder Opfer. Statt des (ohnehin nur sporadischen) Verzichts auf Anti-Israel-Parolen sind Muslime in der Verantwortung, sich klar und selbstkritisch von Antisemitismus zu distanzieren. Dazu gehört auch die Bereitschaft, ihn zu erkennen.

Und genauso müssen – wie bereits erwähnt – vor allem die Communitys selber das Problem erkennen und offen benennen. Es muss möglich werden, dass sie sich mit dem real existierenden Antisemitismus auseinandersetzen, dass sie ihre religiös-politischen, ideologischen Inhalte ernsthaft hinterfragen. Tun sie das nicht, disqualifizieren sie sich selbst als potentielle Partner der Politik und können keinen ernstzunehmenden Beitrag leisten im Kampf gegen den Antisemitismus. Hier benötigen wir auch ein Ende der Blauäugigkeit vieler Politiker, die ihre Ansprechpartner in solchen Fragen immer und immer wieder naiv und unreflektiert auswählen. Denn die muslimischen Verbände, die oft und gerne zu Rate gezogen werden, repräsentieren den politischen Islam in Deutschland und nicht die Mehrheit der Muslime. Sie betreiben zwar keine antisemitische Hetze, zeigen aber auch keine aktive Initiative dagegen. Was wir von ihnen in den letzten Jahren zum Problem des Antisemitismus gehört haben, ist scheinheilig. Mahnwachen zu veranstalten und zu sagen, dass Juden nicht rassistisch behandelt werden dürfen, hilft nicht weiter, wenn das Thema in den Moscheen und Gemeinden gar nicht mutig und ehrlich angesprochen wird. Doch es ist auch ihre Aufgabe, Aufklärungsarbeit zu leisten, und das muss die Mehrheitsgesellschaft von den Verbänden fordern.

Die muslimische Gemeinschaft braucht eine innerislamische Debatte um Werte wie Toleranz, Verständnis und friedliches Miteinander. Antisemitismus muss zum aktiv besprochenen Thema werden, egal ob zu Hause, in Schulen, Kulturzentren oder Moscheen, in denen das Existenzrecht Israels deutlich in den Freitagsgebeten anerkannt werden muss, um glaubhaft gegen Antisemitismus einzustehen. Denn Antisemiten sind selbstbewusster geworden, lauter und haben weniger Hemmungen, sich zu äußern. So dürfen wir zum Beispiel nicht vergessen, dass bestimmte Bezirke in Berlin und anderswo mittlerweile zu No-go-Areas für Juden geworden sind, weil sie dort – allein aufgrund der Tatsache, dass sie Juden sind – angefeindet und teilweise angegriffen werden. Das sollten wir unter keinen Umständen akzeptieren, auch wenn der Regierende Bürgermeister von Berlin Michael Müller das nicht so sieht: 2016 sagte er in den *Tagesthemen* der ARD, No-go-Areas, in denen man sich nicht mehr frei bewegen könne, in denen man Angst um sein Leben haben müsse, gebe es in Berlin nicht. Und 2018 antwortete er in einem Interview mit der Zeitung *Die Welt* auf die Frage, ob er das zwei Jahre später immer noch so sehe: »Ja, ganz eindeutig. No-go-Area heißt: Es gibt Bereiche, in die man sich zu keiner Tages- und Nachtzeit hineintraut, weil man um Leib und Leben fürchten muss. Das haben wir in Berlin nicht. Was es hier allerdings wie in jeder anderen Millionenstadt gibt, sind Gegenden, in denen man sich zu später Stunde lieber ein Taxi nimmt, als alleine zu Fuß unterwegs zu sein.«

Diese Aussagen sprechen in meinen Augen Bände und stehen für weite Teile der Politik: Wegschauen, das Leugnen von Problemen und Debatten, denen keine Taten folgen, führen erwiesenermaßen zu keinem Wandel. Wir müssen mutig sein und tiefgreifend umdenken.

Nicht nur Juden leiden unter Antisemitismus. Auch unsere Gesellschaft nimmt Schaden, wenn einige ihrer Mitglieder meinen, die Politik, Deutschland oder der Westen seien durch ihre Israel- und Judenfreundlichkeit Komplizen einer großangelegten Verschwörung gegen die Muslime. Echte Integration wird durch solche Einstellungen unmöglich, Abgrenzung und Parallelgesellschaften sind die Folgen. Nicht zuletzt wird dadurch auch unsere Erinnerungskultur massiv beeinträchtigt. Wer antisemitische Äußerungen macht oder das Existenzrecht Israels nicht akzeptiert, ist nicht angekommen in unserer Gesellschaft und wird so auch nie ankommen, auch wenn er es zum Arzt an der Charité oder zum Professor geschafft hat.

9

Mousa – außen vor

Der Tag, an dem Mousa klarwurde, niemals Teil dieser Gesellschaft zu werden, begann mit einem Hämmern gegen seine Wohnungstür, das ihn aus dem Schlaf riss. Mousa schrak hoch, wollte aufstehen, nachsehen, was los war, doch da standen schon Männer vor seinem Bett, schrien »Hände hoch! Aufstehen!« Mousa stand auf, die Hände über dem Kopf. »Hinlegen!« Mousa legte sich hin. Dann nahmen sie seine Arme, legten sie auf seinen Rücken, legten ihm Handschellen an und führten ihn, so wie er war, aus der Wohnung. Mousa zitterte vor Angst und vor Kälte. Niemand hatte ihn vorgewarnt, geklingelt, ihm die Gelegenheit gegeben, die Tür zu öffnen. Niemand hatte ihn nach seinem Namen gefragt. War das eine Verwechslung? Was wollten die Männer? Was war los?

Sie brachten ihn die Treppe hinunter. Er sah seine Nachbarn, wie sie ihre Türen vorsichtig einen Spalt geöffnet hatten, um zu sehen, was los war. Er schämte sich. Dann setzten sie ihn in ein Auto und schnallten ihn an. Alle schwiegen. Auch Mousa. Irgendwann fragte er:

»Wer sind Sie?«

»SEK.«

»Und was wollen Sie von mir?«

»Werden Sie noch früh genug erfahren.«

Die nächsten zwei Stunden wieder kein Wort. Wohin sie fuhren, wusste er nicht. Es fühlte sich an wie eine Ewigkeit. Mousa fror, hatte Hunger, musste aufs Klo. Die Handschellen drückten. Das Zittern hörte nicht auf. Irgendwann hielt das Auto an, er wurde herausgezogen und in ein kleines Haus geführt. Dort gab es nur ein Zimmer: Ein Tisch, drei Stühle, sonst nichts. Die Fenster waren verdunkelt, an der Decke hing eine Lampe, die kaum Licht gab. Zwei Polizisten warteten auf ihn.

»Setzen Sie sich.«

»Was soll das?«

»Hinsetzen! Ich warne Sie, ich weiß, dass Sie ins Paradies kommen, wenn Sie mich anlügen.«

»Was mache ich?«

»Leute wie du denken, sie kommen ins Paradies, wenn sie uns Ungläubige anlügen. Aber wenn du mich anlügst, schicke ich dich in meine Hölle. Also, erzähl uns die Wahrheit!«

Mousa wusste nicht, was er darauf antworten sollte. Der Polizist redete irgendetwas von Taqiya, etwas, von dem Mousa schon mal irgendwann gehört hatte, aber nicht wusste, was es genau war. Er wusste nur, dass es irgendwas mit dem Islam zu tun hatte.

»Ich bin nicht gläubig.«

»Siehst du, du lügst mich an, weil dein Gott dir erlaubt zu lügen.«

»Ich lüge nicht.«

»Jetzt lass ihn doch«, sagte der andere Polizist, »wir haben nur ein paar Fragen an Sie.«

Das Verhör ging zwei Stunden lang. Die beiden Männer spielten guter Polizist, böser Polizist. Mousa sagte, er gehe arbeiten, sonst nichts. Mit der Zeit dämmerte es ihm, warum er hier war: Es war Ende 2001, die Anschläge vom 11. September kein halbes Jahr her. Überall herrschte Panik, überall wurden Menschen verhört, die entweder Muslime waren, wie Muslime aussahen oder muslimische Namen trugen – so wie Mousa.

»Ich habe damit nichts zu tun.«

Mit der Zeit wurde Mousa auch klar, wie er in diese Situation geraten war: Seine Frau, von der er seit kurzem getrennt lebte, hatte bei der Polizei angerufen, gesagt, er sei ein Terrorist, der Kontakte zu den Attentätern vom 11. September gehabt habe und einen Anschlag plane. Er wusste: Das war ihre Rache, weil er sie verlassen hatte. Das war ihre Art, für das alleinige Sorgerecht für ihren Sohn zu kämpfen. Mousa bekam Angst, seinen Sohn nie wiedersehen zu dürfen. Er hätte alles für ihn getan.

Irgendwann war das Verhör vorbei. »Sie können jetzt gehen.« Mousa wurde nach Hause gefahren. Nachdem er aus dem Auto gestiegen war, musste er sich übergeben. Die Polizisten lachten.

»Wir behalten Sie im Auge, glauben Sie mir das«, sagte einer von ihnen zum Abschied. Dann ging Mousa die Treppen hinauf. Die Tür zu seiner Wohnung war kaputt – und mit ihr Mousas Glaube, jemals ein richtiger Teil dieser Gesellschaft zu werden.

Syrien, 1982: Nach Monaten der Aufstände der islamistischen Opposition herrschte in dem Land Ausnahmezustand. Der Staat versuchte, die Probleme mit Gewalt zu lösen. Tausende von Menschen wurden verhaftet, gefoltert, umgebracht. Mousa war zwölf, erinnert sich aber noch gut daran, wie aufgebracht und gleichzeitig verzweifelt sein Vater damals schien. Er weiß bis heute nicht, welche Rolle sein Vater bei all dem spielte, was genau passiert war, und welches die Gründe waren, denn sein Vater schweigt bis heute darüber – doch von einem Tag auf den anderen beschloss der Vater, mit seiner Familie aus dem Land zu fliehen. Mousa glaubt, er tat es, um zu überleben.

Sie ließen alles hinter sich: Ihre Wohnung, den großen Möbelladen des Vaters, ihre Familie und Freunde. Alles. Sie waren eine sehr angesehene Familie gewesen, standen fest im Leben, Mousa und seine zwei jüngeren Brüder waren gute Schüler. Alles hätte so bleiben können. Mousa wollte nicht weg. Er redete sich ein, es sei nur eine Reise. Bald schon würde er wieder in seinem Bett schlafen, mit seinen Freunden spielen und die Katzen vor dem Haus streicheln können.

Sie nahmen nur das Nötigste mit. Mousa spürte die Angst der Eltern, erwischt zu werden. Seine Mutter weinte leise. Auf dem Weg über die Grenze nach Jordanien weinten schließlich auch Mousa und seine Brüder. Der Vater schwieg. Mousa sagte immer wieder: »Allah, oh, Allah.« Da sah ihn sein Vater an und sagte: »Allah ist gerade gestorben.« Mousa verstand nicht, was sein Vater damit meinte, aber er verstand, dass er jetzt still sein musste.

Irgendwann, ein paar Wochen später, sie waren schon in Deutschland, fragte Mousa vorsichtig, ob sie denn bald wieder in die Moschee gehen würden. Da sagte der Vater: »Wir sind jetzt hier. Der Islam ist dort. Wir haben ihn nicht mitgebracht. Lebt euer Leben.« Keiner von ihnen hat je wieder eine Moschee betreten, gebetet oder gefastet.

Die ersten Wochen und Monate staunte Mousa nur. Er war neugierig. Alle und alles sahen so anders aus, obwohl in der Kleinstadt in Nordrhein-Westfalen, in der sie gelandet waren, auch viele Gastarbeiter lebten.

Er kam in die Schule, verstand kein Wort. Nach ein paar Tagen fragte ihn seine Lehrerin, warum er seine Hausaufgaben nicht gemacht habe. Auch das verstand er zuerst nicht. Erst als sie auf die leeren Seiten in seinem Heft tippte und die Schultern hochzog, wusste er, was sie meinte. Er zog die Schultern auch hoch, wollte ihr sagen, dass er nichts von dem, was da stand, begriff. Da rollte sie mit den Augen und ging weiter zum nächsten Kind.

Mousa machte in der Schule viele solcher Erfahrungen. Er lernte die Sprache zwar schnell. Er lernte aber auch schnell, dass er sich mehr Mühe geben musste als die anderen Kinder. Die Lehrer hatten immer ein Auge auf ihn. Egal was in der Schule passierte, egal ob Mousa etwas damit zu tun hatte – und meistens hatte er es nicht –, er wurde zum Direktor geholt. Dieser sagte dann immer: »Im mitteleuropäischen Raum machen wir so etwas nicht.« Mousa weiß nicht, wie oft er sich diesen Satz anhören musste. Wenn er heute davon erzählt, macht er den Direktor nach, und man merkt, es müssen unzählige Male gewesen sein.

Sein Gemeinschaftskundelehrer war immer der Meinung, Mousa könne Demokratie nicht verstehen, weil er aus einem diktatorischen Land gekommen war. Mousa konnte machen, was er wollte, meistens bekam er von ihm eine Vier oder eine Fünf. Er erinnert sich an einen Tag, an dem er krank war und ein deutscher Freund ihm ein Aufsatzthema am Telefon diktierte. Mousa schrieb. An dem Morgen, als sie ihre Aufsätze abgeben mussten, stellten die beiden fest, dass sie ihre Themen verwechselt hatten. Sie tauschten ihre Aufsätze, schrieben den jeweils anderen Namen darüber und gaben sie ab. Als der Lehrer ihnen ihre Arbeiten zurückgab, hatte Mousa mal wieder eine Vier von ihm bekommen – für den Aufsatz, den sein Freund geschrieben hatte. Der Freund hingegen hatte eine Eins bekommen. »Toll«, hatte der Lehrer gesagt, »ganz, ganz toll.« Mousa akzeptierte es. Was sollte er auch anderes machen?

Mousa versuchte, das ganze Schulthema von seinen Eltern fernzuhalten. Sie taten sowieso schon alles, damit es ihm und seinen Brüdern gutging. Der Vater versuchte, stark zu sein. Er hatte alles versucht, seiner Familie ein Ankommen zu ermöglichen. Aber Mousa sah auch, wie er mit sich kämpfte. »Mein Land ist mir egal«, sagte der Vater immer wieder, »wir sind jetzt hier zu Hause.« Er wollte alles vergessen, über nichts reden, ganz neu anfangen. Doch er schaffte es nicht, das Trauma der Flucht, bei der alle wie aus dem Nichts aus ihren festen Strukturen gerissen worden waren, aufzuarbeiten.

Mousas Brüder hatten es einfacher, sie waren bei der Flucht noch so jung gewesen, dass sie Deutschland nie als etwas empfanden, in das sie hineinwachsen mussten. Mousa und seiner

Mutter hingegen ging es wie dem Vater. Sie konnten ihre Heimat nicht vergessen, sosehr sie es sich auch einredeten, sosehr sie es auch versuchten.

Mousas Mutter starb drei Jahre nach ihrer Ankunft so plötzlich, wie ihre Flucht damals gekommen war. Eines Morgens lag sie tot im Bett. Mousa wusste nicht, wohin mit seinem Schmerz, also schluckte er ihn hinunter. Seine Mutter hatte aufgegeben, da war sich Mousa sicher. Drei Jahre lang hatte sie damit zugebracht, nach Essen zu suchen, das nach Heimat schmeckte. Immer war sie stolz gewesen, wenn es ihr gelang, ihre Familie glücklich zu kochen. Doch sie fühlte sich isoliert, fremd. Sie sagte immer: »Ich friere.« So gerne hätte sie mit ihren Schwestern telefoniert, ihnen Briefe geschrieben. Aber nichts davon war möglich. Mit ihrer Flucht hatte sich die Familie als oppositionell geoutet. Ein Anruf bei Verwandten hätte schlimm für diese enden können. Briefe zu schreiben war genauso gefährlich. Über zahllose Ecken war es ab und zu möglich. Aber das passierte vielleicht einmal im Jahr.

Mehr denn je wollte Mousa nun dazugehören. Zu lernen fiel ihm nicht schwer. Er war sehr begabt. In den Fächern, in denen Lehrer ihn nicht vorverurteilten, hatte er immer sehr gute Noten. Er gab Nachhilfe für andere Schüler. Es erfüllte ihn, wenn er sah, dass sie durch ihn besser wurden.

Alles wechselte sich ab: Er hatte Freunde, auch Freundinnen, Nachhilfeschüler, die ihn mochten. Gleichzeitig hatte er Erlebnisse, bei denen er immer wieder vor den Kopf gestoßen wurde. Wenn Menschen in der Dunkelheit die Straßenseite wechselten, weil er ihnen entgegenkam, wenn Menschen extra langsam mit ihm sprachen, weil sie dachten, er würde sie sonst nicht verstehen, wenn er im Supermarkt vom Ladendetektiv verfolgt wurde, wenn er im Park gefragt wurde, ob er Drogen verkaufen würde, wenn Menschen sich in der U-Bahn nicht neben ihn setzen wollten, wenn er als Einziger nicht in einen Club kam:

»Sorry, für dich heute nicht«. Wann denn, fragte er sich, wann komme ich denn endlich mal rein?

Vielleicht meinten es die Menschen nicht so, vielleicht meinten sie es aber auch gerade so. Mousa weiß es nicht.

Einmal, Mousa war 18, hatte er eine deutsche Freundin, deren Eltern zwei angesehene Anwälte waren. Kurz nachdem sie zusammengekommen waren, fragte ihn seine Freundin, ob er mit ihr zum Osterfrühstück bei ihren Eltern kommen wolle. Mousa sagte ja, obwohl er sich auch ein bisschen davor fürchtete. Die Mutter öffnete die Tür, begrüßte ihre Tochter warm und herzlich und streckte danach Mousa kurz die Hand hin. »Hallo.« Der Vater sagte: »Friedrich. Guten Tag.« Mehr nicht.

Sie gingen hinein. Mousa war geblendet. In dem Haus war alles weiß, selbst sie Fußböden und die Blumen auf dem Tisch. Alles hatte seinen Platz. Nichts schien zufällig herumzustehen. Sie setzten sich an den Tisch. Es gab Kaffee und Kuchen, dann Geschenke. »Entschuldigen Sie, für Sie haben wir jetzt leider nichts«, sagte die Mutter. Mousa antwortete: »Kein Problem.« Er sah zu, wie seine Freundin ihres auspackte. Es war ein Buch: *Nicht ohne meine Tochter*, die Geschichte der US-Amerikanerin Betty Mahmoody, die einen iranischen Arzt geheiratet hat, mit ihm ein gutes Leben samt Hausmädchen und Dinnerpartys lebt und eines Tages mit ihm und ihrer gemeinsamen Tochter zu einem Urlaub in den Iran reist, um seine Familie zu besuchen. Nach wenigen Tagen im Land sagt er ihr, sie würden nicht zurückkehren, seine Greencard sei abgelaufen. Als Betty Mahmoody das ablehnt, verändert er sich. Er verlangt Gehorsam, schlägt und misshandelt seine Frau und stellt sie und ihre vierjährige Tochter schließlich unter ständige Aufsicht seiner Familie. Es dauert 18 Monate, bis ihnen die Flucht gelingt.

Mousa schaute die Eltern fragend an. Die Eltern schauten weg.

Mousa studierte Chemie, machte einen guten Abschluss

und bekam einen Job bei einer großen Firma. Auch hier merkte er, wie andere an ihm vorbeizogen. Irgendwann hatte er einen Vorgesetzten, der fünf Jahre nach ihm angefangen hatte. Besser, glaubt Mousa, war der nicht, nur deutscher. Mousa wurde nie befördert. Er wurde auch nicht zu Festen eingeladen. Er half immer gerne, und andere nahmen seine Hilfe gerne an. Sie sahen nicht die Sehnsucht in seinen Augen dazuzugehören, einfach nur, weil er Mousa war.

Seinen Brüdern fiel das alles irgendwie leichter. Sie wurden beide Ärzte, heirateten deutsche Frauen. Der eine lebt in einem kleinen Dorf in Bayern. Er hat drei Kinder. Der Herr Doktor ist ein angesehener Mann. Der Jüngste von ihnen ist mit Frau und zwei Kindern nach Frankfurt am Main gezogen. Auch ihm geht es gut. Sie leben ihr Leben. Die Familien treffen sich einmal im Jahr mit dem Vater. Mousa weiß nicht, wie das in Zukunft wird, jetzt, wo er sich von seiner Frau getrennt hat.

Er redet nicht gerne darüber, wie sie sich auseinandergelebt haben. Er redet sowieso nicht sehr gerne, schon gar nicht über sich selber – und wenn, dann klingt es, als würde er über eine dritte Person sprechen. Er ist nicht sehr emotional – seine Stärke oder seine Schwäche, wie man es nimmt. Wenn man mit Mousa in einer Runde zusammensitzt, hat man manchmal das Gefühl, er sei gar nicht anwesend. Unscheinbar, unsichtbar, obwohl er ein sehr gut aussehender Mann ist.

Er blieb wohl lange mit seiner Frau zusammen wegen Adam, ihrem sechsjährigen Sohn. Er bedeutet ihm alles. Sie haben heute immer noch Kontakt – wegen Adam –, auch wenn Mousa seiner Ex-Frau die Geschichte mit dem SEK übelnimmt. Zumindest hat sie es nicht geschafft, das alleinige Sorgerecht für Adam zu bekommen. Das hätte Mousa gebrochen.

Mousa sagt: »Man kann machen, was man will, am Ende bleibt ein Fremder ein Fremder.« Und wenn er das sagt, klingt es abgeklärt, resigniert.

Er will einfach leben. Arbeiten, abends sein Feierabendbier trinken, schlafen gehen und sooft es geht Adam sehen. Er hat, so glaubt er, auch keine andere Wahl. In seiner Vorstellung ist das die einzige Möglichkeit: »Hier ist mein Kind, hier ist meine Arbeit, hier ist mein Mittelpunkt. Hier will ich leben. Aber es gibt viele Menschen, die mir das Leben nicht einfach machen. Ich werde nicht mehr leidenschaftlich versuchen, hier anzukommen, wenn die Gesellschaft mich nicht will. Vertrauen habe ich nicht mehr. Ich habe so viele schlechte Erfahrungen gemacht, dass ich jetzt diesen Weg gehe.« Alleine.

10

Anleitung zur Integration: Zehn konkrete Schritte, die Politik und Gesellschaft gehen müssen

Integration ist in erster Linie die Bringschuld der Zugewanderten. Von Menschen, die neu ins Land kommen und bleiben wollen, wird erwartet, dass sie sich an die Gesetze halten und den Sinn der demokratischen Grundordnung verstehen lernen. Sie brauchen die Motivation, die Bereitschaft und die Offenheit, das Land und seine Bewohner kennenzulernen, es zu erkunden und Vorurteile abzulegen. Wer die freie Art und Weise ablehnt, wie Menschen hier leben, wer Gesetze und Demokratie abwertet, der wird kaum Chancen haben, anzukommen oder akzeptiert zu werden. Und um beides geht es.

Zur Integration gehört daher auch die Bereitschaft, manches, das im Herkunftsland gilt, in Frage zu stellen, wie etwa Konzepte von Hierarchien zwischen Männern und Frauen, Eltern und Kindern oder Strukturen von Autorität und Gehorsam. Vor allem aber bedeutet Integration, die im Grundgesetz repräsentierten Werte als eine Chance für sich und die Familie zu begreifen, zu verinnerlichen und sie nicht als bedrohliche Risikofaktoren zu sehen. Der Weg zu dieser offenen Haltung ist nicht einfach. Tiefsitzende, über Generationen tradierte emotionale Strukturen (»Der Mann hat recht!«, »Ein Kind muss gehorchen!«, »Schläge schaden nicht!«) lockern, lösen und ändern sich nicht einfach über Nacht. Man kann Emotionen nicht rational ausschalten, indem man das Grundgesetz auswendig lernt und nachsprechen kann.

Tatsächlich verändern sich Haltungen und Affekte von Menschen nur durch andere Menschen, durch Begegnungen und Dialoge, bei denen Befürchtungen und Abwehr ernst genommen werden und das offene Gespräch darüber möglich ist. Neuankömmlinge aus autoritären Systemen oder Menschen, die hier schon seit zwei, drei Generationen de facto in Parallelgesellschaften leben, hegen oft starke Vorbehalte gegen die ungewohnte, ihnen fremde, freie und demokratische Kultur. Sie fürchten, die Solidarität ihres Herkunftslandes oder ihrer Religionsgemeinschaft und die Bindung an die Verwandten und Freunde dort zu verlieren. Sie bangen um den Verlust ihrer Sprache und empfinden es als bedrohlich, wenn sich ihre Kinder im »Neuland« von ihnen entfremden. Viele Ängste entspringen purem Unwissen über die großen Chancen und Möglichkeiten, die eine freie Gesellschaft allen bietet, auch den Zuwanderern. Nur über politisch kluge und empathische Brücken kann man wirklich in diesem Neuland ankommen.

Solche Brücken fehlen. Es fehlt die Infrastruktur dafür, es fehlen Konstruktionspläne, Ingenieure, Statiker. Es fehlen die rechtlichen, bildungspolitischen, sozialpolitischen Straßen, die zu ihnen und über sie hinüberführen. Es fehlt das Bewusstsein für die Komplexität der Aufgabe. Kurz: Es fehlen gesamtgesellschaftlich wirksame Maßnahmen. Gebraucht werden Konzepte, wie die Architektur der Brücken zur Integration aussehen soll, wie sie konkret gebaut werden sollen und wie sie haltbar und langfristig begehbar bleiben.

Um den Bau solcher Brücken geht es bei den hier geforderten zehn Schritten zur Integration. Denn Integration wird langfristig eine Herausforderung bleiben. Auch in Zukunft werden

Menschen verschiedener Herkunft, Religion und Kultur einwandern.

»Integration« ist zum gegenwärtigen Zeitpunkt vor allem aber nur ein Schlagwort, hinter dem eine Kombination aus gut gemeinten bis naiven Maßnahmen steckt, ein oft ineffektives Flickwerk in Ländern, Kommunen und Gemeinden, an Schulen und in Ausbildungsbetrieben. Ein Wildwuchs, der eher einen Dschungel schafft als eine zivilisierte Gartenlandschaft.

Für Neuankömmlinge ist Integration genauso wie für viele seit Generationen hier lebende Menschen eine Art Lotterie. Mit Glück erwischt man einen effektiven Integrationskurs, eine gute Schule, aufgeklärte Lehrer und Nachbarn, die als Paten oder Lotsen wirken. Das ist die Ausnahme. Mit Pech begegnet man nichts von alledem. Das ist bisher die Regel. So kann es in einer Einwanderungsgesellschaft aber nicht weitergehen. So können sich Abspaltungen, Radikalisierungen und widersprüchliche Identitäten weiter ausbreiten. So bleiben viele zurück, so werden manche gefährlich. So wird sozialer Friede ebenso wenig erreicht wie die Stärke, die jede Demokratie in Europa heute dringend braucht, um zu gedeihen und sich in einer globalisierten Welt zu behaupten, in der der wirtschaftliche und politische Wettbewerb immer schärfer wird.

Umso wichtiger ist es, bundesweit geltende, klare Standards für die Prozesse der Integration zu etablieren. Das zu tun, die passenden, stabilen Brücken zu bauen, um Konfliktpotential zu verringern, ist Kernaufgabe der aufnehmenden Gesellschaft. Über die Brücken zu gehen, um wirklich anzukommen, ist Kernaufgabe der Neuankömmlinge.

Auch die besten Absichten, Bemühungen und Anstrengungen von Migranten werden nichts bringen, wenn die Mehrheitsgesellschaft nicht bereit ist, sie willkommen zu heißen und ihnen zu ermöglichen, Teil von ihr zu werden – nicht als »Flüchtlinge«, »Asylanten«, »Muslime« oder »Ausländer«, sondern als Nachbarn, Kollegen, Freunde, Staatsbürger und vor allem als Demokraten.

Integration passiert nur sehr selten von selbst. Wer glaubt, Geduld allein genüge, der irrt. Und wer glaubt, Integration könne nie gelingen, der irrt genauso. Den einen mangelt es an Wissen über die Dimension der Integration, den anderen an Wissen über ihre Chancen. Fest steht: In einer Welt globaler Migration ist sie eine Jahrhundertaufgabe, die uns alle und die nächsten Generationen begleiten wird – was bei uns bisher aber weitgehend übersehen worden ist. Es ist höchste Zeit, dieser Aufgabe und ihrem Konfliktpotential unvoreingenommen zu begegnen, auf Augenhöhe mit denen, die eben erst oder auch schon vor zwei, drei Generationen dazugekommen sind und noch nicht Teil dieser Gesellschaft sind. Nüchtern und klar müssen die Fakten auf den Tisch kommen und die Fehler der Vergangenheit analysiert werden, damit sie ab jetzt und in Zukunft vermieden werden.

Resultate verfehlter und fehlender Konzepte der Integration sind überall präsent: In manchen Parallel- und Gegengesellschaften wird seit Jahrzehnten kaum Deutsch gesprochen, heute zum Teil sogar weniger als früher. Satellitenschüsseln und das Internet haben diese Tendenz noch verstärkt. Kinder, deren Eltern oder Großeltern aus Anatolien oder Istanbul nach Deutschland kamen, jubeln heute Recep Tayyip Erdoğan und dessen autokratischem Regime zu, ähnlich wie die in Gelsenkirchen geborenen Fußballer Mesut Özil und Ilkay Gündogan, die im Mai 2018 neben »ihrem Präsidenten« Erdoğan posierten. Junge Leute aus arabischen und anderen muslimisch geprägten Familien begeistern sich für den Islamischen Staat oder für rigiden Salafismus. Eltern zwingen Grundschulmädchen Kopftücher auf, Schüler diskriminieren Mädchen, die keines tragen. Dutzende Brüder oder Väter haben schon ihre Schwestern oder Töchter attackiert oder sogar ermordet, weil sie die »Ehre der Familie verletzt« hatten, sich »unkeusch« kleideten oder vor der Ehe einen Freund hatten. Lehrer verzweifeln, wenn Kinder im Ramadan fasten und dehydriert vom Notarzt aus der Schule abgeholt werden müssen.

Selbstverständlich gibt es viele Vorbilder, Migranten, denen der Weg geglückt ist, Frauen und Männer, die jeden Tag dazu beitragen, dass dieses Land prosperiert. Doch die Ränder, an denen jene leben, die noch nicht angekommen sind oder sich momentan sogar weiter von der Demokratie entfernen, sind schlicht zu breit geworden. Und Integration muss alle Menschen erfassen.

In meiner Arbeit begegne ich oft Politikern, Journalisten, Schulleitern und anderen Bürgern, die in Krisen schnelle Lösungen wollen und Integrationsarbeit als Hauruck-Aktion verstehen, als Feuerlöscher quasi. Und so zieht man in Brennpunktvierteln schnell ein paar Projekte hoch, verschärft hier und da ein Gesetz und hält Sonntagsreden, die schöne Schlagzeilen schaffen. All das ist weder tiefgreifend noch nachhaltig. Wenn ich dann klarere Maßnahmen fordere, erklären Politiker gern, was alles »nicht machbar«, »nicht umsetzbar«, »unbezahlbar« sei. Oder man schafft durch politisch motivierte Forschung und Umfragen eine alternative Realität, die die Probleme relativiert.

Kommt es allerdings zu schlimmen Ereignissen oder massivem Protest, wird manches plötzlich doch möglich. Das hat zum Beispiel ein Brandbrief der Lehrerschaft der Berliner Rütli-Schule im März 2006 gezeigt. Die Schule liegt in einem wirtschaftlich und sozial benachteiligten Viertel und hatte damals einen Migrantenanteil von rund 83 Prozent. Es gab dort derart viel Gewalt und Unruhe, dass Unterricht kaum noch möglich war. Nach dem Brandbrief, der deutschlandweit wochenlang Thema in den Medien war, ging alles ganz schnell: Alle befassten sich mit der Schule – selbst der Bundestag. 2007 bewarb sie sich für das Modellprojekt Gemeinschaftsschule, und das Land

Berlin stellte 32 Millionen Euro für den Ausbau zu Verfügung. Dadurch entstand die heutige »Gemeinschaftsschule auf dem Campus Rütli« mit einer Finanzierung, um die sie viele Schulen beneiden.

Nicht möglich? Kein Geld da? Nein. Geld schien und scheint immer da zu sein, man muss es nur einsetzen wollen, wie auch das folgende Beispiel zeigt. All das passierte zu Beginn der Finanzkrise, deren Auswirkungen auf der ganzen Welt zu spüren waren. Auch in Deutschland. Und während vorher aus angeblicher Geldnot Schwimmbäder und Bibliotheken geschlossen und Bahn- und Buslinien abgewickelt worden waren, waren auf einmal Milliarden für die Rettung von Banken vorhanden, die »too big to fail« waren, zu groß, um zu scheitern.

Ganz genauso verhält es sich mit der Integration: Sie ist »too big to fail«, zu real präsent, zu real problembehaftet, um zu scheitern. Was also fehlt, ist nicht das Geld, sondern der politische Wille hinzusehen, Chancen zu schaffen und Chaos zu beseitigen. Es braucht den manifesten politischen Willen, etwas zu ändern.

Bei meiner Arbeit an Schulen, in Gefängnissen, in sozialen Medien, in Asylunterkünften und in Jugendzentren konnte ich in den letzten Jahren Tausende von Gesprächen führen und Situationen erleben – mit Schülern, Eltern, Lehrern, Wissenschaftlern, Polizisten, mit Ehrenamtlichen, Sozialarbeitern, mit inhaftierten Terroristen, mit Richtern und vor allem mit Migranten und Flüchtlingen. Bei dieser jahrelangen Erfahrung an vorderster Integrationsfront wurde mir immer klarer: Man muss »out of the box« denken. Wir müssen innovativ ansetzen, damit Integration gelingt.

Dafür schlage ich zehn Schritte, zehn Maßnahmen und Handlungsanweisungen für die Politik vor. Zwei dieser Schritte sind dabei besonders wichtig: erstens das Professionalisieren und Standardisieren von Integrationsarbeit und zweitens eine grundlegende Reform schulischer und außerschulischer Bildungs- und Sozialarbeit.

Wo ich im Folgenden »wir« schreibe, meine ich: wir Demokraten. Wir, die Verfassungspatrioten, für die das Grundgesetz die rechtlich und ethisch verbindliche, wertvolle Basis der Gesellschaft darstellt. Das ist die Verfassung für alle, die hier im Land leben.

Die zehn Forderungen lauten im Kern:

1. Integration ohne politische Ängste angehen
2. Integrationsarbeit standardisieren, evaluieren und professionalisieren
3. Bildungsarbeit und Sozialarbeit reformieren und neu konzipieren
4. Einberufung eines Bundesgipfels zur Vermittlung der Werte des Grundgesetzes
5. Ein Einwanderungsgesetz auf den Weg bringen – jetzt!
6. Integrationsleistungen belohnen
7. Selbstbewusstes und entschiedenes Auftreten des Staats
8. Aktive Förderung einer Kultur der Inklusion
9. Paten- und Mentorensysteme einführen
10. Staatliche Förderung der innerislamischen Debatte

Forderung Nummer 1:
Integration ohne politische Ängste angehen

Konflikte und Probleme entstehen fast überall, wo Menschen mit unterschiedlichen Erfahrungen in Erziehung und Gesellschaft aufeinandertreffen. Sie müssen offen und differenziert in der Mitte der Gesellschaft angesprochen werden, und es braucht Lösungen, um diese Fragen nicht rechten, linken oder religiösen Populisten zu überlassen. Nichts darf totgeschwiegen werden, denn Tabus spielen ihnen in die Hände.

Nach Terrortaten wie etwa im November 2015 in Paris oder den Vorfällen sexueller Belästigung in der Silvesternacht 2015 in Köln und anderen europäischen Städten sind Ängste in der Bevölkerung entstanden. Das ist nicht verwunderlich, und diese Ängste dürfen auf keinen Fall bagatellisiert oder tabuisiert werden. Andererseits ist es auch nicht zu tolerieren, wenn sie instrumentalisiert werden, um Vorurteile gegen ganze Gruppen der Bevölkerung zu schüren. Pauschalisierungen wie »Das hat mit dem Islam nichts zu tun« oder auch »Der Islam ist an allem schuld« bringen uns in keiner Weise weiter, sondern fördern nur eine Polarisierung. Anstatt sich einfache Antworten auf komplexe Fragestellungen zu wünschen, müssen wir Ursachenforschung betreiben.

Die Bandbreite der Positionen, beispielsweise in politischen Parteien, reicht von falscher und übertriebener Verharmlosung im eher linken Milieu bis hin zu Rigidität oder gar Rassismus, je weiter es ideologisch nach rechts geht. Beide großen Volksparteien, CDU wie SPD, tendieren derzeit noch dazu, Themen zu tabuisieren. An erster Stelle aber müssen sie dringend das produktive, kritische Maß finden.

Forderung Nummer 2:
Integrationsarbeit standardisieren, evaluieren und professionalisieren

Integrationsarbeit muss bundesweit den gleichen Qualitätsstandards entsprechen. Dafür müssen Integrationskurse professionalisiert und ausschließlich von qualifizierten Institutionen durchgeführt und evaluiert werden. Eine personelle Aufstockung und Weiterbildung der gesamten Lehrerschaft sind dringend nötig. Integrationskonzepte müssen unterschiedliche Zielgruppen unterschiedlich ansprechen, je nach Alter, Geschlecht, Herkunft, Fähigkeit und traumatischer Erfahrung. In den Kursen, die mehr sein müssen als bloße Lernkurse, muss neben dem Spracherwerb und dem Vermitteln von Allgemeinwissen über Deutschland auch über die Normen und Werte des Grundgesetzes diskutiert werden. Ideal wären zentrale Anlaufstellen, in denen die Sprache gelernt wird und Weiterbildung stattfindet, in denen aber auch Dialogräume geschaffen werden, um über die konkreten Themen und Sorgen zu sprechen, die Neuankömmlinge beschäftigen. Darüber hinaus könnten dort weitere Hilfen zur Integration, ehrenamtliche Unterstützung, Beratung und Begleitung (sowohl privat als auch im Arbeitsmarkt) und vieles mehr organisiert werden. Derzeit existieren zu viele unterschiedliche Adressen und Organisationen, die in der Flüchtlingshilfe oder Integration tätig sind und nicht miteinander kommunizieren oder kooperieren: Ein Migrant besucht einen Sprachkurs hier, einen Orientierungskurs dort. Wenn er Hilfe bei einer Übersetzung braucht, ist wieder eine andere Organisation dafür verantwortlich. Das ist nicht nur verwirrend und zeitaufwendig, es kostet den Staat auch unnötig viel Geld.

Eine typische Szene im deutschen Integrationsbetrieb: Eine Frau steht an einer Tafel. Vor ihr sitzen 18 Menschen in Reihen. Es sind Frauen und Männer, manche sind noch jugendlich, andere schon im Rentenalter. Alle aber sind neu angekommen im Land. Die Lehrerin an der Tafel erklärt ihnen die landesübliche Mülltrennung. Sie zeigt große Abbildungen einer schwarzen, einer grünen und einer gelben Tonne. Sie redet von Weißglas, Braunglas, Grünglas, von Papier, Pappe, Plastik und Verpackungen, von Recycling, Bio- und Restmüll und schließlich auch vom Einwegpfand. Zehn der Teilnehmer hören ihr interessiert zu, sieben schauen vor allem auf ihre Smartphones, einer scheint eingeschlafen zu sein. »Wo gehört Papier rein?«, fragt die Lehrerin. Ein junger Mann hebt den Arm: »Grün?« »Richtig. Papier gehört in die grüne Tonne.« Die Lehrerin scheint zufrieden zu sein. Darauf meldet sich ein anderer: »Ich möchte wissen: Wo finde ich in Deutschland Freunde? Und wie mache ich das?« Die Antwort: »Das ist heute nicht das Thema! Mülltrennung. Darüber sprechen wir heute.«

Manchmal wünschte ich, dieses Szenario sei wirklich nur der Stoff für die Satiren, die daraus schon entstanden sind. Doch es ist Realität. So oder so ähnlich ereignet es sich jeden Tag in Integrationskursen.

Es ist gut und richtig, dass es solche Kurse gibt. Und über Recycling sollte man auch reden. Sowieso scheint in den Lehrwerken, die beim Bundesamt für Migration und Flüchtlinge (BAMF) für Integrationskurse zugelassen sind, alles versammelt zu sein, was man als Basiswissen braucht und worum es zentral geht: Grundgesetz, Gesellschaft, Gleichberechtigung von Mann und Frau, Alltag, Gesetze, Geschichte, Holocaust, Juden in Deutschland. Doch vieles in der Praxis stimmt nicht, wirkt nicht, hilft nicht: Die Inhalte der Integrationskurse sind von Ort zu Ort anders und bundesweit völlig uneinheitlich. Gleichzeitig sitzen in Sprachkursen syrische Akademiker, die fließend drei Sprachen sprechen, neben Analphabeten aus Afghanistan und ältere neben sehr jungen Menschen. Einige wissen kaum, wo sie gelandet sind, andere sind ehrgeizig und werden ungeduldig. Lehrkräfte berichten von chaotischen Zuständen, vielen Abbrechern und fehlender Kohärenz der Gruppen. Es mangelt an altersspezifischen Themen. Jüngere trauen sich oft kaum, ihre drängenden Fragen im Beisein von Älteren zu stellen. Wichtige Fragen bleiben außen vor. Ein Kapitel in einem Lehrbuch behandelt beispielsweise Vokabeln zum Körper: Auge, Nase, Ohren, Mund, Beine, Arme, … Die Körpermitte aber ist leer. Unbeschriftet. Es fehlt jegliches Vokabular zur Intimregion und zur Geschlechtlichkeit! In einer Stunde zur Gesellschaftskunde erfahren die Schüler dann aber wiederum, dass Homosexualität in Deutschland und in der ganzen Europäischen Union als normal gilt und toleriert wird. Verwirrend. Es gibt Männer, die sich nicht von Frauen unterrichten lassen wollen. Es gibt Frauen, deren Männer sie von den Kursen fernhalten wollen. Es gibt erschreckende Thesen zu Verschwörungen »der Juden« oder zum Staat

Israel, wie mir manche Lehrkräfte erzählen. Sie wissen meist ebenso wenig wie Lehrer an regulären Schulen im Land, wie man darauf richtig reagiert, wie man diskutiert und klarstellt.

Dazu kommen endlose Monologe an der Tafel. Dialoge und Diskussionen finden selten statt, und wenn, dann meistens nach den im Lehrbuch vorgestanzten, an der Oberfläche bleibenden Schemata. Lehrer wissen oft wenig über die Herkunft, den Fluchtgrund, die Traumata, die Erfahrungen und die Vorbildung der Kursteilnehmer, schon gar nichts über ihre politische Einstellung oder ihre Akzeptanz von Gewalt in Ehe und Erziehung. In den Lehrbüchern stehen lediglich Listen, die ergänzt werden sollen, wie: »Ich habe … Jahre eine Schule in … besucht.« Die Lehrer erfahren so kaum etwas über ein Individuum, seine Familie und Verluste, Fähigkeiten und Bedürfnisse, Einstellungen und Problematiken.

Bis heute werden Integrationskurse didaktisch und pädagogisch mit Volkshochschulkursen für Deutsche verwechselt. Doch ihr Charakter ist grundverschieden, die Anforderungen sind komplett andere. Die Teilnehmer kommen nicht, weil es ihr Hobby ist. Sie müssen oder sollen kommen – und müssen entsprechend stark motiviert werden. Fast alle von ihnen sind vor Krieg, ökonomischem Mangel und Not, sogar vor Folter und Verfolgung geflohen. Ihnen fehlen die Voraussetzungen, die Maike Mayer oder Markus Müller mitbringen, wenn sie einen Volkshochschulkurs buchen.

Integrationskurse haben daher genauso eine politische wie affektive Seite. Sie brauchen Zeit und Raum für klare Nachfragen, für authentische Debatten, für das Wahrnehmen von Emotionen, Ängsten, und Wünschen und für das Entdecken von Problemen und Potentialen. Wie soll sich ein Neuankömmling ohne all das wahrgenommen fühlen? Wie soll so eine Brücke zur Integration gebaut werden? Der Aufwand solcher Kurse steht häufig in keinem Verhältnis zum Ertrag.

Im lukrativen Bereich der Integrationsarbeit haben sich zudem teils regelrecht kriminelle Strukturen etabliert: Manchen »freien Trägern« unter den Anbietern geht es mehr darum, Kasse zu machen, als um das Vermitteln von Sprache und dem Grundgesetz. Viele Lehrkräfte befinden sich in dauerhafter Scheinselbständigkeit. Mehrere staatlich finanzierte Akteure haben sich als fundamentalistisch religiös entpuppt, etwa die von der Türkei gesteuerte Organisation DITIB oder verschiedene Moscheevereine. Wieder andere – von linker oder christlicher Seite – arbeiten mit der ideologischen Vorstellung, alle Muslime seien prinzipiell Opfer von Kolonialismus und Diskriminierung. Eine Evaluierung und Kontrolle dessen, was mit den Millionen von Euro geschieht, die in die Kurse fließen, findet so gut wie nicht statt.

Die gesamte, in die Irre laufende Praxis ist dysfunktional und weltfremd. Nicht realitätstauglich. Sie gehört dringend geändert und erneuert. Jeder Unternehmensberater eines Konzerns wäre alarmiert, wenn betriebsinterne Fortbildungen auf die gleiche Weise organisiert wären wie die Orientierungs- und Sprachkurse im Moment.

Klar ist daher: Die gesamte Projektförderungslandschaft zur Integration muss reformiert werden. Es ist an der Zeit, dieses System vom Kopf auf die Füße zu stellen, in der Realität anzukommen. Jetzt und heute muss in Deutschland mit dem Umbau begonnen werden.

Gebraucht werden bundesweit einheitliche Standards für Integrationskurse und standardisierte Evaluierungen dessen, was gelehrt und gelernt wird. Wir müssen herausfinden, was real zielführend und hilfreich ist – und was nicht. Erforderlich sind zudem komplett neue Curricula und ein wissenschaftlich fundiertes Qualitätsmanagement – und zwar flächendeckend. Darüber hinaus sollte nicht nur die Stundenzahl der Kurse deutlich angehoben werden, sie müssen auch für alle Neuankömmlinge verpflichtend sein. Es kann nicht sein, dass Flüchtlinge und andere heute teilweise länger als ein Jahr auf einen Platz warten müssen. Es kann auch nicht sein, dass manche Kursteilnehmer ihre Anwesenheit einfach nur durch eine schnelle Unterschrift bestätigen können. Sie haben dann zwar ihr Zertifikat und die Kursanbieter ihr Geld, aber Deutschland verliert.

Weder das BAMF noch das Innenministerium sind Teil des Bildungssystems, doch beide nehmen hier einen Bildungsauftrag wahr. Auch das ist eine Quelle der Dysfunktionalität. Gefragt ist eine enge Kooperation mit dem Bildungsministerium, dem Ministerium für Arbeit und Soziales und den Job-Centern, vor allem aber auch mit der Bundeszentrale für politische Bildung (bpb) und mit universitären Experten für Deutsch als Fremdsprache (DaF) und Deutsch als Zweitsprache (DaZ).

Während der Umbauphase sollte auf Bundesebene eine Informationsdatenbank von Partnerorganisationen entstehen. Eine solche Datenbank kann als flächendeckendes Netzwerk zum Austausch von Erfahrungen und Methoden dienen. Parallel dazu muss ein klarer Kriterienkatalog zur Evaluation entwickelt werden, um Koordination und Qualitätssicherung auf gleichbleibendem Niveau zu halten. Nur so können Fördergelder gezielt und erfolgsorientiert eingesetzt werden.

Das alles kostet mehr. Keine Frage. Aber es spart langfristig Millionen, wenn nicht Milliarden. Ohne die Investition in Integration zahlt die Gesellschaft später für Transferleistungen, Familienhilfen und auch für Haftplätze, die übrigens durchschnittlich 140 Euro pro Nacht kosten. Integration ist immer auch Prävention.

Wir dürfen zudem nicht vergessen, dass wir hier künftige Bundesbürger und Steuerzahler ausbilden und dass Demokratie nicht per Frontalunterricht auf der Schulbank gelernt werden kann – so ein Setting kennen viele Migranten aus den autoritären Regimen, die sie verlassen haben.

Von Tag eins an müssen sie merken: Hier läuft es anders. Hier zählen Inhalte, Individuen, Mitdenken. Integrationskurse sind der erste Zugang dieser Menschen zur Mehrheitsgesellschaft. Wir müssen sie über unsere Gesellschaft und ihre Geschichte aufklären, ihnen Hoffnung machen auf Teilhabe und sie im besten Fall für Freiheit und Demokratie begeistern.

»Ein so großer Umbau ist unmöglich, nicht machbar«, werden Politiker, freie Träger, Sprachschulen und andere Beteiligte sagen. Und: »Nein, nein, wir haben unsere Strukturen, unsere Mitarbeiter, unsere etablierten Abläufe.« Doch dieser Umbau ist genauso möglich, wie der Umbau der Rütli-Schule und die Bankenrettung damals möglich war.

Dass eine effektive Praxis möglich ist, beweisen Projekte, die bereits jetzt im kleinen Rahmen großartige Arbeit leisten und wirksame Konzepte umsetzen. An solchen Projekten als »best practice« muss sich eine bundesweite Standardisierung der Integrationsarbeit orientieren.

Forderung Nummer 3:
Bildungsarbeit und Sozialarbeit reformieren und neu konzipieren

Im April 2018 erhielt die Berliner Senatsverwaltung für Bildung, Jugend und Familie einen Brief von Lehrern einer Grundschule in Berlin. Diese Schule hat – ähnlich wie die Rütli-Schule damals – einen sehr hohen Migrantenanteil. Die Lehrer schrieben:

»Wir arbeiten in einer der ärmsten Nachbarschaften Neuköllns, die in allen Sozialstatistiken einen der negativen Spitzenplätze belegt. [...] Die Schwierigkeiten, die Kinder aus bildungsfernen Familien häufig in die Schule mitbringen, sind Ihnen bekannt und bedürfen [...] keiner nochmaligen Ausführung. [...]
Auch eine unbegrenzte und alternativlose Integration von verhaltensauffälligen oder lernbehinderten Kindern kann unter unseren Bedingungen nicht gelingen. Was schon bei der Sprachbildung in unseren

Klassen ein enormes Problem darstellt, kann im sozialen Lernen noch weniger gelingen: wenn es oft nur ein positives Vorbild für die Kinder gibt – der/die Lehrer/in oder die Erzieherin! […]

Hinzu kommt, dass in Neukölln ›die Latte einfach höher hängt‹: bevor hier ein Kind als besonders förderungsbedürftig eingestuft wird, bevor hier eine Sprachstörung oder Entwicklungsverzögerung erkannt wird, bevor hier das Jugendamt konkrete Schritte zur Unterstützung von belasteten Familien unternimmt, muss es schon sehr aus der Masse der kaum weniger gefährdeten Mitschüler*innen herausragen. Und um wenigstens diesen extrem von Gewalt, Missbrauch, Vernachlässigung, Lernstörungen, Schulversagen … bedrohten Kindern beizustehen, müssen wir Unmengen von Formalitäten bewältigen, Konferenzen abhalten, Gespräche führen, die NICHTS mit unserem Lehrauftrag zu tun haben, für den wir eigentlich mal ausgebildet wurden oder noch ausgebildet werden. […]

So wollen und können wir nicht mehr arbeiten. So kann Inklusion nicht funktionieren. So wird vielen Kindern das Recht auf einen guten Start ins Schulleben genommen. So werden die Kolleg*innen krank.«

Dieser Brief zeigt die Überforderung einer Lehrerschaft, die eigentlich alles dafür tun möchte, die Kinder auf einen guten Weg zu bringen. Dabei sind die Lehrer mit fast nichts anderem beschäftigt, als Brände zu löschen, die täglich wieder auflodern. Das ist unhaltbar, denn die zentrale Aufgabe von Lehrern sollte es sein, Wissen und Werte zu vermitteln. Dazu sind sie ausgebildet worden, nicht zu sozialen Feuerwehrleuten.

Dieser Brief zeigt auch, dass im deutschen Schulsystem – genauso wie in der außerschulischen Bildung und Sozialarbeit – dringend notwendige Reformen fehlen. Gerade in Stadtteilen, in denen in vielen Familien kein Deutsch gesprochen wird, müssen Kitas, Schulen und andere öffentliche Einrichtungen erheblich besser ausgestattet sein als der Durchschnitt. Nur dann haben Benachteiligte eine faire Chance, nur dann ziehen Familien der Mittelschicht nicht fort, sobald ihre Kinder schulpflichtig werden. Nur dann bleiben gute Lehrer an den Schulen und suchen sich nicht, ausgebrannt und resigniert, einen neuen Arbeitsplatz in wohlhabenderen Gegenden.

Zudem sollte es keine Schulen oder Kitas geben, in denen mehr als 80, 90 Prozent der Kinder Deutsch nicht als Muttersprache sprechen, denn das Resultat davon sind Isolation und eine unfreiwillig entstehende Bildungsapartheid. Wie soll da Integration funktionieren? Städte, Kommunen und Gemeinden müssen Wege finden, den Schlüssel, die Quoten anders zu verteilen. Im Moment ist die Wahl der Schule oft dem Zufall überlassen: Migranten, die nicht bildungsnah sind, kennen sich meist mit dem Schulsystem gar nicht aus. Sie schicken ihre Kinder einfach auf die nächstgelegene Schule, egal was es für deren Zukunft bedeutet.

Unsere Schulen und Lehrer sind auf die neuen Herausforderungen, die durch Flucht und Migration entstehen, nicht vorbereitet. Die Schule von heute versagt häufig dabei, die Jugendlichen zu erreichen, ihnen demokratische Werte zu vermitteln und ihre Gedanken- und Gefühlswelt zu verstehen. Dabei muss Schule im Zweifelsfall auch gegen die Eltern arbeiten. Natürlich ist die Familie ein wichtiger Ort, Kinder auf die Gesellschaft vorzubereiten und Werte zu vermitteln. Doch was tun, wenn Eltern mit dieser Aufgabe überfordert sind oder bewusst andere Werte vermitteln?

Lehrer müssen in der Ausbildung eine viel größere interkulturelle Kompetenz entwickeln. Sie müssen auf Herausforderungen mit Themen wie dem Umgang mit dem anderen Geschlecht, Radikalisierung oder Erziehungsmethoden in den Familien gut vorbereitet werden. Sie müssen befähigt werden, Themen schon präventiv anzusprechen, bevor es zu Konflikten kommt.

Schule muss mehr Demokratie und Säkularität wagen, sprich: demokratische Werte vermitteln, Freude am Debattieren wecken, Schüler für das Grundgesetz begeistern, eine respektvolle Streitkultur etablieren. Wer unterrichtet, muss Mut und Kompetenz haben, über aktuelle politische Themen zu sprechen und auf demokratische, differenzierte Art Pädagogik zu betreiben – ohne Falsches zu tolerieren und ohne zu schnell zu verurteilen.

Lehrer und Erzieher müssen umfassend darin unterstützt werden, ihren Unterricht und ihre Arbeit ausüben zu können. Das darf nicht zur Nebensache werden, weil Probleme wie Lernbehinderungen, Verhaltensauffälligkeiten, Schlichtung von Streitigkeiten, Ermahnungen, Disziplinierungen oder endlose Formalitäten ihnen die Zeit wegnehmen. Mehr Personal, mehr Sozialarbeiter und Schulpsychologen werden benötigt – und sie brauchen eine adäquate, realitätsnahe Aus- und Fortbildung.

Auch im Bereich Bildung darf es keine Tabus mehr geben. Manche Schulleiter verschweigen Konflikte und Schwierigkeiten an ihren Einrichtungen, um den Ruf der Schule nicht zu gefährden. Wer schweigt, lässt Lehrer, Eltern und Schüler im Stich. Er tut niemandem einen Gefallen. Im Gegenteil.

Natürlich gibt es auch Lehrer, die diskriminieren und Kinder wegen ihrer Herkunft herabsetzen oder negativ bewerten. Solche Lehrer sollte es eigentlich nirgends geben. Nein, solche Menschen sollte es eigentlich nirgends geben. Doch auch dagegen lässt sich etwas tun. Fortbildung zu interkultureller Kompetenz hilft nachweislich, Vorurteile abzubauen.

Schließlich gibt es noch solche Lehrer, Erzieher und Sozialarbeiter, die keine Antworten auf die Herausforderungen finden, die Migranten mit sich bringen, weil sie nie darauf vorbereitet worden sind. Ich erinnere mich an ein Gespräch mit einem Psychologen Anfang 2018. Es ging um patriarchale Strukturen in Familien. Er sagte: »Ich habe keine Ahnung wie ich damit umgehen soll. Das kam im Studium nicht vor. Wie behandele ich Gefühle der verletzten Ehre? Und was sage ich, wenn sich Jugendliche offensichtlich religiös radikalisieren?«

Pädagogen brauchen die Unterstützung und Rückendeckung von ihren Vorgesetzten und der Politik. Ihre Ausbildung muss sie auf den Unterricht in der Realität der Gegenwart vorbereiten. Sie müssen Basiswissen über Entwicklungspsychologie erhalten, über Konflikte in Gruppen genauso wie über Konflikte in der weiten Welt da draußen, die viele Schüler sehr beschäftigen, wie etwa den Syrienkrieg, die Nahostkrisen und autoritäre Regime. Gewalt in den Familien spiegelt die Gewalt in diesen Krisen – und umgekehrt.

Lehrer müssen solide, überzeugend und robust ethische Normen und demokratische Werte vermitteln können. Sie müssen Dialogfähigkeit mitbringen und trainieren. Sie brauchen auch die Courage, ja, sie haben de facto den demokratischen Auftrag, in manchen Fällen auch gegen die gewalttätige und autoritäre Erziehung des Elternhauses zu arbeiten, gegen die Exklusion von Mädchen, gegen Gewalt in der Erziehung, gegen den rücksichtslosen Machismo der Väter und Söhne, gegen die Versuche, Töchter und Schwestern vom Schwimm- oder Sexualkundeunterricht fernzuhalten. Natürlich geschieht die pädagogische Anstrengung im Idealfall in Zusammenarbeit mit den Eltern. Doch wenn nicht, müssen Lehrer, Erzieher und Sozialarbeiter bereit sein, für das Kindeswohl einzutreten. Im Zweifel müssen sie auch das Jugendamt oder den schulpsychologischen Dienst einschalten, um zu gewährleisten, was die Gesellschaft allen Minderjährigen schuldet: Gewaltfreiheit. Das steht im Bürgerlichen Gesetzbuch, Paragraph 1631, Absatz 2: »Kinder haben ein Recht auf gewaltfreie Erziehung. Körperliche Bestrafungen, seelische Verletzungen und andere entwürdigende Maßnahmen sind unzulässig.« Viele Eltern aus Ländern mit autoritärer Tradition, nicht nur türkische und arabische, auch russische oder afrikanische, kennen dieses Gesetz nicht – auch längst noch nicht alle deutschen. Umso wichtiger ist es, dass Gewaltfreiheit eine der obersten Maximen in jeder Einrichtung zur Bildung und Erziehung wird.

An dieser Stelle sei ein Wort zu den Jugendämtern erlaubt, bei denen nach einer Studie der Hochschule Koblenz vom Mai 2018 rund 16000 Stellen fehlen. Immer wieder sind mir Mitarbeiter dieser Ämter begegnet, die sich nicht trauen, einzuschreiten, wenn Schläge und andere Gewalt als »traditioneller Erziehungsstil« in Migrantenfamilien gelten. Sie wollen »kultursensibel« sein. Doch der Gesetzgeber hat unmissverständlich klargemacht, dass das nicht sein darf. Nirgends. Die Politik ist dringend aufgefordert, die Jugendämter – ebenso wie Erzieher und Lehrer – daran zu erinnern, dass Kinderschutz Vorrang hat, dass Kinderschutz vor Datenschutz geht und dass Gewalt keine Lappalie ist, sondern Physis und Psyche von Kindern extrem schädigt und schwere Langzeitfolgen hat. Es kann keine doppelten Standards für Migranten geben – ihre Kinder haben die gleichen Nerven und Seelen, wie alle anderen Kinder auch. Es ist daher sicherlich nicht »kultursensibel«, die Sensibilität der Kinder zu ignorieren.

Vermitteln Kita und Schule ernsthaft und konsequent den Respekt vor anderen und sich selbst, können Heranwachsende ihre Persönlichkeit entfalten. Es ist die Voraussetzung dafür, dass junge Menschen Werten und Normen ein ähnliches Interesse, eine ähnliche Achtung und Aufmerksamkeit entgegenbringen wie beispielsweise ihrem Smartphone. Demokratie, die lebendig gelebt wird, mit Diskussionen, Konflikten, Fragen, Zweifeln und dem Erlernen von Denken, sollte faszinieren. Darum braucht auch jede Schule ein Schulparlament, eine Mikro-Demokratie, die verstehen lässt, wie die Makro-Demokratie funktioniert.

Zur Demokratie gehört heute auch unbedingt eine starke Medienkompetenz. Heranwachsende leben zwar alle mitten in der Mediengesellschaft, können aber oft zwischen einer Nachricht und einer abstrusen Verschwörungstheorie nicht unterscheiden. Im Ozean der Daten, in dem Sinn und Unsinn nebeneinanderschwimmen, muss man ihnen beibringen, richtig zu fischen. Was ist genießbar und was nicht? Was sind Fakten, was Gerüchte, was ist Hetze? Sie dürfen damit nicht alleingelassen werden. Es muss eine konstruktive Diskussion über das Geschehen in den Nachrichten und über Weltpolitik stattfinden, damit junge Menschen lernen, kritisch zu denken und sich eine eigene differenzierte Meinung zu bilden. Dazu gehört auch immer die Metakommunikation über Medien, etwa darüber, wie man seriöse von unseriöser Berichterstattung unterscheidet.

Gut gemachte Produkte in sozialen Medien können zudem exzellente Instrumente der Pädagogik sein und andere Narrative als die in die Irre führenden Erzählungen der Fundamentalisten anbieten. Ein gutes Beispiel ist die Social-Media-Kampagne »Den Islam frei denken« des Muslimischen Forums Deutschland (MFD) in Zusammenarbeit mit der Friedrich-Naumann-Stiftung für die Freiheit. In Spots, Texten und Videos geht es um Themen wie Antisemitismus, Gleichberechtigung und Verschwörungstheorien. Diese haben inzwischen Hunderttausende von Jugendlichen erreicht und sie dazu angeregt, Dinge zu hinterfragen und kritisch zu denken.

Von solchen Angeboten muss es viel, viel mehr geben! Sie sind nur ein Anfang, weisen aber den Weg. In der Pflicht sind hier auch die Bundeszentrale und die Landeszentralen für politische Bildung, die Jugendliche unbedingt auch in virtuellen Räumen erreichen müssen. Gerade dort haben derzeit noch die Feinde der Demokratie und des Rechtsstaats überproportional großen Einfluss. Das muss sich dringend ändern, um die Jugendlichen mit Gegennarrativen zu gewinnen – oder zurückzugewinnen.

Schulen müssen sich außerdem klarer und gezielter an alle Schülergruppen wenden und nicht im innerdeutschen Kontext verharren. Oft scheuen sich Lehrer davor, konfliktreichen Schulstoff wie die Geschichte und die Gegenwart des Nahen

Ostens zu behandeln. Nichts könnte kontraproduktiver sein. Auch Unterrichtseinheiten zum Holocaust und zum Antisemitismus erreichen Ali, Ahmad, Aischa und Fatima kaum, wenn sie ausschließlich für deutschstämmige Schüler konzipiert worden sind. »Was geht uns das an?«, fragen sie. Natürlich geht es sie etwas an. Menschheitsverbrechen gehen uns alle etwas an. Das kann nicht deutlich genug vermittelt werden.

Lehrer müssen in der Lage sein, differenziert und kenntnisreich über den Nahostkonflikt und über Verschwörungstheorien zu sprechen, um Jugendliche zu befähigen, kritisch zu denken. Weltpolitische Themen in Fächern wie Politik und Ethik kommen zwar vor, müssen aber intensiviert werden. Begegnungen mit jüdischen Jugendlichen oder Familien bewegen beispielsweise oft sehr viel – auf beiden Seiten. Gleiches gilt für Besuche von Gedenkstätten, die viel zu selten stattfinden. Mehr noch: Ich habe Schulleiter und Lehrer erlebt, die Muslime explizit von solchen Klassenfahrten ausgeschlossen haben aus Angst, dort könnten Probleme entstehen. Ihre Begründung: »Na ja, das hat ja nichts mit dir zu tun, da brauchst du nicht mitkommen.« In Wahrheit fürchten sie genau die Konflikte, über die sie eigentlich offen mit den Schülern sprechen sollten. Gleichzeitig werden sie von der Politik mit alldem einfach alleingelassen. Es hilft ihnen wenig, wenn die Integrationsbeauftragte der Bundesregierung, Annette Widmann-Mauz, sagt, dass sie religiöses Mobbing in Klassenzimmern verurteile – und danach nichts passiert. Neue Konzepte der Aus- und Fortbildung, die Lehrern vermitteln, wie sie damit optimal umgehen, werden gebraucht. Sie müssen schwierige Themen auf Fortbildungen konkret, praxisnah und tabufrei ansprechen können, um im Klassenzimmer souverän auf entsprechende schwierige Situationen und Argumente reagieren zu können, die emotional aufgeladenen sind. So bauen sie den Zugang zu ihren Schülern sensibel auf, in deren Köpfen und Herzen sich etwas bewegen soll.

Es ist Aufgabe der Kultusministerien der Länder, gemeinsam Konzepte zu entwickeln, und der Bund muss Mittel bereitstellen, um auf die drängenden Herausforderungen von heute angemessen reagieren zu können. Fächerkanon, Curriculum und Lehrpläne müssen an diese angepasst werden, und all dies muss in der Ausbildung der Lehrer mitgedacht werden.

Damit nicht genug: Zur migrationsgerechten Reform des Bildungssystems gehört auch die aktive Elternarbeit mit einem direkten, mutigen und klaren Dialog, der keine falsche Toleranz gegenüber undemokratischen Haltungen zeigt. Das Personal in jeder Form der Elternarbeit an Schulen wie Jugendämtern muss proaktiv sensibilisiert werden in Bezug auf ideologisch-religiöse Aspekte von Erziehung und andere veränderte Herausforderungen ihres Berufsalltags. Es darf nicht einfach hingenommen werden, dass antisemitische Stereotype von Generation zu Generation weitergegeben werden. Hier müssen den Eltern Angebote gemacht werden, bei denen sie lernen, wie man Kindern Vorurteilsfreiheit mit auf den Weg gibt – und dass das ein Geschenk an ihre Kinder ist.

Oft höre ich, staatlich kontrollierter Islamunterricht an den Schulen sei die Rettung vor Radikalisierung und Islamismus. Ein Stück weit stimmt das sicherlich, aber nur, wenn er richtig durchgeführt wird. Auch ein gemeinsamer Unterricht der Konfessionen, wie im »Hamburger Modell«, hilft weiter. Vor allem aber wird Ethikunterricht gebraucht, und zwar von der ersten Klasse an. Das kann dazu beitragen, allen Kindern und Jugendlichen demokratische Grundwerte und soziale Kompetenzen zu vermitteln. Zudem lernen sie so die Vielfalt an Weltanschauungen und Glaubensrichtungen kennen, ehe Stereotype greifen können. Im Ethikunterricht sollten auch Themen wie das Verhältnis der Religionen untereinander, die Menschenrechte und ihre Entstehung und die Rechte von Individuen gegenüber Gruppen angesprochen werden. Hier kann es – je nach Alter –

um Gleichberechtigung gehen, um die Frage nach Völkermord und internationalen Gerichtshöfen oder um die Rolle von Emotionen im Nahostkonflikt – und alle dürfen im kulturübergreifenden Kontakt miteinander fragen, diskutieren, einander zuhören.

Je früher Kinder mit unterschiedlichen Hintergründen miteinander in Kontakt kommen, desto besser. Deshalb sollte der Besuch von Kindertagesstätten verpflichtend für alle Kinder ab drei Jahren sein. Kinder, die vor der Schule allein im Elternhaus, in dem kein Deutsch gesprochen wird, sozialisiert werden, haben es erfahrungsgemäß in der Schule extrem schwer und holen nur selten auf.

Und: Kinder müssen miteinander aufwachsen. Je bunter gemischt, desto besser. Deshalb halte ich Willkommensklassen für Sackgassen. Ja, es gab vor ein paar Jahren eine Überforderung, weil so viele Kinder auf einmal kamen, vor allem aus dem syrischen Bürgerkrieg. Damals waren Sonderklassen aber eine Notfallmaßnahme, die sich auf keinen Fall verfestigen sollte. Mit Blick auf eine gelingende Integration sind Kinder in regulären Klassen besser aufgehoben und sollten einfach zusätzlich Deutschunterricht erhalten. So machen es auch andere Einwanderungsländer. Dazu kommt, dass aus Personalmangel häufig Quereinsteiger als Lehrer für Willkommensklassen eingesetzt werden. Diese haben aber keine richtige pädagogische Ausbildung hinter sich und sind deshalb oft schnell mit den Klassen, die eigentlich besonderer Erfahrung und Zuwendung bedürfen, überfordert. Mir sind auch Lehrer von Willkommensklassen begegnet, die nur für ein Jahr dafür eingestellt wurden: »Ich habe keine Ahnung, ob ich hier weiterarbeiten kann oder nicht.« So kann kein Lehrer langfristige Ziele für Schüler erarbeiten. Das erzeugt Frustration statt Motivation – bei allen Beteiligten.

Die Schule sollte ein zentraler, aber nicht der einzige Ort sein, an dem demokratische Integrationsarbeit geleistet wird.

Das ist, ich betone es noch einmal, eine gesamtgesellschaftliche Aufgabe. Aber in der Schule sind die Einflussmöglichkeiten, die wir als Gesellschaft haben, am größten. Wenn Menschen mit 18 oder 20 Jahren arbeiten gehen, ohne dass sie vorher erreicht wurden, dann wird man das auch hinterher kaum noch schaffen. Dann wurde nichts gewonnen. Jetzt, hier und heute muss die Gesellschaft Konzepte entwickeln, um alle Menschen zu erreichen – von klein auf.

Forderung Nummer 4:
Einberufung eines Bundesgipfels zur Vermittlung der Werte des Grundgesetzes

Alle Akteure aus Politik und Gesellschaft, Verfassungsrechtler und Wissenschaftler sollten an einem Strang ziehen, wenn es um das Vermitteln der Grundwerte der Verfassung an Kita-Kinder, Schüler, Eltern und alle Neuankömmlinge geht. Unsere Verfassung muss in Alltagswerte übersetzt und anschaulich mit Leben gefüllt werden. Konzepte dazu fehlen. Bisher bleibt vieles abstrakt, beeinflusst von realpolitischen Kompromissen. Es gibt das Grundgesetz als Büchlein auf Arabisch, die Bundeszentrale für politische Bildung hatte es während der Flüchtlingskrise aufgelegt. Man kann es gratis bestellen. Aber wer liest es? Wo? Und wie? In welchen Kontexten? Was bedeutet es den Leuten? Wie verständlich werden die einzelnen Artikel?

Teilnehmer des Bundesgipfels zur Vermittlung der Werte des Grundgesetzes sollten Persönlichkeiten sein, die sich grundsätzlich überzeugend und geradlinig für die Werte dieser Gesellschaft einsetzen. Resultat sollte eine verbindliche Erklärung dazu sein, wie in Zukunft die Werte der Verfassung verständlich und alltagstauglich kommuniziert werden, um auch den entferntesten Bürger im Land zu erreichen.

Zur Vorbereitung dieses Gipfels sollten Konfliktthemen der Vergangenheit gesammelt und ausgewertet werden, Themen im

Kontext der Gleichberechtigung von Mann und Frau, der Gewaltfreiheit im privaten Raum, des Gewaltmonopols des Staates, der Meinungs- und Religionsfreiheit und der Grenzen der persönlichen Freiheiten. Wie wird beispielsweise die »Würde des Menschen« vermittelt, die Artikel 1 des Grundgesetzes als »unantastbar« bezeichnet? Oder der Respekt vor dem anderen Geschlecht, vor Kindern, vor allen Konfessionen und allen zulässigen Lebensentwürfen? Nicht mehr und nicht weniger als eine staatsbürgerliche Kampagne der Aufklärung, die allen im Land ihre Rechte und Pflichten erklärt, ist hierfür erforderlich, und sie sollte alle erreichen: von Kindergartenkindern über Schüler bis hin zu Integrationskursteilnehmern. Um diese Kampagne umzusetzen, könnte man einen Bundeswettbewerb für Filmemacher, Videoblogger, Kinderbuchautoren, Graphic-Novel-Gestalter und viele mehr ins Leben rufen.

Dem Grundgesetz Farbe zu geben, Gesichter, Gestalten, Erzählungen und wahre politische Wucht – das wäre ein Ziel eines solchen Gipfels.

Forderung Nummer 5:
Ein Einwanderungsgesetz auf den Weg bringen – jetzt!

Die Tatsache, dass Deutschland ein Einwanderungsland ist, ist viel zu lange ignoriert und verdrängt worden. Wir können unsere Köpfe nicht noch ein paar Jahrzehnte in den Sand stecken. Wenn die Politik sich der Realität stellt, muss sie endlich auch legale Wege schaffen, auf denen die Menschen hierherkommen können, die entweder dringend der Verfolgung in ihren Ländern entkommen müssen oder von unserer Wirtschaft und Dienstleistungsgesellschaft gebraucht werden. Wir müssen Leute suchen und gezielt anwerben, die die Motivation haben, in Deutschland zu leben und ihre berufliche Laufbahn hier fortzuführen. Vorbild hierfür könnten Gesetzeslagen wie in Kanada oder Australien sein. Wer sich dort um ein Visum bewirbt, muss unter anderem nachweisen, wie gut er oder sie die Sprache spricht oder welche Ausbildung er oder sie gemacht hat. Sprache, Bildung, Ausbildung, Alter, Beruf und die Bereitschaft, sich zu integrieren, gehören zu den Kriterien, die nach einer Art Punktesystem maßgeblich sind. Jemand, der beispielsweise in seinem Heimatland aktiv in einer islamistischen Gruppierung tätig war, dürfte kaum Aussicht auf ein Visum haben.

Überall in der boomenden deutschen Wirtschaft suchen Unternehmen zurzeit neue Mitarbeiter. Mehr als eine Million Stellen sind nicht besetzt. Daher fordern Industrie und Wirtschaft schon lange ein Gesetz, das Einwanderung klar regelt. CDU, CSU und SPD haben Anfang 2018 ihre Bereitschaft dazu erklärt. Ihnen geht es, wie im kanadischen Modell, um »gezielte Einwanderung«, die Steuerung und Ordnung voraussetzt. Migranten sollen ebenso aus der Europäischen Union wie aus dem außereuropäischen Ausland kommen können.

Viele Regeln, die es schon gibt, müssen dafür in Gesetze umgewandelt werden. Das hat die Politik bisher versäumt. Dass sie es jetzt nachholen will, ist zu begrüßen, denn bisher sind diese Regelungen im Ausland kaum vermittelt worden. Das ist auch der Grund, warum die sogenannte »Blaue Karte EU« bislang so selten in Anspruch genommen worden ist. Mit dieser Karte können auch Leute aus Staaten, die nicht zur EU gehören, einwandern, wenn sie einen passenden akademischen Grad und einen Arbeitsvertrag haben, mit dem sie mindestens 50 000 Euro im Jahr verdienen und ein bis vier Jahre im Land bleiben können. Da vor allem Ärzte, Ingenieure und IT-Experten gesucht werden, dürfen diese auch weniger verdienen, etwa 40 000 Euro im Jahr. Diese Einkommensvoraussetzungen scheinen sehr hoch gesteckt, wenn man bedenkt, dass gerade in Pflegeberufen und in der Seniorenbetreuung viele Menschen gebraucht werden, die deutlich weniger verdienen.

Auf diesem Gebiet muss sich vieles bewegen – und auch

hier darf die Politik nicht naiv sein. Eine nachrichtendienstliche Überprüfung von Antragstellern aus Regionen, in denen es starke fundamentalistische Strömungen gibt, halte ich durchaus für angemessen.

In jedem Fall gilt: Der Staat muss wissen, wer zu uns kommt, aus welchem Land und wie alt jemand ist und mit welcher Motivation er oder sie hierherkommt. Dazu braucht es gesetzliche Grundlagen und globale Zusammenarbeit mit ausgewählten Partnern. Wer Schutz braucht, soll ihn erhalten. Das garantiert das Asylgesetz. Wer aber falsche Angaben macht und den Staat missbraucht, für den gilt das Gesetz gleichermaßen, und er muss die Konsequenzen, die bis zur Abschiebung reichen können, tragen.

Forderung Nummer 6:
Integrationsleistungen belohnen

Menschen, die neu ins Land kommen und die Bereitschaft mitbringen, sich zu integrieren, durchleben eine sehr anstrengende mentale und emotionale Entwicklung. Sie sollten dafür belohnt werden. Wer die Sprache lernt, einen guten Schulabschluss schafft, erfolgreich eine Berufsausbildung absolviert, Arbeit findet, Steuern zahlt und sich nicht in der Nähe von verfassungsfeindlichen Organisationen bewegt, der sollte explizit Anerkennung finden. Er ist dadurch auch Vorbild in der Familie und der Community und erlebt außerdem den Ansporn, dass es etwas bringt, sich anzustrengen. Das motiviert.

Eltern, die mit der Schule und der Kita kooperieren und sich sozial engagieren, und Zuwanderer, die die Gesetze achten, können ebenso mit besonderen Leistungen belohnt werden. Es sollten viel Kreativität und Großzügigkeit in solche Projekte investiert werden, die allen zeigen: Wir erkennen an, was ihr für euch und alle leistet. Ihr gehört auf besonders begrüßenswerte Weise dazu.

Forderung Nummer 7:

Selbstbewusstes und entschiedenes Auftreten des Staats

Fehlende Integrationsleistungen sollten den Aufenthalt in Frage stellen oder beenden. Das Zusammenleben aller ist nur möglich, wenn sich die große Mehrheit an Recht und Gesetz hält. Wer das nicht tut, macht sich strafbar und sollte das konkret und direkt spüren. Diejenigen zum Beispiel, die ihren Asylstatus oder Aufenthaltsstatus ausnutzten, um Hass und Gewalt zu schüren, müssen mit strafrechtlichen Konsequenzen rechnen und in extremen Fällen auch abgeschoben werden. Das zu fordern hat nichts mit Rechtsextremismus oder Rassismus zu tun. Viele der Flüchtlinge und Migranten fordern das selber. Sie leiden letztlich unter den Taten solcher Gesetzesbrecher am meistens, weil Kriminelle den Vorurteilen gegen sie Nahrung geben. In diesen Fällen müssen Polizei und Justiz unbedingt sicherer und entschiedener auftreten.

Mit Konsequenzen sollten auch Eltern rechnen, die das gewalttätige Verhalten von Söhnen dulden und dazu ermutigen, ihre Töchter nicht in den Schwimmunterricht schicken oder ihre Kinder auf andere Art von der Gesellschaft oder Schule fernhalten.

»Schuldistanz« wird das Verhalten von Kindern und Jugendlichen genannt, die selten oder gar nicht im Unterricht auftauchen. Es gibt genügend Rechtsvorschriften, die gegen dieses Verhalten angewandt werden können. In vielen Fällen passiert das aber nicht, weil Lehrer, Schulen, Jugendämter und Polizei sich nicht ausreichend kümmern (können) oder den Ausreden von Eltern Glauben schenken. Einige Eltern verstehen erst, wie ernst die Konsequenzen sein können, wenn finanzielle Leistungen gekürzt werden oder Bußgeldbescheide eintreffen. Von diesen Rechtsmitteln muss viel mehr und viel konsequenter Gebrauch gemacht werden. Und wo sie nicht ausreichen, müssen neue Sanktionsformen entworfen und angewendet werden. So hatte

Neuköllns früherer Bürgermeister Heinz Buschkowsky zum Beispiel vor Jahren schon vorgeschlagen, das Kindergeld zu kürzen, wenn Kinder über Wochen und Monate die Schule schwänzen und Eltern nicht dafür sorgen, dass die Kinder ihrer Schulpflicht nachkommen. Solche Maßnahmen wären möglich.

Der Gesetzgeber sollte sich klarmachen, dass diese Sanktionen keine Strafe für die Familie sein sollen, sondern vielmehr ein Ansporn, die Bildung der Kinder nicht zu vernachlässigen. Die gesellschaftlichen – und die psychischen wie biographischen – Folgekosten für versäumte Bildung sind allemal größer als die staatliche Mühe, die Schulpflicht mit allen zur Verfügung stehenden Mitteln durchzusetzen. Nur wer lernt, hat die Chance, in der Gesellschaft anzukommen. Selbst wenn es einen Vater beleidigt, dass seine Tochter besser Deutsch kann als er, selbst wenn Eltern fürchten, dass ihre Kinder ihnen überlegen sind, wenn sie es in der Welt da draußen zu etwas bringen. Das ist alles kein legitimer Grund dafür, Kinder von der Schule fernzuhalten, die nichts kostet – aber alle Tore öffnen kann.

Forderung Nummer 8:
Aktive Förderung einer Kultur der Inklusion

»Ich gehöre dazu!« Das ist das Schönste und Beglückendste, was ein Mensch über sich in einer Gesellschaft sagen kann. Deshalb sollten Politik und Bildungssystem zur aktiven Förderung einer Kultur der Inklusion verpflichtet werden, damit ein genuines Wir-Empfinden entstehen kann. Es geht nicht allein darum, zu der kleinen Gruppe und Community zu gehören, in der man privat aufwächst. Es geht auch darum, in der großen, weiten, chancenreichen Welt anzukommen, die diese Gruppe beherbergt. Ziel des Staates muss es sein, Heranwachsenden mit familiären Einwanderungsgeschichten die Erfahrung zu vermitteln, dass sie zur Gesellschaft dazugehören. Wo immer sie direkte Zugänge zur Mehrheitsgesellschaft erhalten, wird es leichter sein, sie für demokratische Werte und Normen zu gewinnen und zu begeistern.

In Schulen, Sportvereinen, Behörden und Ämtern sollte eine Öffentlichkeitskampagne (Tenor: »Du bist einer von uns!«) diese dezidierte Haltung unterstützen. Verpflichtender Ethikunterricht an Schulen kann außerdem dazu beitragen, frühzeitig wichtige soziale Kompetenzen zu vermitteln. Und: Schulklassen sollten grundsätzlich vielschichtig im wahrsten Sinne des Wortes sein und dürfen nicht mehrheitlich nur aus Schülern einer Gesellschaftsschicht bestehen.

Es gibt noch viele andere Wege der Inklusion, die sich beschreiten lassen. Zu ihnen zählt nicht zuletzt eine kluge Baupolitik, die dafür sorgt, migrantische Großstadtghettos und daraus resultierende Parallelgesellschaften zu vermeiden oder zu vermindern.

Forderung Nummer 9:
Paten- und Mentorensysteme einführen

An den Abschluss der Integrationskurse sollte sich eine weitere konkrete Begleitung und Betreuung anschließen. Das geschieht etwa in Kanada, wo Paten und Mentoren gut ein Jahr lang jeden neuen Migranten begleiten – mit messbarem Erfolg. Eine mittelfristige Betreuung und Begleitung durch Sozialarbeiter, ehrenamtliche Paten oder auch entlohnte Mentoren zahlt sich aus und kann Berge versetzen. Integration ist ein Prozess mit dem Faktor Zeit. Eine Sprache kann man, wenn man begabt ist, in ein, zwei Jahren gut lernen. Doch die Nuancen des Zusammenlebens und den Sinn demokratischer Rechtsstaatlichkeit erfasst man erst mit der Zeit. Und tiefgreifende, persönliche Erfahrungen machen Menschen nicht mit Multiple-Choice-Fragebögen. Sie machen sie mit anderen Menschen.

Es müssen Patensysteme zwischen Migranten und Mitgliedern der Mehrheitsgesellschaft geschaffen und gefördert werden, vor allem auch für Jugendliche. Durch den direkten Austausch mit Einheimischen werden Neuankömmlinge jenseits von Behörden oder behördlichen Auflagen beim Einleben unterstützt. Bislang bestehen derartige Initiativen nur im Rahmen der zivilen Flüchtlingshilfe auf Ebene der freiwilligen Unterstützung.

Ein von der Regierung gefördertes Patensystem könnte über eine Datenbank gesteuert werden, in der Menschen aus demselben Einzugsgebiet miteinander in Kontakt gebracht werden. Geschulte Paten können bei behördlichen Fragen helfen, einen interkulturellen Austausch ermöglichen, bei der Sprachpraxis helfen und das Gefühl verstärken, in der Gesellschaft aufgenommen zu werden. Insbesondere für jugendliche Flüchtlinge wäre ein Patensystem mit Gleichaltrigen für ihre Integration ein enorm wichtiger Schritt, um einen guten Start in den Schulalltag und Unterstützung in ihrem neuen Umfeld zu bekommen. Denn Sozialpädagogen, Schulpsychologen oder Mitarbeiter des Jugendamtes können ihnen nicht immer zur Seite stehen. Gleichaltrigen vertraut man sich als junger Mensch ohnehin viel eher an als Älteren. Überall wo solche Systeme Praxis sind – auch an Schulen ohne hohen Migrantenanteil – haben sie sich sehr bewährt. Sie müssten flächendeckend und bundesweit die Norm werden.

Forderung Nummer 10:
Staatliche Förderung der innerislamischen Debatte

Machen wir es kurz und klar: Grundsätzlich bedarf es einer neuen, mutigen innerislamischen Debatte. Wir Muslime in Deutschland müssen miteinander der Frage nachgehen, welche Aspekte konservativer Islamverständnisse dazu beitragen, dass unter den Jugendlichen unserer Gesellschaft – und nicht nur hier, sondern auch in Frankreich oder Großbritannien – ein zunehmendes Radikalisierungspotential zu verzeichnen ist. Missstände müssen unter Beteiligung der deutschen muslimischen

Gemeinschaften endlich viel offener angesprochen und diskutiert werden. Die Politik darf es sich nicht weiter einfach machen und nur mit den islamischen Verbänden oder konservativen Muslimen zusammenarbeiten, denn der Islam ist vielfältig. Zudem sind viele konservative Organisationen vom Ausland gesteuert und stehen unserer Demokratie ambivalent gegenüber. Staat und Politik sollten deshalb produktive, konstruktive Ansätze dieser Debatten unterstützen und fördern. Es geht darum, so schnell wie möglich in Deutschland und Europa ein Islamverständnis anzubieten, das ohne Wenn und Aber hinter Demokratie, Gleichberechtigung und Menschenrechten steht. Das ist möglich. Viele gut integrierte Muslime beweisen es Tag für Tag. Doch es müssen noch mehr werden – am besten alle.

3,50